生 生 文 库

生命　生机　生活

艾扬格传

Iyengar: His Life and Work

［印度］B. K. S. 艾扬格 著
王春明 译

海南出版社
·海口·

Iyengar: His Life and Work
copyright © B.K.S. Iyengar
特约策划：广州龙象文化传播有限公司

版权合同登记号：图字：30-2023-107 号
图书在版编目（CIP）数据
　艾扬格传 /（印）B.K.S. 艾扬格 (B.K.S.Iyengar)
著；王春明译. —— 海口：海南出版社，2024.4
　书名原文：Iyengar: His Life and Work
　ISBN 978-7-5730-1510-5

Ⅰ. ①艾… Ⅱ. ① B… ②王… Ⅲ. ①艾扬格（
B.K.S.Iyengar 1918-2014）– 自传 Ⅳ. ① K833.516.2

中国国家版本馆 CIP 数据核字 (2024) 第 008726 号

艾扬格传
AI YANG GE ZHUAN

作　　者：	［印度］B. K. S. 艾扬格 (B. K. S. Iyengar) 著
译　　者：	王春明
责任编辑：	崔子荃
执行编辑：	于同同
责任印制：	杨　程
印刷装订：	天津联城印刷有限公司
读者服务：	唐雪飞
出版发行：	海南出版社
总社地址：	海口市金盘开发区建设三横路 2 号
邮　　编：	570216
北京地址：	北京市朝阳区黄厂路 3 号院 7 号楼 101 室
电　　话：	0898-66830929　010-87336670
电子邮箱：	hnbook@263.net
经　　销：	全国新华书店
版　　次：	2024 年 4 月第 1 版
印　　次：	2024 年 4 月第 1 次印刷
开　　本：	787 mm×1 092 mm　1/16
印　　张：	22.5
字　　数：	280 千字
书　　号：	ISBN 978-7-5730-1510-5
定　　价：	88.00 元

【版权所有，请勿翻印、转载，违者必究】
如有缺页、破损、倒装等印装质量问题，请寄回本社更换。

译者序

在这篇序文中,我要简要介绍一下翻译本书的缘起。另外,我会分享两个我的见闻中关于古鲁的小故事,我从中深受启发,望有缘的读者也能从中获益。

缘 起

2013 年 10 月,古鲁特派的拉洁薇老师正在广州教学,我有幸参与其中。课后还有机会陪着老师和艾扬格瑜伽学院的其他几个老师用餐、喝茶……有一日,学院的陈思院长与拉洁薇谈起翻译的事情,俩人很快就达成共识:春明应该翻译一本古鲁的书!但考虑到我笔译方面经验欠缺,可以从古鲁的传记开始。事情就这样迅速而愉快地决定了,我似乎没什么机会发表意见。第二天上午书就到了我手上。对于译书一事,我当时的信心颇有不足,可是事情既然决定了——主动也好,被动也罢——就要完成;另外,我也深信,世间没有偶然的事情,既然发生了,即便表面上看似偶然,也是必然的。我就这样忐忑而坚定地开始了这本书的翻译工作。

这本书虽为传记,不过翻译过程并不轻松,我也屡屡遇到各种挑战。好在我总有贵人相助。我要借着这个机会特别感谢一下诸位师长及友人的帮助:感谢韩林强老师在阿育吠陀方面提供的支持;

I

感谢闻风老师及其印度师兄，古鲁的上师克里希那玛查雅早年在诸多印度哲学领域获得多项美名，可这些名称的汉语表达可真的不易拿捏，两位老师给出了详尽的解答；感谢印度的阿杰老师，书中频繁出现的梵文引用于我是极大的挑战，阿杰老师不辞辛劳，查阅大量资料，还和我一再讨论；感谢美国的周易老师在诸多英文表达上的细心解答；因为最终还是有几处怎样也不能敲定，于是在2014年的普纳，我又找到了古鲁的儿女苏妮塔和普尚，这才算踏实了。

关于古鲁

　　第一次，也是我唯一一次在古鲁身边是2013年的9月。我有幸成为第二届普纳传承班的翻译，也是初次来到艾扬格瑜伽普纳总院。第一次见到古鲁，我脑子里闪现出如下几个词：古鲁……好瘦、好小、好朴素。这样，在之后的二十几天里，我每天都会见到古鲁，见到老人家在廊前读报，在教室一角练习，在窗前书桌上伏案工作……我能做的只是有机会就到老人家面前拜一拜。之后在课程进行中的第一个周日，古鲁为我们安排了一次问答课。我就跪坐在古鲁的脚边，翻译起他的话语……

　　高人手里，小事也成大事件！

　　朴素的几句开场白之后，古鲁说："在将瑜伽传播到中国这件事上，你们肩负的职责堪比当年佛陀传播正法。"我尚未开口，便已哽咽，眼泪止不住流淌而下。泪水的背后有感动，有震撼，有对古鲁瞬间升华出的崭新的认识……所有种种，在那一刻以泪水的方式做了一定程度的表达。在第一节课中，古鲁呈现出很丰富的方方面面：天真、诙谐、坚定、眼光犀利而精准、安静、耐心……所有这一切最终汇在一起，他让我们见到了慈悲。

　　学生中有一个姑娘，在两年前的一场车祸中伤到了腰椎，两年来不间断的伤痛让她情绪不稳，也有些焦急，于是她把问题交给了古鲁。古鲁对她的体式调整做了一番讲解。大家都对该解答暗暗称奇，但当事人显然不满意。于是她换了个角度，把问题又提了一次。古鲁换了一个体式，换了一个方式又解答了一番。听众们更加折服于古鲁的睿智和高超的技巧应用。可她还是不甚明了，于是再次提问。此时现场包括我在内的每个人都开始不耐烦起来："古鲁已经解释得很清楚了，你确定还要继续问吗？""其他同学还有问题呢！"……催促的声音一时间此起彼伏。她也显得有些慌乱，但她确实还没明白。此时古鲁发话了："到底怎么回事？"于是我将现场的情况向他老人家如实地描绘了一番。古鲁仔细听完之后，又一次平静地改变了解答方法，还有两位总院的老师从旁协助……终于她的疼痛有所缓解，课程也得以继续进行。

40分钟之后，课程即将结束，古鲁正在谈论他从不偏袒哪一位弟子，谈着谈着又把那个姑娘拎出来了！这一次她被放进了有支撑的犁式当中，然后是双膝抱耳式，她的疼痛越来越少。"这就是科学！"古鲁说，"我知道里面有僵硬，所以我把她的肌肉调整得像黄油一般，看她的眼睛，发生了什么？我看到了一些信号（signs），这些信号告诉我应该如何把她放到相应的体式中。所有的信号无非就是告诉我们身体里出问题了，我们根据这些信号进行调整，这就是科学（science）。"（signs和science两个英文单词发音几乎一样）之后她还做了两个体式，她整个人分分秒秒都在好转。"是的，是的！"她几乎欢呼起来，并且瞬间泪流满面，她跪倒在古鲁面前："两年了，我的腰椎从来没有这么舒服过。"片刻的寂静之后，古鲁对大家说："这叫作慈悲。"当真是一语点醒梦中人啊！这是如此完美的总结，到那一刻之前大家都没看明白，不知道古鲁为什么又回到这个问题上来。我们常常谈论慈悲，可是没有无比的耐心和过人的能力，我们拿什么去慈悲呢？在场的每个同学都亲眼见证了他老

III

人家为我们所做的慈悲示现。他结结实实地触到了在场的每一颗心。今时今日，当时的场景于我还是如在眼前。

此次普纳之行我还结识了帕维斯先生（祖宾老师的父亲，下文称为叔叔），叔叔给我们分享了一系列小故事，我尤其想要跟大家说说以下这个。

叔叔患有强直性脊柱炎，三十几岁的时候，背部就已经弯到几乎 90 度，椎骨粘连在一起，钙化得犹如石头般坚硬。叔叔和古鲁缘分深厚，于是一番苦苦寻觅之后，叔叔来到了古鲁在孟买的课堂中。很多尝试、很多眼泪和很多止疼片儿之后，有了下面这一幕：那是一间位于三楼的教室，窗户处设有铁栏杆。叔叔在古鲁的要求下头朝着栏杆做下犬式，而古鲁本人则坐在栏杆上，两脚踩着叔叔的背部，背后悬空。叔叔的情况是大臂只能上抬到六七十度，可想而知，在下犬式中，他的肩膀会自然而强劲地向后反弹。为了控制这股反弹力，他要忍受多么剧烈的疼痛！这时坐在栏杆上的古鲁悠哉地说道："如果你死在这里，只有你的两个儿子和太太会哭一哭，而你要是让我摔死在这儿，整个世界都饶不了你！"初次听到这个故事时，我笑到双手拍桌子。安静下来之后，我从中体会到古鲁巨大的勇气。再略加思索：这巨大的勇气想必源自坚定的信念——相信此法必然可行。于是在旁人眼中的极大风险面前，他可以眉头都不皱一下，甚至还能谈笑于其中。而这样的信念应当来自几十年从未间断的艰苦卓绝的练习吧！

"我心意已决，"在书中古鲁这样说，"我会继续我的练习，但不再做任何公共宣传，也不再求任何人付我学费或给我推荐（机会）。我的信念越来越强，我要继续我的瑜伽练习，如果神要我继续这样的艰苦生活，我毫无怨言。"这样的艰苦果然又持续了很多年。他说这番话的时候是 1941 年，当时的古鲁只有 23 岁。这段文字我读了很多次，每次都被古鲁那股"纵使身止诸苦中，如是愿心永不退"的大气魄所深深折服。

　　古鲁用他的练习、他的教学和他的一生为世人树立了一个榜样。正如他离开前所言："我已经向你们展示了一切，该是你们去实践了。"那么，就让我们去实践吧。

　　前文提到在向普尚求助之后，我终于踏实了。其实哪里能真的踏实？我深知自己才疏学浅，疏漏之处恐在所难免，万望读者多有见谅。我愿意，也定会在瑜伽之路上沿着古鲁的脚步一直走下去。

王春明

2016 年 5 月 17 日

于北京平谷

前 言

1978年12月14日，为庆祝瑜伽大师（Yogacharya）B. K. S. 艾扬格60岁生日，瑜伽之光研究基金会（the Light on Yoga Research Trust）出版了一本名为《身为神庙，瑜伽为光》（*Body the Shrine, Yoga the light*）的书。该书包含了B. K. S. 艾扬格的生平自述和多篇弟子们撰写的领会大师言传身教的文章。

随后，为纪念1984年在美国举办的首届"国际艾扬格瑜伽大会"，该书的修订版《艾扬格：他的生活和工作》[①]（*Iyengar: His Life and Work*）由永恒图书公司出版。在过去的25年间，跟随瑜伽大师B. K. S. 艾扬格练习的人数以惊人的速度增长着。艾扬格教授的瑜伽很快成为大家口中的"艾扬格瑜伽"，再后来干脆简化成了"艾扬格"。"艾扬格"这个词俨然已经成了"瑜伽"的同义词，甚至连《牛津英语词典》都把"艾扬格"定义成一种瑜伽形式。

B. K. S. 艾扬格大师的教学和教学法为人类幸福做出了了不起的贡献，他所教导的练习能为人们带来身体、头脑、情感、智慧和意识的健康，而这又将最终引领人们获得至高的健康（神性的健康）。他还写了好几本关于瑜伽的书，但是很少有涉及古鲁[②]艾扬格本人

---

① 本书的中文版名为《艾扬格传》，此处是对英文书名的字面翻译。——编者注
② Guruji，梵文术语，意思是老师或上师，音译古鲁。——编者注

的书。《艾扬格：他的生活和工作》就是这样一本罕见的关于古鲁本人的书，但是这本书早已售罄多年。其实人们在学习"艾扬格瑜伽"的同时，真的能从大师的生活中大获启发。

YOG——青年礼敬上师协会（Youth's Offerings to Guruji）是为了分享和传播瑜伽大师B. K. S.艾扬格、吉塔和普尚的教学经验而成立的，该机构主要从事出版、发行与"艾扬格瑜伽"相关的书籍和学习资料的工作。

因为古鲁艾扬格的祝福，YOG得以荣幸地出版这本新版的《艾扬格：他的生活和工作》。本书将让我们了解瑜伽大师B. K. S.艾扬格的独特个性，了解他如何从一个疾病缠身的少年成长为当代传奇的瑜伽大师。古鲁的独特之处在于，无论是他的教学还是他对典籍的阐释皆源自其亲身经历，而这些经历又恰恰印证了典籍的记载。

这本新版的《艾扬格：他的生活和工作》除了保留上一版中的文章外，还增加了多篇新的文章。

这本修订版的发行准备工作比预期更加耗时。在这里，YOG衷心感谢雪莉·达文特里·弗伦奇所做的新版图书的发起、文章收集和编辑工作；感谢拉洁薇·H.梅塔博士为本书的编辑和设计所付出的努力；感谢阿帕拉吉塔·高斯为本书设计封面；感谢阿尔蒂·H.梅塔为出版工作所做的努力和配合；感谢"Yojna Arts"印刷厂的维贾伊·帕特尔对本书印刷工作的付出。所有这些人为新版图书的发行工作贡献了太多力量。当然还要感谢古鲁的弟子们为最初的两版所做的一切努力。感谢瑜伽之光研究基金会和永恒图书公司出版发行《身为神庙，瑜伽为光》和《艾扬格：他的生活和工作》。需要感谢的人还有很多，在这里很难一一署名致谢。YOG唯有向所有以不同方式为这两本书的出版提供帮助的人一并致以深挚的谢意，因为他们的努力，本书才得以在过去的30年逐步完善至今。

目 录

壹　身体是我的庙宇——艾扬格的瑜伽之路

01　童年和启蒙　　　　　　　　002
02　普纳成为我的家　　　　　　013
03　婚姻和家庭　　　　　　　　026
04　西方的呼唤　　　　　　　　046
05　拉玛——我的生命之光　　　057
06　朝圣梵蒂冈　　　　　　　　063

贰　这是你我的天性——艾扬格自述瑜伽感悟

01　日常生活中的阿斯汤加瑜伽　070
02　瑜伽和体式　　　　　　　　078
03　瑜伽——当今问题的良药　　087
04　西方对瑜伽的兴趣何以如此之大　089
05　瑜伽和净行（禁欲）　　　　094

06	放松的艺术	098
07	瑜伽和精神安宁	103
08	我如何自学呼吸控制法	107
09	生命能量和呼吸控制法	112
10	瑜伽和冥想	119
11	瑜伽：自我实现之路	124
12	瑜伽老师的必要品质	126
13	关于证书问题	129
14	瑜伽和阿育吠陀在治疗上的相似性	136

叁　睹见自我之光明——对艾扬格的评论

01	瑜伽的艺术	154
02	瑜伽和法（达摩）	156
03	身体之法（śarira dharma）的重要性	158
04	瑜伽教育之于学校的意义	160
05	关于食物	165
06	呼吸控制法的功效	166
07	三摩地	167

目录

肆 成为自己的医生——艾扬格访谈

- 01 关于上师克里希那玛查雅　　170
- 02 关于拉玛玛尼艾扬格纪念瑜伽学院　　180
- 03 关于瑜伽疗法（一）　　190
- 04 关于瑜伽疗法（二）　　211
- 05 瑜伽对人格的塑造　　216
- 06 与B.K.S.艾扬格大师的一小时　　221
- 07 瑜伽在西方以及关于人类的病痛　　227
- 08 拜访B.K.S.艾扬格　　236
- 09 联合采访　　247

伍 他所成就的自己——对大师的评论性文章

- 01 艾扬格和比利时王后　　258
- 02 一位阿查尔雅的演化　　261
- 03 行动和完美主义　　269
- 04 艾扬格老师　　275
- 05 艺术家艾扬格　　286
- 06 两手空空的音乐家　　293
- 07 艾扬格——一个难解之谜　　296
- 08 狮子和羔羊　　299
- 09 B.K.S.艾扬格的肖像　　306

iii

10 首届国际艾扬格瑜伽大会　　　315
11 艾扬格——他自己　　　318
12 真我存在于每一个细胞中　　　324
13 《瑜伽之光》如何写成　　　327
14 《瑜伽之光》中的音乐光芒　　　332
15 普纳学院　　　335

壹

身体是我的庙宇

艾扬格的瑜伽之路

01
童年和启蒙

我的父亲百勒尔·克里希那玛查雅出生于戈拉尔区百勒尔村的一户贫苦家庭,这一地区现在隶属于卡纳塔克州。当时父亲担任纳萨普尔镇唯一的一所小学的校长,他任教33年后,于1924年退休。

我生于1918年12月14日,一个周六的晚上。我的母亲佘莎玛在生产时患了风寒,这是当时的流行性疾病,很多人都没能熬过去。多亏神的赐福,母亲和我都活了下来。我的肤色很深,头大得一直处于悬垂状态,我要花很大力气才能抬起头。我的头和身体比例很不协调,因而常常遭到哥哥姐姐们的戏弄。我的父亲在我5岁时离开村子去了班加罗尔,在一个名叫阿普杜拉的人经营的商店工作。我父亲为人耿直,工作又勤勤恳恳,老板对他很满意。于是他对待父亲就像兄弟一般,并且给我们家提供了很多经济上的帮助。我们兄弟姐妹一共13人,但只有10个活下来了,我排行第11。我父亲在去世前为三儿三女操办了婚事。

克里希那玛查雅教授早年在尼泊尔遇见瑜伽士罗摩穆罕,并跟随他学习瑜伽。教授曾在贝拿勒斯(现在的瓦拉纳西)、安拉阿巴德和加尔各答的大学中研读梵文、哲学、逻辑学、数论派和弥曼差[①]诸

[①] 弥曼差派(Mimamsa)是印度教六派哲学之一,"弥曼差"一词来自梵文,其义为审察、仔细考虑等。——编者注

克里希那玛查雅和纳玛吉瑞阿玛

1927年,我三姐与克里希那玛查雅的婚礼庆典。

学科。之后他又在班加罗尔讲授宗教学，也教授瑜伽体式。1927年的一天，他和几个亲戚来到我家，其中也有我的舅舅。舅舅是来给克里希那玛查雅提亲的。当时我的三姐纳玛吉瑞阿玛到了适婚年龄，舅舅很中意这门亲事，父亲也同意了，于是就给他们筹办了婚礼。

之后，教授就返回迈索尔开始推广瑜伽。迈索尔的大公——尊贵的克里希那拉贾·瓦迪亚尔对哲学兴趣甚浓，在听闻教授的成就后，大公对其推崇备至，之后大公也成为一名瑜伽练习者。克里希那玛查雅的指导让他领会了瑜伽的价值。于是，大公在嘉甘莫汉王宫专为王室成员成立了一所瑜伽学校。之后，王室之外的成员通过书面许可也可以进入这里的瑜伽课堂。

克里希那玛查雅是一位伟大的学者，而且在多个领域才艺非凡。在弥曼差、吠檀多、数论派和瑜伽领域的公共考试中，他始终位列第一名。他还被多所大学授予印度古典哲学流派的荣誉头衔：弥曼差之圣（Mimamsa-Ratna，ratna意为珍珠、最中之最）、弥曼差上师（Mimamsa-Tirtha，tirtha意为朝圣地、上师、教师）、数论—瑜伽之冠（Sankhya-Yoga-Shikhamani，shikhamani意为顶饰上的珠宝、头、首领）、吠檀多大师（Vedanta-Vagisha，vagisha意为大师或上师）、吠陀之王（Veda-Kesari，kesari意为领导人、母狮子）、尼夜耶阿查尔雅（尼夜耶导师，Nyayacharya）和瑜伽教授。除瑜伽之外，他还通晓天文学、阿育吠陀以及经典的卡纳蒂克音乐，并擅长演奏印度的七弦琴。同时，他也是一位出色的厨师，擅长烹饪。尽管如此，他还是有一些"怪癖"。比如，他走路从不左顾右盼，于是有人便误以为他很傲慢。我知道他不会站在镜子前面查看自己的身体，因为他对此毫不在意，但他却坚持让周围的每个人都照料好自己的身体。而他的身体也非常健美，肢体比例也很协调。

我父亲到班加罗尔后的几年间，原本一切都很顺利，但他年轻时曾患过阑尾炎，当时没有得到有效治疗，导致他后来旧病复发，于 1928 年去世，享年 60 岁。父亲一生都善待所有子女，当有人对此提出质疑时，他会说孩子是他的财富。他曾唤我到他的病榻前，告诉我他会在我 9 岁时去世，因为他自己也是 9 岁时失去父亲的，所以他觉得他也会在我 9 岁时去世。父亲还告诉我："我年轻时历经挣扎，你也会经历艰苦的青年岁月，但最终你会过上幸福的生活。"我敢说父亲的这一预言真的应验了。

我母亲于 1958 年去世，享年 80 岁。她单纯、善良、虔诚，并且保持着极为传统的生活习惯。她对神有着坚定不移的信仰。我自有收入以来，就一直负担母亲的一部分日常开销，直到她去世。她对传统的遵守，使得她一直生活在班加罗尔。她只喝井水，拒绝饮用当地的自来水。我定居普纳之后，一直希望她能搬来和我一起生活，但因为井水难得，她拒绝了，所以我未能如愿亲自孝养母亲。

父亲在世时我读小学四年级，他走后，抚养年幼弟妹的重任就落在了我的三个哥哥的肩上，他们成了家里的经济来源。大哥多尔斯瓦米是个会计，二哥拉贾艾扬格在学校当老师，他们都把家安在了班加罗尔。三哥韦丹塔查尔当时在马德拉斯和南马拉地铁路公司任初级救援员，之后在距离班加罗尔 20 英里[①]的马卢尔任站长。哥哥们都有自己的家庭需要照料，我们就成了他们的额外负担。

四哥拉玛斯瓦米未能通过初中毕业考试，于是终止了学业，后来成了一名裁缝。我的小弟凯鲁维拉贾一直由二姐茹卡玛照顾，而小妹贾娅玛则由三姐纳玛吉瑞阿玛照料。

我的体质一直很虚弱。1931 年，我感染疟疾之后高烧不退，医生认为我染上了伤寒，建议哥哥送我到班加罗尔的维多利亚医院住院治疗。我住了一个月的院，尽管烧退了，但在之后的一年时间里，

---

① 1 英里为 1.609344 千米。

我的健康状况还是没有丝毫改善。我还是一如既往地虚弱，学业也因此受到影响，1932年我没能通过英语考试。在长辈的祝福中，我于1933年迎来了初中毕业考试，但是在大考的最后一天我从自行车上摔了下来，晕倒了。当我昏昏沉沉地赶到考场时已经迟到了。我记得那次的考试科目是卫生学，开始的半个小时我头脑一片空白，之后才慢慢有了信心，写了点儿什么就出了考场。值得庆幸的是我通过了考试——如果通不过的话就不能进入高中学习。

我住在大哥家准备进入高中。我记得1934年，迈索尔有个医生在学校里为我做了体检。我当时身高4英尺10英寸，体重70磅，胸围22英寸，而胸扩张仅为半英寸；而今我身高5英尺6英寸，体重145磅，而胸扩张则达到了5英寸[①]。

当时，初中及以下的教育是免费的，而高中一年则需支付8个月的学费。哥哥们表示已无力负担我的学业，但命运之神还是很眷顾我。我的哥哥拉贾艾扬格——正好是那个学校的老师，带我到了班加罗尔，介绍我见了几个商人，这些人都是父亲的旧相识。他们很友善并且慷慨解囊，最终我收获了8个卢比的教育金。他们的支持让我在高中取得一席之地。入学费是1卢比，学费是每月3卢比，体育和图书馆费用是1卢比12安那，医疗费8安那，共计6卢比4安那[②]。哥哥问我下一个月的学费如何筹集。哥哥的问题使我陷入了沉默，我知道我不能继续指望那些商人了。

经过多方努力，我拿到一封K. T. 巴斯亚玛先生写的免费生推荐信，他是个很有影响力的律师，曾经为我父亲的雇主做过辩护律师。巴斯亚玛后来做了迈索尔政府的法律和劳动部部长。我很幸运地成为半自费生，并通过了年度考试。

---

① 1英尺为0.3048米，1英寸为0.0254米，1磅为0.4535924千克。——编者注
② 卢比、安那和派示是印度所使用的货币，1卢比等于100个派示，而25派示等于4安那。——编者注

壹 身体是我的庙宇

我的身体还是很虚弱,医生觉得我得了肺痨。1934年的四五月,我的姐夫受迈索尔大公之邀去孟买会见斯瓦米·库瓦拉亚南达先生,并参观他在娄纳瓦拉和孟买的瑜伽学校。姐夫(克里希那玛查雅)在去孟买途中来到班加罗尔,要我在他出行期间去陪姐姐。因为刚好是暑假,所以我就答应了。姐夫为我买了火车票,我就动身去了迈索尔,我也真的很想见识一下迈索尔大公的宫殿。当姐夫返回之后我就请求他送我回班加罗尔,他却要我继续留在迈索尔学习。于是我留了下来,并且进入了马哈拉贾高中,我的半自费学习资格在这个学校继续有效。

刚开始,我很享受我的学校生活。我的姐夫虽说心地善良,但也是个火暴性子。渐渐地,我心中对他的惧怕越来越强烈,后来干脆发展到只要他在场,我就会坐立不安,他还不允许我的同学们来看我。尽管我在迈索尔待了两年,却没能和任何同学成为朋友。姐夫要求我练习瑜伽体式,但是,几个月的时间里他什么体式也没教我。当我自行尝试练习某些体式时,却发现身体硬得跟烧火棍一样,任何类型的弯曲对我而言都是奢望。姐夫也不让我去瑜伽学校,好几个月过去了,我甚至连瑜伽学校在哪儿都不知道。

瑜伽启蒙

克里希那玛查雅带回一个叫卡沙瓦穆提的孤儿,他甚至给这个孩子举行了梵行仪式,并且教授他瑜伽。这个男孩儿无疑非常出色,我们住在一间屋子,他也就成了我唯一的朋友,我坚信他的生命定会发光发亮。可谁知上天却另有安排。1935年6月的一个早晨,他突然不告而别,从此杳无音信,我又孤单一人了。卡沙瓦穆提在的时候,克里希那玛查雅会在早上4点钟叫我们起床,起床之后,我们开始去花园浇水。实在困得厉害,我们就会把门关上,在屋外先睡几分钟，然后再开始干活，我们大概需要一个半小时才能干完所有的事情。

卡沙瓦穆提离开后，他的那份工作也落在了我的头上，尽管我总是饥饿难耐，但我没胆子向姐姐要些吃的。只有别人来叫我，我才能去吃饭，而且也只能有什么吃什么。饥饿曾逼得我想去偷钱，真是"一斗米难倒英雄汉"。

记得 1935 年 5 月，我回班加罗尔参加父亲的周年祭。我向租住在我哥哥拉贾艾扬格家的律师借了一辆自行车，结果我运气不佳，出了事故，我倒没受伤，但是车子却摔坏了。那个律师要我拿出 4 卢比 8 安那修车，而我拿不出这笔钱。我的姐姐斯塔玛帮我付了一部分，而剩余部分，我则通过做家务的方式自己补齐。

同年 6 月我返回迈索尔时，因卡沙瓦穆提的突然离开，克里希那玛查雅需要一个人在瑜伽学校做体式表演，这成了我生命的转折点。在此之前，克里希那玛查雅从没想过要教我瑜伽体式。当我要他教我一些体式时，他会说所有的一切都取决于个人前世的业。而卡沙瓦穆提的出走造就了我的运气，克里希那玛查雅教了我几天体式，他也因此成了我的古鲁。很快他又为我举行了梵行仪式，作为阿查尔雅（acharya，意为灵性导师）传授我盖亚曲（gayatri）颂词。

我的腿疼得厉害，而且背也痛到难以忍受的程度。出于恐惧，我没有向任何人透露我的困境。最初，我对体式的学习缺乏兴趣。在几年的时间里，我只是机械性地练习体式。尽管困难重重，在学习还不足一个月的时候，我还是与其他人一道，用仅有的几个体式参加了我的第一次公开表演，地点是在迈索尔的政府大厦，那是 1935 年的 9 月。表演是在最后一任迈索尔大公面前进行的，他对我们的表演很满意，给我们每人 50 卢比作为奖励。古鲁让我把钱存在邮局的银行里，我照做了，但会不时地取出一小部分买食物。幸运的是，古鲁再也没有过问这笔钱。

这次表演之后不久，我就开始于早、晚两个时间段训练瑜伽学校的学生。我早上 4 点起床，浇花之后学习到 7 点。7 点 30 分会有一些学生来我们的住所学习半个小时的高难度体式。我在 8 点 30 分沐浴之后，去瑜伽学校，然后 10 点返回。吃完早餐，我会在 10 点 15 分步行 3 英里去上学。尽管下午 4 点 30 分就放学了，我却不被允许直接去只有 10 分钟步行路程的瑜伽学校，因为我要先回家把书本放下，然后再去瑜伽学校。我在那里练习并且授课到 7 点，然后回家做晚间的祈祷，我们晚上 8 点吃晚餐。如此艰苦的生活，让我无论在学校还是在教授瑜伽时都十分困倦。由于我不能集中精力在学业上，很快就成了后进生。好不容易才凑齐了参加中学毕业考试的费用，我参加了考试，但是对于能否通过我却信心不足。暑假之后成绩公布了，我通过了除英语之外的所有科目。

因为英语的 3 分之差，我不能进入高校学习。根据当时的制度，我必须重新参加所有科目的考试，并且全部通过后才可以进入大学。但是我没有免费参加考试的资格，又实在筹不出这笔考试费用，于是我的正规教育阶段就这样终止了。

瑜伽学校组织了年度考试，并且为成功通过初、中、高三个级别考核的学员颁发证书。我在 1935 年 10 月参加了考试，并且在各个级别都获得了 98 分的成绩，排名第一，也被授予了证书。

尽管我能够完成体式，但我对自己的表现并不满意，而且我在体式保持中缺乏耐受力。经历了漫长的练习以后，现在的我可以长时间地轻松保持任意体式。我通过艰苦努力掌握了这些体式的练习要点，这让我能够把最简单的体式教到极致。

1935 年 12 月，YMCA（基督教青年会）会议在迈索尔举行。迈索尔大公为与会代表举办了名为"回家"的晚会。我在一场瑜伽表演中做了体式，并从大公处获得了 50 卢比的奖励，我又把钱存进邮局里。当我代表古鲁去瑜伽学校教课的时候，有一位从美国来的叫

1934年,艾扬格16岁
克里希那玛查亚需要一个人在瑜伽学校做体式表演,这成了我生命的转折点。

斯瓦米·瑜伽难达的出家人来王宫做客,他参观了我们的学校,了解了我们在学校所做的工作。他对见到的一切非常喜欢,并且大大赞扬了古鲁的工作。然后他问我,是否愿意跟他去美国。由于我当时年纪尚小,古鲁不同意我跟他去美国,但告诉他,他可能在下次去美国时带上我。

壹　身体是我的庙宇

对未知的探索

1936年，迈索尔大公要古鲁到北卡纳塔克传播瑜伽。因为刚好是夏天，古鲁便让我也加入他们师生一行，现在居住于孟买的瑜伽老师 C. M. 巴特也是同行者之一。我们在奇特拉达加做了两场表演，接着又在哈里哈尔表演了一场。此后我们前往达瓦尔，并停留了三周。我们在达瓦尔和胡布利做了一系列或公开或私人的表演。北卡纳塔克大学的教员们对此表现出了极高的兴趣，并安排我们住在大学的校舍里。很多教授和医生以及他们的家属也开始了体式的学习。

作为年龄最小的教员，我负责按照女士们和女孩子们的要求而单独安排的课程，而这也成了我独立教学生涯的开始。

7月，古鲁一行人就要返回迈索尔了，离开前他又在贝尔高姆安排了两场表演，一场在萨达尔高中，另一场则在林加拉贾大学。在林加拉贾大学的那场表演，观众很多，戈卡莱医生也在场，他对瑜伽兴趣很浓。于是，他在退休之后就与迈索尔的瑜伽学校联系，希望他们能够派一位老师来普纳教授各大学的学生。

戈卡莱医生观看了我们表演的所有体式，还检查了古鲁的脉搏和心跳。当古鲁的脉搏和心跳停止的时候，他非常震惊。在另外一个场合，古鲁也表演了脉搏和心跳的停止，当时有两个非常知名的法国心脏方面的医生——马卡尔特医生和布鲁斯医生，也观看了表演。他们在1935年来参观瑜伽学校，二人对瑜伽充满敬意。他们首先观察了所有体式，我也向他们展示了一些体式。古鲁又展示了不同的呼吸控制法以及呼吸对心脏的作用。他们在迈索尔待了20天，这期间他们还使用心电图仪器对呼吸控制法如何作用于神经系统进行了实验。最后一天，两个医生用仪器监测古鲁的心跳和脉搏，当古鲁的心脏和脉搏停止时，机器上的指示灯就灭了。在一段时间内因为没有任何生命体征，两位医生就宣布了古鲁的死亡。但刚宣布没多久，机器又开始运转，医生们震惊得无以复加，于是激动地告诉我们，古鲁又复活了。医生们承认，古鲁能控制心脏和脉搏的跳动，而这被认为是不可思议之事。这是古鲁对身体非自主器官的控制。

教学的种子——神性的呼唤

所有的表演结束之后，我们就计划返回。位于达瓦尔的北卡纳塔克大学的教授们希望我们中能有一人留下来继续瑜伽教学。古鲁安排了一个叫潘杜兰卡·巴特的男孩，但是几个教授坚持要我留下来。古鲁开始不太情愿，但后来还是答应了。我在接下来的一个半月里，训练了为数不少的学生，我的努力让大家都很满意。课程结束的时候，他们送给我一些衣物、银饰，以及返回迈索尔的旅费，还让我带给古鲁一条披肩。

02
普纳成为我的家

1937年2月,我参加了一次涵盖迈索尔多个地区的巡演,这期间,我做了一系列的演讲示范。在这次巡演中,我收获的是经验而非奖励。另外,我还要自己承担旅费。这之后我便返回了迈索尔。

那时,有一位来自科拉塔盖雷的纳拉辛卡罗先生来到迈索尔,想要古鲁安排我跟随他去科拉塔盖雷。于是我跟着他去了科拉塔盖雷,开始治疗他的水肿问题。几天之后,我又在那儿做了一次演讲示范,他并没有付给我任何费用,接着古鲁写信要求我返回。我回来之后,他要我前往普纳去训练一些学生,从9月开始,为期6个月,我每月的薪水为60卢比。我之所以获得去普纳的机会,是因为我是瑜伽学校中唯一一个懂一点英语的人。

当时,古鲁又受大公之邀走访巴斯瓦达和其他地区。我当时只有30卢比的存款,为普纳之行取出了28卢比。古鲁要求我的一个同事陪他去巴斯瓦达,但前提是他要自己支付出行的费用。于是,这个同事向我借了15卢比。我拿着13卢比,于1937年7月2日前往胡布利。胡布利距离普纳还有相当远的路程,我需要在8月底赶到普纳。此时距离9月还有将近两个月的时间,我的经费不足以支撑那么久的生活。于是我在胡布利留了下来,希望能在此处赚些盘缠。一年前我曾经在距离胡布利15英里的达瓦尔工作过,这次我想在胡布利碰碰运气。有一位拉玛斯瓦米先生在胡布利的巴拉特工厂

我之所以获得去普纳的机会,是因为我是瑜伽学校中唯一一个懂一点英语的人。……那时,我全然没有意识到普纳会成为我的家。

工作,我曾经在迈索尔教过他瑜伽。于是,我写信告诉他,我会在胡布利待上一个月。拉玛斯瓦米非常热心,帮我在他的一个朋友家安排了食宿。我开始教授包括房东在内的五六个学生,大家同意负担我的日常花销和去普纳的火车票钱。另外我也计划去达瓦尔找找机会。

我的时间被安排得满满当当。我需要早上 6 点出发,步行 3 英里去赶开往达瓦尔的火车。从胡布利到达瓦尔的火车票仅仅是 2 安那。但是达瓦尔那边的回应让人失望,上一年我在那里教过大概 30 个学生,但这次我只招到一个学生,而且他只能为我提供午饭。

课程结束之后我们在10点30分吃午饭，然后我要步行回胡布利，达瓦尔距离胡布利18英里。在此期间，我做了两次演讲示范，一次在胡布利，一次在达瓦尔。因为8月30日我必须要赶到普纳，所以我在29日离开了胡布利。大家为我凑了去普纳的火车票钱和5卢比的生活费。拉玛斯瓦米先生和其他几个学生还去火车站为我送行。当我于1937年8月30日早上抵达普纳的时候，身上仅有4个半卢比。

那时，我全然没有意识到普纳会成为我的家。

当时我还不懂马拉地语，于是花4安那雇了个苦力带我到德干体育馆。我一路打听着想找一家便宜的旅馆解决食宿问题，最后找到一家名为"Café Unique"的旅店，一间房的房租加上饭费是每天1卢比12安那。我付了两天的费用后就仅剩12安那了。8月31日，戈卡莱医生带我去了体育俱乐部，并把我介绍给学生们。会面结束之后，我请求戈卡莱医生告诉"Café Unique"的老板，我已经有了工作，并能够在月底支付一个月40卢比的食宿费，戈卡莱医生非常热心地告知了旅店老板。因为不能提前拿到薪水，所以我不得不用仅有的12安那度过一整个月。我所有的财产就是两件上衣、两条托蒂（印度服饰名称）和一套被褥。我拿其中的一条托蒂做了毛巾。我没有肥皂，甚至付不起刮脸的钱。我花1派示买了一个刀片儿，在没有肥皂的情况下，那个月我用刀片刮了两次脸。

我的学生并不多。课程是由弗格森学院、瓦迪亚学院、S. P. 学院、奴丹马拉地威迪亚拉亚学校、德干体育俱乐部、马哈施特拉邦曼达尔学校和马哈施特拉邦教育社共同举办的，每个机构每月应该支付10卢比的费用，并可以每日安排10名学生来上课。这样每个学生每日每节课的费用为3.3派示。起初只有来自弗格森学院的1人，瓦迪亚学院的2人，奴丹马拉地威迪亚拉亚的5人，马哈施特拉邦曼达尔学校的6人以及S. P. 学院的1人出现在课堂上，马哈施特拉邦教育社和德干体育俱乐部没有人过来。外来的学生每月要支付 1 卢比的学费。但最后只有 10 个学生坚持来上我的课，课程进行了 6 个月。之后，学生们想要继续，但是他们所在的机构撤销了这笔费用，所以他们的练习没有继续下去。外来的学生愿意承担相应的费用，于是他们的课程又得以延续 6 个月。

我也住不起 "Café Unique"了，于是从第二个月起我就搬到了一个更便宜的住处。

在象头神节的几天中，戈卡莱医生为我，连同德干体育俱乐部的员工们安排了几场表演。这些员工并不配合，所以我只能在每一场活动的最后 10 分钟展示我的艺术。尽管如此，这短短的 10 分钟表演还是受到了观众的赞赏。

梦中的预言

在 1937 年年末的一天晚上，我做了一个很奇怪的梦。我想要往墙上钉钉子，当我钉钉子的时候，千头蛇的两个头掉了下来。我吓坏了，于是赶快转向另外一面墙，那面墙上挂着神像那茹阿亚纳。我转身的时候看到一只巨鹰——那茹阿亚纳的坐骑，在直直地盯着我。我非常害怕，于是向神祈祷，希望他救我逃离眼镜蛇和巨鹰的围困。

突然，我看到一束强烈的光，它胜过太阳光十倍。在光中，我看到神化身为圣蛇（地球就在他的头顶）、那茹阿亚纳、财富女神和大地女神的模样。我拜倒在他们脚下，做着五体投地的大拜式（sashtanga namaskar）。神要我把他看个清楚，当我的眼睛落在圣蛇上的时候，我看到中间的两个头不在了。于是我就问神，为什么它失去了两个头，神回答说是我把那两个头砍下来了。我心绪不宁地醒了过来，不知道要如何解释这个梦，或许我还需要几次轮回才能认识神吧！

　　还有一个梦是在 1938 年的一个晚上，我和古鲁一起去特里凡得琅拜访阿南达·帕德玛拿巴·斯瓦米。我们一起去庙里参拜，正中一个巨大的神像。这座庙有三个门，第一扇门位于神像头部的对面，第二扇门位于躯干部位，而第三扇门则位于神像脚边。从最上方的门开始，最后到第三扇门，我抓紧最后的机会在离开前纵览整个神像。

　　在我向神祈祷之时，大火从神像头部向我涌来。我祈求神原谅我所犯下的所有罪过，但我越祈祷，火就越大，我觉得当时马上就要烧到我的身体了。我转向古鲁祈求他的原谅和祝福，我刚一转向古鲁，火势就渐渐变小，最终熄灭了。这个梦增强了我对古鲁的信念。

　　1938 年 8 月，戈卡莱医生再次在一些学校为我安排了几场表演。表演很成功，而我的来自不同学院的学生们的进步，使得这些学院愿意继续支持我的课程，我的服务就增加了一年。古鲁亲自来到普纳查看我的课程进展情况。我的学生们取得了很大的进步，我们举行了考试，学生们拿到了迈索尔瑜伽学校颁发的证书。我趁着古鲁在场的机会，安排了几次演讲示范，这些活动由 G. V. 马乌兰卡先生和沙拉金尼·奈都夫人主持。这些表演让我的学生们热情高涨，于是，S. P. 学院再次同意选派学生学习瑜伽体式并承担费用，还要求我在他们学院上课。大概有 60~70 名学生参加了该学院的课程。马哈施特拉邦教育社要求为他们学校的女生开设特别课程。与此同时，专门的女士课程在德干体育俱乐部也展开了。

　　我的学生们想要举办一次活动，于是一帮大学生就找到了当时的市政主席 P. K. 阿特雷先生——著名的马拉地语作家和剧作家，希望他能来主持此次活动。看到这些年轻人如此热情，主席先生很满意。他很欣赏我们的努力，于是要求市政下属的甘地培训学校为学生开设瑜伽课程。还有很多人开始邀请我到他们家里上课。

我当时还非常年轻，公众表现出的兴趣，激励我更加努力。但是，身体上的压力还是到了难以承受的地步。我于是建议戈卡莱医生，想要在家里单独上课的人可以参加体育俱乐部的课程，但医生没有同意。这个课程几乎成了该俱乐部的一项赚钱买卖，俱乐部的领导把我当家奴使唤，他们根本不在意我这个人，更别提我的健康状况了。

几位德干州的领导人，包括阿恩德城的大公曼特·巴万诺·潘特——太阳致敬体系的创始人，来观看了我们的课程。我和学生们的表现非常好，这些领导们送了一个手提包给我以示欣赏。俱乐部将礼物拿走了，并告知我，只要我还在俱乐部服务，我就没有资格接受任何人送的礼物。慷慨之手的所赠之物就这样被贪婪之手强夺了。

我的课程让所有来参观的人赞不绝口，学生人数迅速增至200人。这一年，课程进展得如火如荼。俱乐部里的健身教练们对我的成功很嫉妒。一天晚上，他们打开存放瑜伽用品的房间，将垫子、毛毯、绳子等用品一把火烧了，肇事者无迹可寻。但是我的课程并未因此而终止，因为我的努力劳动已经带来了盈余，于是，我们购置了新的垫子和毛毯，课程还像往常那样继续进行。

德干体育俱乐部是推介印度式健身方式的第一家机构，所以获得了孟买政府额度不低的拨款。我记不清在1944年还是1945年，孟买的体育教育部主席——斯瓦米·库瓦拉亚南达来参观体育馆，我被安排做一次演讲示范——尽管当时我已经跟俱乐部没有任何关系了。之后，我得知他们因为那次表演获得了一大笔年度拨款。

我和一部分学生参加了在孟买、萨塔拉和米勒杰举行的全马哈拉斯特拉邦健康大会，并做了表演。另外，孟买医学大会要在胡布利召开，会议前夕，戈卡莱医生又带我们在该地做了一次表演。之后我们又去了乔格瀑布和班加罗尔，所有的旅行费用全由戈卡莱医

壹　身体是我的庙宇

生承担。

　　我记得在 1938 年，我的一些学生带我去希瓦吉纳加尔附近的神庙，拜见帕德克·马哈拉杰。他上下打量了我之后说，尽管我练习瑜伽有一些时日了，但是缺乏灵性的练习。他还说，如果获得正确的训练，我会转向灵性修行。之后，马哈拉杰跟着我到了我的房间，我把古鲁的照片给他看，他盯着照片看了好一会儿。那时我还不太懂马拉地语，然后他要了一张纸，写下了他对古鲁的认识。他说古鲁有着伟大的灵魂，要我永远都不要忘记或忽视他，否则我会一败涂地。他还说，我将从古鲁那里获得一切，因为他对我喜爱至极。

　　1939 年 1 月，古鲁要我去参加在安德拉邦的古蒂瓦德举办的阿

克里希那玛查雅教授和他的弟子们
前排左起：G. R. 萨卡拉尔，迈索尔王子 M. G. 马登·戈帕尔·拉杰·乌尔斯，克里希那玛查雅教授，V. N. 穆达莱尔，B. K. S. 艾扬格；后排左起：S. K. 穆达莱尔，M. 普塔·拉杰·乌尔斯。

育吠陀大会。在古蒂瓦德，我们见到了后来成为印度第四任总理的 V. V. 吉里先生和当时的马德拉斯健康部部长拉克什米帕缇医生，他们很欣赏我们的表演。我在访问过班加罗尔之后返回了普纳。

1940 年 2 月，普纳的学生们又一次聚在一起举办了活动，社会活动领袖 S. M. 乔希担任主持，之后大家获得了证书。

1939 年 9 月，戈卡莱医生得到迈索尔大公的批准，要为我的体式演示拍一个长达 2000 英尺（胶片长度约 600 米）的电影。在萨达尔·潘德先生的帮助下，戈卡莱医生在普纳的班达伽学院附近开始了电影制作。我安排了一场在孟买最高长官罗杰·拉姆利阁下面前的表演，当时古鲁也在场，那时已经是 1940 年 7 月了。长官先生邀请了很多人来观看表演，当拍摄我的学生的时候，我借着古鲁在场的机会，想让古鲁也出现在镜头里。后来因为一些误会，该影片一直没能完成。

1940 年 7 月，古鲁访问普纳，并要我陪他去孟买几天。我参加了一场在孟买大学会议厅举办的表演，活动由当时的孟买大学副校长鲁斯特姆·玛萨尼先生主持。另外，在卡瓦斯吉·贾汉吉尔礼堂还有一场由奈都夫人主持的表演。古鲁取消了他接下来的所有工作，因为迈索尔大公去世了，他不得不立刻返回迈索尔。

黎明前的黑暗

我在德干体育俱乐部的服务于 1940 年 8 月结束。我在同年 4 月向俱乐部借款 100 卢比用于妹妹贾娅玛的婚礼。到 1940 年 7 月我已经还清了一半，当我的服务到期的时候，俱乐部扣除了未偿还的借款和利息。所以，到 1940 年 8 月底，我的全部家当只有 4 卢比，而当时我的住宿费还没付。

这段时间，我是餐餐无着落，"头上无片瓦"，因为我住的屋子

壹　身体是我的庙宇

戈卡莱医生和 B.K.S. 艾扬格
如果不是戈卡莱医生的努力,我的瑜伽老师之路恐怕早就终结了。在他的帮助下我培训了超过 600 名学生……

也要赶快腾出来。让我继续待在普纳的唯一理由是,在一个花了 3 年时间才建立了一些关系的地方继续努力,总好过在一个未知之地从头再来。

1940 年 9 月,在普纳的桑巴吉公园有一场工业展览。这次展览安排了我的表演,由印度教委员会的主席 L. B. 波帕特卡尔先生担任主持。在活动中,有一位来自古吉拉特邦的 L. M. 莫迪先生,负责普纳和孟买赛马事宜,他很喜欢我的表演,并让我去教他的孩子们,每月的报酬是 40 卢比。这就开启了我在普纳生活的第二阶段。

在结束关于普纳的生活经历之前,我要特别感谢戈卡莱医生,感谢他对我的支持,也对他在帮我安排课程中所经受的艰辛表示感激,要知道有些课程的开展障碍重重。如果不是戈卡莱医生的努力,我的瑜伽老师之路恐怕早就终结了。在他的帮助下,我培训了超过

600名学生，他们当中很多人直到今日还在认真练习瑜伽体式。

他们一联系我，我就开始教授莫迪先生和他的家人了。我在普纳军营附近的主干道旁找到一个很大的场地，每月租金只要10卢比。但是当我搬到那边的时候，我的学生们开始躲着我，说那个大堂闹鬼。军营附近的几个学生过来上了一两个月的课后也离开了，而我的一些老学员没有过来上课，因为距离太远了。莫迪先生提供了上课用的垫子和毛毯，并且非常好心地每天给我送一瓶牛奶。但是，坏运气像缠上我了，我不得不在1941年9月停下所有的课程，因为我再也支付不起那每月10卢比的房租。这恐怕是我一生中最黑暗的时刻了，这样的日子持续了三四年的时间。

1941年9月，当我把主干道旁的课堂关闭的时候，我的学生只剩下莫迪先生及其家人和一位经营一家餐馆的丁肖先生。丁肖在1940年9月联系上我的时候几乎是瘫痪的，他会在餐后呕吐，所以就嚼山茱萸的叶子并且吸烟。开始体式练习之后，他逐渐戒掉了这些习惯，成了素食主义者，并且完全戒了酒。他开始过上正常人的生活，身心都变得很纯净。

探索"已知"

1941年的三四月间，我在骑自行车的时候突然肌肉抽搐，原来我的睾丸在车座上被挤压，引起剧烈疼痛和肿胀，此事折磨了我3年的时间。我咨询了一个做医生的学生，他说我的问题是疝气，他建议我休息一段时间。我非常谨慎地通过一些体式练习来缓解疼痛和肿胀，经过一段漫长的时间，我的麻烦才逐渐消失。

1941年9月，我读到一条关于世界著名舞蹈家乌代·香卡的新闻。消息称，他正在孟买访问，有兴趣学习舞蹈的人可以和他联系，并留下了他在孟买的地址。我和他见了面并进行了交流。我告诉他我对舞蹈很感兴趣，并提出我愿意教他和他的舞蹈团瑜伽体式，前提是他教我舞蹈，并维持我在学习期间的基本生活费用，因为我当时已经负担不起最基本的开销了。他没有接受我的建议，于是我对舞蹈的兴趣就淡漠了。

我持续地与不同的出版机构联系，比如健康杂志社、印度图片周刊出版机构、美国的生活杂志社以及德里的一些联合出版机构。我还联系了印度信息电影公司，建议他们用正确的视角宣传瑜伽，但这些杂志和电影公司的回应都是"没兴趣"。

身体是我的庙宇，而体式是我的祈祷

我的日常作息并未改变。我早晨4点钟起床，先练习半个小时的呼吸控制法，放松一下再出去工作。如果工作不多我就先练习体式，再练习呼吸控制法。

我彻底穷困潦倒了，为锤炼完美体式所做的努力让我疲惫不堪。瑜伽练习的失败让我精神压抑，而维持生活也总是困难重重。那个年代，食物还是相对廉价的，一碟米饭只需2安那，但是，即使这样的价格，我仍难以承受。

有时我两三天才能吃上一碟米饭，其余时间就只能往肚子里灌茶水或自来水。那真是一段由泪水、失败和焦虑交织而成的艰苦考验期。我的心、神经和感官都在倒塌，但是，有一个内在的声音驱使我走下去。有时我痛苦地呼喊："神都已经将我遗忘。"现在回忆往事，那是璀璨黎明前最黑暗的时光。

我的意志还在，我坚持着我的练习。慢慢地，神的恩赐开始照见我，我的心开始向内转。

我把身体当作我的庙宇，而体式便是我的祈祷。我的瑜伽练习越来越精进。我下定决心要坚持练习，并且不再做任何公开宣传，也不向任何人求取学费或建议。我的决心越来越坚定：我要继续瑜伽练习，如果如此艰苦的生活是神的旨意，我无怨无悔。

我有机会认识了一位来自迈索尔的普拉哈德先生，他是一位电影演员，当时在普拉哈德电影公司工作。他介绍我认识了一些电影圈的朋友。他有着非凡的魅力，却在 1943 年去世了，我失去了一位好友。

通过普拉哈德，我结识了电影圈里一位名叫巴尔·G. 潘达卡尔的先生，他是一位电影制作人兼导演。他看了我的体式，希望我能教他。他还让我放弃教授别人体式，但莫迪先生和丁肖先生除外。他想让我更加入世一些，并建议由他自己来担任我的经纪人，管理所有学员的费用。不幸的是，我与他的交往未能持续下去，因为他自己在普纳的电影事业失败了，他结束了所有的事务之后，于 1941 年 10 月搬去戈尔哈布尔生活了。

慈善演出

1941 年 8 月，为了慰问在马拉巴尔地区和古吉拉特邦的洪水中受灾的群众，孟买国民警卫队的成员举办了一场慈善演出。有一些组织者是潘达卡尔先生的朋友，有一位耐尔医生想为我安排一次体式表演。潘达卡尔在他的工作室给我拍了一些体式照片，并将照片寄到了孟买。当时照片虽然没有刊登出来，但是我的名字还是出现在了报纸上。我提前两天赶到了孟买，但组织者却要取消我的表演，他们认为观众不会有什么兴趣观看。我请求他们给我一次机会，最终他们答应在活动即将结束时给我安排 10 分钟的时间。整个活动由沙拉金尼·奈都夫人主持，表演人员中有当年非常著名的电影明星普拉丹和瓦桑蒂，著名舞蹈家戈里山卡尔也在其中，这些人都被介绍给了奈都夫人，但包括我在内的其他表演人员则没被介绍。幸运的是，当我上台彩排的时候，奈都夫人——马上要主持整个活动并且结束之后就要赶往另一个活动，看到了我，因为她之前看过我的表演，所以还记得我。她建议组织者把我的表演安排在最前边，因为与她同行的还有一些外国代表，他们很愿意看到我的表演。于是，组织者就做出了调整，我的表演大受欢迎。活动结束之后，迪鲁拜依·德赛先生——当时的国民警卫队长官，后来成了印度驻瑞士大使——通过组织者向我表示感谢，因为我的表演是那场演出中最好的节目。后来我和迪鲁拜依先生成了朋友。

03
婚姻和家庭

1943年，因为父亲的周年祭，我到了班加罗尔。在班加罗尔，我收到了古鲁的信，古鲁要我陪他去拉贾芒得里参加一个关于阿育吠陀的会议。会议的地点刚好在戈达瓦里河的入海口，所以我们需要坐船过去。当我们赶到的时候，古鲁让拉克什米帕缇医生把我们的演讲和表演安排在前边。他用泰卢固语进行演讲，而我则在一旁表演。尽管舟车劳顿，但是我的勇气还在，我们的演讲和表演大获成功。于是，拉克什米帕缇医生要求古鲁用梵文再做一次演讲。古鲁的梵文就像他的母语一样流畅，那是我第一次听到他的梵文演讲。

会议结束后，我们返回马德拉斯，继而前往马卢尔，我的哥哥韦丹塔查尔当时在马卢尔任站长助理。他前不久去了班加罗尔参加我们的表兄的婚礼。我们在马卢尔待了几天，古鲁和哥哥谈到我该结婚成家了，哥哥对这个话题显得兴致勃勃。我当时并不愿意结婚，因为我在普纳的生活还是很艰苦的，另外我的经济收入又不稳定。我的亲戚们怀疑，我的不情愿恐怕是因为我的性格缺陷。但是古鲁还是坚持我该成家，并安定下来。我的哥哥就联系了一些亲戚，让大家帮我寻找一个合适的新娘，还告诉他们要把合适的女孩带到班加罗尔进行正式的交谈。我叔叔的儿子沙玛查尔带来一个叫拉玛玛尼的16岁女孩儿。她是阿内卡尔·拉玛钱德拉查尔和辛格拉玛的女儿。辛格拉玛是沙玛查尔的女婿的姐妹。拉玛玛尼肤色偏黑，但个

壹　身体是我的庙宇

拉玛玛尼·艾扬格夫人
我于1943年7月9日和拉玛结婚。……我感谢神赐予我一个如此忠诚的伴侣,她也是我的守护天使。我们的婚姻是身、心、灵的结合,是被神赐福的结合。

子很高,也有着出色的样貌。他们一行人下午就到了班加罗尔,从下午2点钟起就开始等。我对他们去班加罗尔毫不知情,因为我当时还在马卢尔。我的哥哥刚好从马卢尔调任到班加罗尔,我就跟着他去了班加罗尔,当我赶到的时候已经是夜里10点钟了。

我的弟弟在班加罗尔火车站告诉韦丹塔查尔,有一个安排好的新娘团要专门过来见我。我虽然理解当时的情况,但还是有点心慌。我们到家的时候,大家让我见一见这个女孩,并说说我的看法。我跟哥哥说,我并不反对婚姻,但需要一些时间考虑。哥哥对我的反应不太满意,毕竟人家已经等了好几个小时了。我的叔叔、婶婶、哥哥和姐姐坚持认为我应该表示同意。我母亲和这女孩的母亲关系很好,老人家很赞成这门亲事,但却不想干涉我的决定。最终,我同意了这门婚事。新娘那边希望我们尽早举行婚礼,而我则想把婚礼推迟到12月。

因为新娘那方的坚持，婚礼办得有些仓促，举行婚礼的时间定在了1943年7月9日。我当时手里没什么钱，总共不到100卢比。婚礼在杜姆库尔举行，我没有要求女方提供任何嫁妆。新娘家人给了我150卢比用来购置衣服和购买去杜姆库尔的火车票。我写信求助普纳的朋友们——莫迪先生和丁肖先生，他们两人各寄来100卢比。我又写信给所有欠我学费的学生，最终凑了500卢比。我把印好的婚礼邀请函寄给了普纳的朋友们。我所有的兄弟姐妹都参加了我的婚礼，我也承担了他们每个人的往返车票。我所有财产的一半都花在了这些火车票上。我在婚礼上甚至都没能穿上一条新的托蒂，但我还是平静地接受了这一切。1943年7月11日，我带着拉玛一起返回了班加罗尔。

　　我在班加罗尔多待了些日子，因为我的家人想要邀请所有的亲戚吃一顿午饭。最后选定了一个好日子，我们安排了午餐，午餐的费用当然由我承担。

　　1943年7月底，我带着妻子和侄女离开班加罗尔，我的妻子在杜姆库尔下车，去了她父母家。她想让我也在杜姆库尔下车，但我急着赶回普纳，所以便拒绝了。我的侄女在阿尔西凯雷下车，我继续赶往普纳。

　　我在普纳见到了我的学生们。自1940年9月以来，莫迪先生像父亲一样照顾我，但是我这次返回的时候，他却告诉我他的课程要结束了。对我而言这是一个很大的损失，但我什么也没说。他又亲切地告诉我，他要给我200卢比作为结婚礼物，只寄了100卢比是因为另外的100卢比他想要亲手送给我。莫迪先生还说，我之前跟他借的钱也不用还了，那也算作结婚礼物。

　　当莫迪先生开始学习瑜伽的时候，他只有三个女儿，没有儿子，而他和妻子都急切地想要个儿子。我告诉他们，如果他们开始练习体式，那么神的赐福终会给他们一个儿子。于是他们两个人开始练

壹　身体是我的庙宇

拉玛玛尼·艾扬格夫人在他们的房子旁
她的爱如此特别，她有一颗慈悲的心，人们亲切地叫她阿玛（意为母亲）。她仁慈宽厚，有着博大的心灵和高贵的灵魂。

习瑜伽，3年之后，他们果然有了一个儿子。他们求子的愿望得以满足，所以课程就没必要再继续了。

但是丁肖先生还在继续跟我学习，而且送了我一份礼物。除此之外，在之后的3个月里，我没有任何其他的收入，我很担心我的妻子。单独一个人的话，就算我的经济状况不好，我也可以承受身体和精神上的压力，但是我不想让妻子也跟着我承受这份痛苦。即便没有钱，我也从未丧失希望。

幸运的是，1943年，马哈施特拉邦教育社的负责人让我训练他们学校的一些女生，我欣然同意了。另外，戈卡莱医生也请我为他上课。慢慢地，我的经济状况有所好转，终于可以让妻子来普纳了。1943年11月，她的哥哥把她送到普纳。在几乎赤贫的状况下，我们开始了新的生活。我们的生活用品要么是借来的，要么是朋友们给的，因为我们的父母没有为我们准备任何家居用品，煮饭的锅也只有一个。那时刚好处于"二战"期间，物价飞涨，但我还是非常幸福，因为神给了我一个好妻子和一颗知足的心。

守护天使

我自17岁教授瑜伽以来，教了很多女孩和女士。我在达瓦尔上课的时候姑娘们会完全忽视我的存在，大大方方地聚在一起讨论很私密的问题。这让我有机会了解女性的心理，而后来这也大大帮助了我。我也数次体验到欲望对我的诱惑，在那个年龄这也在所难免，但是神的恩典让我从未越界。渐渐地，我的心思开始转向哲学学习，但诱惑并未完全消失。我娶了拉玛玛尼之后，我爱她至深。她有一颗极为善良的心，她是安详和耐心的化身，又极为善解人意。在我面对困难、压力重重的时候，她永远都在鼓励我。她从不干扰我的练习和教学，反而由于我的缘故牺牲了本该享有的舒适生活。

有时，我会在夜间凝视她熟睡的安详面孔。我感谢神赐予我一个如此忠诚的伴侣，她也是我的守护天使。我们的婚姻是身、心、灵的结合，是被神赐福的结合。神还赐给我们7个孩子，然而不幸的是，我们失去了一个。

1943年12月，普纳有个很有名的种子商——F. P. 波查先生，请我去他的住处教他们父女俩练习瑜伽。他饱受坐骨神经痛的折磨，只有瑜伽能减轻他的痛苦。他后来还介绍了很多朋友来找我练习瑜伽。

1944年，我想做一套我的体式照片集。我当时一个在西印度皇家马术俱乐部工作的朋友 S. 拉姆先生有一架相机,于是我找他帮忙拍照。他答应帮忙,但当时的胶卷十分昂贵,我自己要花一笔不小的开支购买胶卷。拉姆花了两天时间为我拍摄了大概 150 个体式,这件事居然影响了我的健康,事后我发起了高烧。我的妻子当时已经怀有 7 个月的身孕,那是我们的第一个孩子。我请拉姆来家里帮忙,他过来之后自己也病了,于是,照顾我们两个人的任务最后落在了我的妻子身上。拉姆的一个朋友把我们送去了"Sasoon"医院,而我的一个哥哥从班加罗尔赶来帮忙。我 4 天之后就出院了,但拉姆因为感染了急性疟疾不得不继续住院治疗。出院之后,我跑遍了普纳,告知我的学生,我因为十分虚弱,需要去班加罗尔休息一段时间。可是当我赶到班加罗尔的时候,病情又出现了反复,医生诊断为疟疾。于是,我不得不卧床两周,还不得不向波查和莫迪借了些钱。

我康复之后带着妻子去了迈索尔,希望获得古鲁的祝福,因为他没能参加我们的婚礼。这是在 1944 年 10 月的最后一周,也正好是瑜伽学校的年度聚会时间。学校的学生当时对古鲁有些不满,他们拒绝参加年度活动,除非他们能够得偿所愿。我觉得这种表达不满的方式不是学生应有的行为,活动还是应该顺利举行。既然他们都不参加,那我参加。尽管我还尚未完全复原,但我还是做了体式表演。人们很喜欢我的表演,活动还是成功举办了。我们之后又返回了班加罗尔,我把妻子从班加罗尔送回杜姆库尔待产,自己则返回普纳。

1944 年 12 月 7 日,我的妻子生下了我们的大女儿吉塔,她带着女儿于 1945 年 4 月回到普纳。

波查的推荐大大促进了我的事业的发展。我认识了丁肖·梅塔医生的一些病人。梅塔医生有一家自然疗法诊所,圣雄甘地曾经在这家诊所接受过治疗。诊所的一些病人受益于我的瑜伽课,于是,波查尝试说服梅塔医生让我在他的诊所里提供一些服务。梅塔医生虽然愿意，但我却无法接受他的提议，因为他坚持认为我不应该再接受任何诊所以外的工作，他还要从我选定的体式范围中再选择合适的体式。我不能接受这样的提议。

1946年7月，波查先生作为扶轮社主管人员去美国参加国际扶轮社大会的时候，并没有终止对我的聘用。他让我去教授瓦苏达拉·贾普尔医生，她是 K. C. 贾普尔医生（当时普纳很有名的外科医生）的夫人。于是我开始指导她练习瑜伽，一个月之后贾普尔医生也开始学习体式。贾普尔医生看过我1937年在普纳医学院的一次由戈卡莱医生安排的表演。虽然他很欣赏我的表演，但他当时觉得那样的练习对于普通人而言过于严苛了，所以，当他终于愿意跟着我学习的时候，我非常开心。波查从美国回来之后，又在普纳扶轮社为我安排了一次表演。那时，贾普尔医生任扶轮社的主席，他向观众解释瑜伽何以不会增加心脏的压力，所有人甚至体质虚弱的人都可以进行瑜伽体式的练习。而且，贾普尔医生还好心地把一些病人推荐到我这里来接受瑜伽体式的治疗。

我可能是第一个将瑜伽这门艺术推广给大众，并且把体式训练介绍给女性的人。

神的显现

1946年10月的一天夜里，我和妻子同时做了奇怪的梦。我在梦中见到了提鲁帕蒂的文卡德沙瓦拉神单手为我摩顶赐福，而另一只手则递给我一把稻米，告诉我从今以后我的挣扎将会结束，我应该把所有的时间奉献给瑜伽练习和教学。妻子的梦中出现了一位优雅的身着黄色纱丽的女士。她一头长发，前额点着一个饱满的圆点儿。这位女士递给我妻子一枚硬币说，她和她的丈夫欠我们一笔债务，特来偿还。我们在早晨交流了彼此的梦。我相信妻子梦中的女士一定就是财富女神拉克希米,因为从那天起,我们再也没有为钱而忧心。

这两个梦成了我们生活的转折点。

实验和成功

我和更多人建立了联系,并开始用瑜伽治疗人们的各种病痛。

在把瑜伽以大课堂的方式介绍给大众方面,我或许算得上一个先锋队员。在这些尝试中,有些课堂是男女分开的,也有些不分性别。

1947年3月,贾普尔医生将我介绍给了法蒂玛·伊斯梅尔夫人。她的女儿乌莎身患骨髓灰质炎(俗称小儿麻痹症)。她曾带着女儿遍访印度各地名医,包括马德拉斯著名的整形外科医生基尼。经过检查,基尼医生认为乌莎的腿可能会有些起色,但是她的脊柱恐怕没有机会恢复了。基尼医生的努力确实让乌莎的病情有了改善,但她的脊柱还是没有任何变好的迹象。

通过贾普尔医生的推荐,伊斯梅尔夫人认定我可以指导乌莎练习瑜伽。我高兴地开始指导乌莎练习瑜伽,一个月过后,她的脊柱就有了改善,伊斯梅尔夫人对我更加信任。她带着乌莎到基尼医生那里复查,医生建议乌莎继续进行瑜伽治疗。伊斯梅尔夫人还时常试探我的真诚。我去上课的时候她会告诉家里的佣人她要出门,其实她哪里也没去,而我的工作状态与这位母亲在场与否毫不相干。看到孩子的进步,她非常高兴,训练就一直持续着。

伊斯梅尔夫人在孟买创建了一家针对残疾儿童的康复中心,并邀请我到中心工作。我应邀参观了该中心,并在那儿工作了一周。孩子们很开心地配合我的工作,家长们也对我的训练方法津津乐道,但是那里的工作量太大了,超出了一个人的承受范围,而伊斯梅尔夫人不愿意为我安排助手,因为她对其他人没有信心。于是,我在康复中心的工作没能继续下去。后来在1952年，伊斯梅尔夫人提出了更高的报酬，但我还是不能接受，因为一个人实在不能应对这些残疾儿童。每一个孩子都需要单独照料，而这样的工作又需要我全身心地投入。

伊斯梅尔夫人给我提供第一份工作的时候，有位孟加拉国的政治领袖、当时的印度国家贸易联合会主席班吉穆钱德拉·穆克吉先生，从加尔各答赶来普纳见我——热带医学院的人推荐他来上我的课。他自孩童时代起就患有肠道疾患，我很高兴看到瑜伽明显地缓解了他的病痛。

伊斯梅尔夫人还给我介绍了一位帕克希玛先生，他在普纳经营一家名为穆拉托雷的餐厅，他的女儿也患有骨髓灰质炎。在带着女儿看了一些孟买的名医，尝试了多种治疗之后，这位父亲已经不抱任何希望了。我教了他的女儿几个月之后，她的腿部力量有了很大的恢复，而且她的跛行几乎消失了。帕克希玛后来搬去了巴基斯坦，她的女儿还坚持练习并且不断进步，现在她有了幸福的家庭，还当上了妈妈。

在和帕克希玛接触的过程中，我有机会了解《可兰经》。我们时常探讨哲学问题，他给我讲了不少《可兰经》上的引文，这些引文和吠陀经典，以及《奥义书》中的思想非常接近。帕克希玛解释说，祈祷也是伊斯兰教的一种祭拜形式。他还解释说，尽管人类有着不同的信仰，但是灵魂却是无差别的一（one-undifferentiated），也就是不变的真我（self-atma）。我本是一个正统的印度教教徒，以前的我甚至和有其他宗教信仰的人共同进餐都不愿意。渐渐地，我的观点开始发生改变，而我的分别心也在慢慢减少，直至彻底消失。我把拥有不同信仰的朋友们都当作兄弟姐妹。我觉得一个人内在的纯净是唯一重要的事，而这个世界上所有人的情感都是一样的。

帕克希玛搬去巴基斯坦之后，我的收入有所减少，但这并未削弱我对神的仁慈的信念。在很多情况下，我都觉得自己是在和神讨

壹　身体是我的庙宇

价还价，这让我痛苦不堪，因为这全是因为我对神不够诚恳。后来，我学会了不带得失心向神祈祷。

真相是什么

1947年12月底或是1948年1月初的时候，斯瓦米·拉玛南达吉访问孟买。他是一位来自喜马拉雅的瑜伽士，他曾经在公众面前表演被活埋24小时。这个故事在当时尽人皆知，我也很想见见他。但是当时我不可能去孟买，好在他一周之后到了普纳，而且在德干体育俱乐部安排了一场类似的表演。我去观看了表演，还被引荐给了斯瓦米吉（斯瓦米·拉玛南达吉的简称，也是一种尊称）。他用印度语谈了一会儿，他说起想要在北方邦的阿尔莫拉地区建立一所修行中心的愿望，他正在为此事筹集资金。谈话之后斯瓦米吉就被活埋了。第二天，我比安排的挖掘时间早两个小时到达了现场。看起来像是他要求学生把他挖出来，我看到斯瓦米吉在大量出汗。他说他一直处于三摩地中，现在非常疲惫，几乎不能讲话。他的话听起来很奇怪，因为根据瑜伽典籍的记载，经历三摩地的人没有对冷热的觉知，更没有味觉、嗅觉或触觉等官感，甚至无喜亦无忧。有一次我在练习中，片刻体验了一次三摩地，但是那片刻的感受和斯瓦米吉的感受却大大不同。我的身体获得了休息，灵魂则是安宁的。我对于周遭的事物全无觉知，所有的念头、行为、身体和小我都被彻底遗忘了，我只对那瞬间的狂喜有意识。是头部的一个动作把我带回到常态中。

报纸上对斯瓦米吉的表演有各种各样的评论。似乎活埋斯瓦米吉所用的箱子上有一个硬币大小的孔，并用一朵花进行了遮掩。站在旁边的一个哨兵抱怨说他听到了凿东西的声音，而斯瓦米吉的弟子把他埋起来的时候，这位哨兵看到了箱子上的那个小孔，斯瓦米吉的那个弟子还和这个哨兵起了争执。这一消息引起了人们对此番表演的真实性的猜疑。我从一个朋友处得知斯瓦米吉和他的供养人刚好住在我住的区域，于是我想直接去拜访他。他的弟子们让来访者排长队等待，我尝试了两次都未能获得与斯瓦米吉见面的机会。第三次的时候，有人告诉我说斯瓦米吉每天只安排一个半小时会见访客，其余时间则处在三摩地中。当我终于见到斯瓦米吉的时候，我告诉他我们在德干体育俱乐部的表演上见过面，他却记不得了。我又表达出为他表演瑜伽体式的意愿，并希望能获得他的指引。斯瓦米吉很愿意给我一个早上的时间，我希望他允许我的夫人和其他人来看我的体式展示。

在场观众给了我很大的鼓励，我的表演持续了一个半小时。斯瓦米吉对我的体式大加赞赏，并说即便在喜马拉雅山脉，他也从没见过能把体式做到如此程度的人。斯瓦米吉的赞扬让我很高兴。这次表演之后，斯瓦米吉允许我在他访问普纳期间，随时拜访他。我琢磨着，既然他除了会见访客时都在三摩地中，又怎么会有这样的安排呢？在此期间，我几乎每天都去见他。我发现他会客之外的时间是空闲的，完全没有在三摩地中。我又一次提议他再做一次公开的三摩地表演，去消除人们因报道而引起的猜忌。他却再也没有做任何表演。两年之后，我听说斯瓦米吉又回到了孟买。他的一个弟子见到我，告诉我斯瓦米吉准备访问美国并希望我能陪他一起去。尽管我很希望去美国，但我还是拒绝了他的提议，因为我对斯瓦米吉的瑜伽练习不敢下定论。

迈向黎明

1948年6月，我的学生中有一位上了年纪的女士——胡尔希德·卡帕迪亚夫人，介绍我认识了梅赫拉·贾尔·瓦基勒夫人（后

壹　身体是我的庙宇

来的梅赫拉·丁肖·梅尔高穆瓦拉夫人）。梅赫拉夫人的丈夫——贾尔·鲁斯图姆·瓦基勒医生，是一名顶尖的心脏病学家。梅赫拉夫人和我谈论瑜伽练习及其有效性，然后她计划在普纳待一个月，学习瑜伽的治疗方法。她的丈夫和婆婆以为她在进行禁欲的修行（亦可指苦行），在和我见面并交谈之后，她们便消除了疑虑。这位婆婆还向我学习了几个身体练习的方法和针对心脏问题的呼吸练习。她在进行这些练习之前，走几步路都会极度疲惫并会引起心悸。几周的呼吸练习之后，她就可以轻松地上下台阶了，走路不再让她疲惫不堪。梅赫拉的妈妈——卡兰吉雅夫人也跟着我学习了一些练习方法，后来她全家都狂热地练起了瑜伽。当梅赫拉夫人于1950年与丈夫搬去英格兰的时候，她随身携带了一套我的体式照片。她把那套照片给很多英国的医生和她的朋友们看，还大力宣传了瑜伽体式的功效。

　　1948年年中，著名哲学家克里希那穆提来普纳讲学3个月，我参加了大部分的讲座。波查把我介绍给了他，我也为他做了体式表演。他对我的表演大加赞赏，并说那是专业人员才有的技能。我请求他不要给我安上这样一个名号，因为我学习这门艺术并不是想把自己培养成专业人员。我与瑜伽的结识乃是天意，只有神的旨意才能让我停止教授这门艺术。我的表演结束之后，当我和现场的几个朋友交谈的时候，克里希那穆提想让我看看他的体式。他开始做出一个又一个体式，我很高兴看到他做那么多体式，但是他的体式不够准确，而且他也练得气喘吁吁。我告诉克里希那穆提，如果他愿意他是可以完善这些体式的，我还不经意地提到练习体式的人绝不会气喘吁吁。他说，因为早晨已经练习了体式，所以这会儿再做一次让他很疲劳。于是我告诉他，我可以让他把所有体式再做一遍还不会影响呼吸，他就在我的帮助和纠正中又练习了一遍。克里希那穆提很欣慰我没有批评他的体式，他又请求我在他待在普纳期间，每天早晨5点钟去教他。于是我和波查一起调整了自己的时间，在克里希那穆提离开普纳之前一直教他练习。克里希那穆提有着非凡的意志力，他诚实地面对自己的练习，并且在体式和呼吸控制法上总是对我的指导虚心接纳。于是我教了他20年瑜伽。

与克里希那穆提的结识又让我认识了拉奥·萨西普·帕特沃德罕和他的兄弟阿邱·帕特沃德罕，这两兄弟是1942年"退出印度运动"（Quit India Movement）的英雄。阿邱开始跟随我学习瑜伽并且认识到了体式练习的价值，他还向周围的人（不论男女）建议来跟我学习体式艺术。

瑜伽在学校的推广

1949年8月，我从报纸上得知斯瓦米·库瓦拉亚南达创建的卡瓦拉亚达汉姆瑜伽学院获得了中央政府和孟买政府的补助金。这个消息促使我也向地方政府和中央政府提出申请，我还请求古鲁也提出他的申请。我们与教育部部长进行了为期两年的沟通，却没有获得想要的结果。我又向孟买首席部长B. G. 科尔先生提出异议："在决定给哪一家学院拨款的事由上，应该召开全印会议来讨论一般性提案，然后拨给会议认定的最佳学院。"科尔先生以个人名义回复道："我们会考虑这个事情。"一个月之后我收到一封从孟买死信办公室寄来的信。我打开信封，发现里面是一封我写给科尔先生，再经由科尔转给斯瓦米·库瓦拉亚南达的信，斯瓦米·库瓦拉亚南达当时是孟买体育教育委员会的主席。我又把这封信寄给了科尔先生，他的私人秘书拿到了这封信。当政府从孟买搬到普纳的时候，我借此机会写信给科尔先生，希望获得与他面谈的机会。与此同时，科尔先生应邀去波查先生家吃晚饭。科尔先生的一个儿子身患骨髓灰质炎，波查与科尔先生谈及我为伊斯梅尔夫人的女儿治疗的事情，伊斯梅尔夫人刚好是科尔先生的一个熟人。波查的介绍起到

壹　身体是我的庙宇

了很好的效果，于是我获得了面见科尔先生的机会，见面时间被安排在1949年10月17日。我问科尔先生，他是否还记得我们曾经在1938年的德干体育俱乐部的一次表演上的一面之缘。我告诉他，我是将瑜伽练习介绍给学校里的男生和女生的"先锋队员"。他问我究竟想要什么。我告诉他，我向他陈述瑜伽的重要性并不仅仅因为他是首席部长，更因为他还是教育部部长，他可以在瑜伽进校园这件事上大有作为。在决定给某些学院提供政府支持的时候，他有权召开表决会议。科尔先生误以为我是为了获取个人利益。我告诉他，我不是为自己寻求帮助。我给了他一套我的体式照片集，让他有时间看一下。他看了几张照片之后，便安排我在他的住处做一次体式表演，时间是在1949年10月21日早晨，那天刚好是排灯节。于是，我按照约定的时间准时赶到了他家，我的守时倒是很让他吃惊。科尔先生还邀请了一些朋友，其中有两个人居然是我的学生。表演结束之后，科尔先生对我表示了感谢，还说我迟早有一天会获得政府的认可。

现场有人指出，当今政府还不如之前的大公，至少那会儿还会鼓励这些艺术，而现在的政府对艺术家们毫不在意。科尔先生大笑着说，政府也是因为没有资金。我也笑着说，或许在我死后政府会施恩于我。然后科尔先生的一个儿子把我带到一个单独的房间，并递了杯牛奶给我。从我们的谈话中，我得知斯瓦米·库瓦拉亚南达是科尔先生娘家的舅舅，我这才明白为什么有些学院能成为政府资助的受益者。

1949年12月，戈卡莱医生因为马哈拉斯特拉邦和印度体育文化大会的事与我取得了联系。他想让我在1950年1月的一场由印度总司令——加里阿帕将军，主持的会议上做一次表演。戈卡莱医生写了一篇名为《整体健康》的文章，并免费向公众发放此文。在文章中，他谈到瑜伽如何能在身体、精神、道德和灵性方面帮助个人获得提升。我如期进行了表演，加里阿帕将军很欣赏我的表演。戈卡莱医生随后又在重视体能锻炼的军事学校为我安排了一场表演。

有一场健美大赛在 1950 年 9 月举办。当组织者邀请我去做裁判的时候，我很犹豫。因为我对西方的锻炼方式和健身方法所知甚少。组织者很坚持，我最终还是答应了这件事。参赛者被分成三个组，而裁判要根据量级、质量——肌肉形态、皮肤和头发，以及姿态对他们进行评判。参赛者对于我所作出的评价很满意。

斯瓦米·尼亚南达

1959 年 10 月，我从波查和我的另一个学生安卡拉萨莉亚处听说，来自科塔吉里山的斯瓦米·尼亚南达将会在扶轮社进行演讲。有一天午餐时分，我在安卡拉萨莉亚家见到了斯瓦米·尼亚南达。斯瓦米吉告诉我，他在一位将近 360 岁的喜马拉雅瑜伽士的指引下修行。这并未让我感到震惊，因为我的师公也活到了 230 岁。我参加了斯瓦米·尼亚南达在扶轮社的演讲，演讲是关于天文学的，他预言了一些世界大事件。斯瓦米很高兴听到我讲泰米尔语，他让我在普纳的南印度社团安排一场讲座。我听从了他的安排，他之后又讲解了奉爱瑜伽（Bhakti Yoga）。在我的请求下，斯瓦米吉在他的住处——沃查德·赫拉查德先生家里，观看了我的体式表演和呼吸控制法。

他对我说，他从没见过像我一样的表演者，他说我的练习就好像安宁无扰又流动不止的河流一般。他称我为"Siddha Purusha"（意为成就者）。斯瓦米吉给我的忠告是，不要因贫困而消沉。他说："贫困是获得知识的花环。"他还建议我要永远喜悦、快活。在一次公开场合，他谈到我会在 14 年的苦行之后有一番成就。

家庭

在这些年中，我的家庭也日益壮大。我的女儿瓦莉塔出生于1947年8月29日，在瓦莉塔之前我们失去了一个女儿。1949年7月2日，我的儿子普尚出生；两年之后的1951年7月3日，女儿苏妮塔出生。我的两个小女儿苏吉塔和萨维塔分别出生于1953年7月21日和1955年5月5日。

1950年，戈卡莱医生在警察部门给我安排了一场演讲示范。他对健身的解说带着明确的暗示，这个暗示就是他认为瑜伽体系应该被引入警方的体能训练课程中。当时，地区警署的长官克哈特卡尔先生担任活动的指挥。尽管大家对我的表演赞誉有加，但是就警方的体能训练中引入瑜伽体式的提议一直没有下文。

后来戈卡莱医生又在军事训练学校的领导面前为我安排了另一场演讲示范。演示结束之后，军医们想要测量一下我的肺活量。他们拿来一架肺活量测试仪，要来测量我吹气的能力，我对于向机器中吹气完全不了解。看到我的展示之后，他们把我定位在A-1范畴里。尽管如此，我的测量结果却比A-1低了0.1个数值。这个差别是可以忽略不计的，可这帮军医却不依不饶。我要提醒他们，在测试之前我刚刚做完表演，而表演之前我又教了一天的课。但无论如何，我的演讲示范还是深受欢迎。军队体能训练的负责人坎度里上校为我拍了一些体式照片，他说他正准备把瑜伽体式介绍到军队中，前提是整个训练体系首先要现代化。医生们要把每一个动作照出X光片，并且按照西方国家那样解释每个体式的病理学价值。对我来讲，这是不可能做成的研究。戈卡莱医生建议，拥有设备和权威人士的军方最适合做这项研究，他还告诉军医，我也随时会配合他们的研究。但是研究最终也没能进行下去，军队也没把瑜伽体式加入他们的训练中。

艾扬格和他的家人
后排左起：普尚、拉玛玛尼、瓦莉塔、艾扬格、吉塔、萨维塔；
前排左起：苏妮塔、苏吉塔。

斯瓦米·希瓦南达吉

1950年年末，斯瓦米·希瓦南达吉访问普纳。他写了很多关于瑜伽的书，而我一直很想见到他，并向他展示我的体式。我找到了组织者——当时的孟买公共健康机构的主席维西瓦纳坦先生。我没能获得与斯瓦米吉见面的机会，但是他告诉我可以去瑞诗凯诗见斯瓦米吉。离开之前，我感谢了维西瓦纳坦先生，并向他介绍了自己。我告诉他，我是普纳的一名瑜伽老师。听了介绍，他记起来已经听到过很多关于我的事情，并建议我自己去问问斯瓦米吉能否和他单独见面。尽管我参加了斯瓦米吉所有的讲座，但我还是放弃了想要私下见他的愿望。斯瓦米吉完成普纳之行后去了孟买。在孟买，我的朋友梅赫拉·瓦基勒把我的一套体式照片给斯瓦米吉看。他很感兴趣，想留下那套体式照片。于是梅赫拉把另外一套体式照片送给了斯瓦米吉。斯瓦米吉称赞说，看到我的照片就仿佛看到了鱼王再生一般。

1951年3月，我的学生安克拉萨莉亚邀请我到扶轮社做一次演讲示范。在他的要求下，我先做了简短的介绍性的讲话，然后和我当时已经70岁的学生丁肖开始了我们的体式演示。那是我做过的最棒的演讲示范之一，我在演示过程中特别强调了不同体式的功效。有些观众是医生，他们对于我的身体拥有如此大的活动范围感到非常震惊。医疗队的巴苏上校也坐在观众当中，他认为我的脊柱一定有某种超常性能，否则怎么可能做出这样的动作！我回答道，我的脊柱没有任何特异之处，只要经过持续的、勤奋的体式练习，每个人都可以做到，而且我已经训练了很多学生。

在同一时期，有几位欧洲的著名医生、记者和作家带着他们的妻子来到印度学习印度文化。他们一行人先是参观了一些名胜古迹，当他们到普纳的时候，巴苏上校为我在内皮尔宾馆安排了演讲示范。

这些客人们带着巨大的兴趣和热情观看了我的表演，他们说有几个动作让他们难以置信，因为没有任何教科书描述过这样的身体动作，还说我的表演很有可能是他们的印度见闻之最了。

迈索尔瑜伽学校的关闭

当我带着家人于 1951 年 4 月到达班加罗尔的时候，我收到了古鲁寄来的一封信，信中说让我去参加瑜伽学校的聚会。但我不能前去迈索尔参加这个活动，因为我要参加一个宗教仪式，这个仪式将由迈索尔前任首席部长 K. C. 雷迪先生主持。在距离学校聚会不到一周的时候，我又收到了古鲁的另一封信，信中说瑜伽学校已经接到通知，要在一个月内关闭。起初，我无法相信这个消息，学校关闭的原因也不得而知。古鲁和几位官方人士做了沟通，希望能够恢复瑜伽学校的运营。我在班加罗尔的两份报纸上发表了文章，请求恢复瑜伽学校。古鲁和我又给几个政府部门的工作人员和相关领导，包括几位部长写信，但是迈索尔政府最终还是不愿恢复这所著名的瑜伽学校。

瑜伽士之王（Yogi Raja）

梅赫拉·瓦基勒寄给斯瓦米·希瓦南达吉一套我的体式照片作为 1952 年的新年礼物。过了一段时间，我非常惊喜地收到了斯瓦米吉的信，他在信中充分肯定了我的工作，并给了我"瑜伽士之王"的称号。尽管斯瓦米吉仁慈地把这一称号给了我，但我觉得真正配得上这一称号的人应该是古鲁。

这时，我开始为普纳内科医生的领军人物——M. S. H. 莫迪医生治疗他的背痛。莫迪医生也是波查先生的家庭医师，起初他对对抗疗法以外的所有治疗方法都不信任，他还在国外就他的问题咨询了很多医生。因为看到波查先生的进步，他也想尝试一下瑜伽的治疗方法。他的进步如此显著，甚至又重新开始骑马，他还建议他的妻子和孩子在我的指导下学习瑜伽。他的一个儿子 S. M. 莫迪医生，现在已经成了普纳内科医生中的带头人和心脏病专家了。老莫迪医生至今还在坚持体式练习，还把瑜伽练习推荐给他的病人。

04
西方的呼唤

1952 年，应印度总理尼赫鲁之邀，著名小提琴家耶胡迪·梅纽因访问印度，并举办了几场音乐会，为总理的"饥饿救助基金"筹集资金。梅纽因及其夫人在访印期间是印度政府的贵客。在他来访之前，我从报纸上得知他对瑜伽颇有兴趣。尽管如此，我还是觉得和他私下会面恐怕是不可能的。在梅纽因到达之前，普纳上映了一部名为《神奇之弓》的电影，梅纽因在影片中演奏了小提琴。我看了这部片子后，对他有了更多的了解，我觉得梅纽因是一位天生的艺术家。

普纳的一名牙医梅赫尔候穆吉医生传话说让我去见见他。当我见到这个医生的时候，他告诉我梅纽因接待委员会的成员之一——梅里·梅塔先生来见了他。梅塔先生告诉这位牙医，因为梅纽因对瑜伽很感兴趣，所以他很想见一位瑜伽专家，于是他问这位医生是否认识一个（瑜伽专家）。医生知道我教过克里希那穆提，所以就把我的名字告知了对方。于是他们让这个医生来问我是否愿意去孟买为梅纽因展示一下我的瑜伽体式。我说如果接待委员会可以支付我的旅行费用和住宿费用的话，我很乐意去孟买。医生告诉我，他会去问，然后给我回话。一两天之后，医生告诉我说委员会已经在孟买为梅纽因安排了另外几位瑜伽人，如果委员会觉得有必要的话，我也有可能获得一个机会。于是我写信把我和梅赫尔候穆吉医生的谈话告诉了梅赫拉·瓦基勒。梅赫拉在1952年3月2日打电话告诉波查，她已经为我安排了与梅纽因的会面，时间是在3月4日早晨，而她会负担我的旅行花费。我去孟买见了梅赫拉。梅赫拉告诉我尽管她是接待委员会的成员，但她并不喜欢借用职权之便把我介绍给梅纽因。她是在一次茶话会当中见到梅纽因的，并把我的影集给他看了。梅纽因大为赞叹，并请求她让我去孟买。孟买的行政长官马哈拉杰·辛格先生在此之前还安排了梅纽因和斯瓦米·库瓦拉亚南达吉以及我以前的同事C. M.巴特先生的会面。

与梅纽因的会面

1952年3月4日，梅赫拉带我到了政府大厦，并把我介绍给了梅纽因。他告诉我，尽管我的影集让他非常震撼，但他非常疲惫，所以只能给我5分钟的时间。我跟他说："你虽然很累，但是有没有可能看一下我的演示？"他说："我虽然累了，但是我对瑜伽很有兴趣，很乐意看你的演示。"而实际上我立刻把他放进挺尸式中放松了。梅纽因整整睡了一个小时。当他醒过来之后，我问他疲惫是否已经消除。他说他感觉好像刚刚从长长的深度睡眠中醒来一般。他满怀激情地观看了我的演示。他对每一个体式都表现出极大的兴趣，并对此大为赞叹。于是我们原定5分钟的会面时间变成了3个小时。在我演示体式的时候，梅纽因夫人并未在场，她到得比较晚。梅纽因把我介绍给他夫人。他坐下来沉思了片刻，突然问我第二天能不能再来见他。他让组织者把他的几个活动都取消了。我答应他第二天会过来。

第二天我和梅赫拉到了政府大厦。梅赫拉告诉我在前一天的晚宴上，梅纽因向宾客谈起了我和我的体式，并表达了想要带我去美国教他和他的家人的愿望。这些客人中包括维贾雅拉克希米·潘迪

艾扬格教授梅纽因瑜伽

与梅纽因的结识给了我巨大的启示，我们的会面是我们各自人生中的重要事件。

壹　身体是我的庙宇

特夫人和埃莉诺·罗斯福夫人，后者是已故前任美国总统富兰克林·罗斯福的夫人。

到了政府大厦之后，我便指导梅纽因练习瑜伽体式。他的夫人和陪同人员马塞尔·加塞列也在场。这一次梅纽因对课程的领悟比前一天更好，并记住了我所展示的要点。于是，他又要求我再示范几个体式。梅纽因夫人，作为一名芭蕾舞者，饶有兴致地观看了我的演示，并表示她从未见过这样的动作。这一次我们的相处时间是3个半小时。在我更衣的时候，梅纽因突然过来问我是否准备好去他家住一年，我不能立刻答复他。他让了一步说，希望我能过去至少住4个月，我不能答应他停留太长时间，因为我也有自己的家庭需要照顾。但他得知我有可能去上几个月还是很高兴，他出来后激动地向外面的人宣布，我们有了一个约定。他又问我是否愿意参加他的音乐会。他给了我几张票，我就于当晚在帝王剧院欣赏了他的独奏表演。音乐会结束之后我又收到了梅纽因的信，信中他再次强调了之前的提议，另外还邀请我去后台见他。在后台，他展开双手迎接我，并问我能否接受此提议。我请他容我考虑两周，他告诉我不用着急。这个消息迅速传开了，很多人开始问我什么时候去美国。

梅纽因虽是一位获得罕见殊荣的小提琴家，却是一个十分简单、谦逊、高贵和亲切的人。他声名卓著、成就显赫，却十分谦卑。我有机会结识如此了不起的人物，并教他练习瑜伽真是一大乐事，也是一份难得的殊荣。

不幸的是，后来的安排还是出了点儿问题，我的美国之行没能在那一年成行，但与梅纽因的结识让我们两人都受益匪浅。大众开始认识到我所做的工作的价值。我认为这一连串的好事确实来自神的恩赐。

049

1954年艾扬格前往欧洲
来送行的朋友和来向父亲道别的孩子们。

瑜伽——连接东西方的桥梁

1954年2月,梅纽因再次访问印度。他想让我再去教他体式,于是我开始在孟买的政府大厦里热情地给他上课,这一次他有了更大的收获。在孟买的10天里,他收益颇丰,于是他又邀请我去德里继续我们的课程。因为他,我有幸见到了印度最高贵的儿子、千百万人民的偶像、当时的印度总理尼赫鲁。梅纽因把我介绍给潘迪特·尼赫鲁、克里希那·梅农、法洛斯和英迪拉·甘地。为了纪念我们的会面,我送给尼赫鲁总理一套我的体式照片集。

壹　身体是我的庙宇

我的课程可以帮助梅纽因更好地控制小提琴演奏，他又邀请我去瑞士，用 6 周的时间帮他进一步练习。事实上，我的瑞士之行超过了 6 周，因为我不仅要教他本人练习体式，还要教他的孩子们练习。瑜伽让他获益良多，为了表达谢意，他送给我一块欧米茄的腕表。表盘背面刻着这样的文字："给我最棒的小提琴老师 B. K. S. 艾扬格。耶胡迪·梅纽因，格斯塔德，1954 年 9 月。"后来他的独奏确实显示出了瑜伽带给他的益处。

与梅纽因的结识给了我巨大的启示，我们的会面是我们各自人生中的重要事件。

通过梅纽因，我又结识了当时的顶级钢琴家 W. 莫坎金斯基。印度驻瑞士大使 Y. D. 甘德维亚先生在瑞士国际展览会上为我安排了一场表演，印度政府也派代表参加了那次展览会。这次的表演是由印度欧洲事务总领事 S. 森先生主持的，梅纽因也参加了这次活动。我的表演受到所有人的赞扬，而我又见到了多位声望极高的音乐家。这之后我和莫坎金斯基去了伦敦，又于 1954 年 10 月中旬到达巴黎和梅纽因会合。在巴黎我又在一次梅纽因主奏的场合做了一次表演，当时的印度驻法国大使也在场。

1952 年第一次和梅纽因会面之后，我结识了贾亚普拉喀什·纳拉扬先生。纳拉扬先生曾经在丁肖·梅塔医生的诊所里进行过一次为期 21 天的禁食行动。阿邱·帕特沃德汉先生向他提到过我，并建议他在我的指导下练习一些体式和呼吸法。1952 年 8 月 19 日，当我去维塔尔瓦蒂教阿邱的时候，纳拉扬先生也在场，于是我们就这样相识了。纳拉扬先生已经听说过我，并且愿意随我练习一些体式来缓解他的坐骨神经痛和腹部疼痛。纳拉扬先生的练习非常认真，他倾注了真心和灵魂，而他在短时间内的成效也是如此惊人。我非常高兴能为这样的爱国人士和神的子民提供服务。无数人都想寻求他的指引，我觉得他是一个真正的业瑜伽

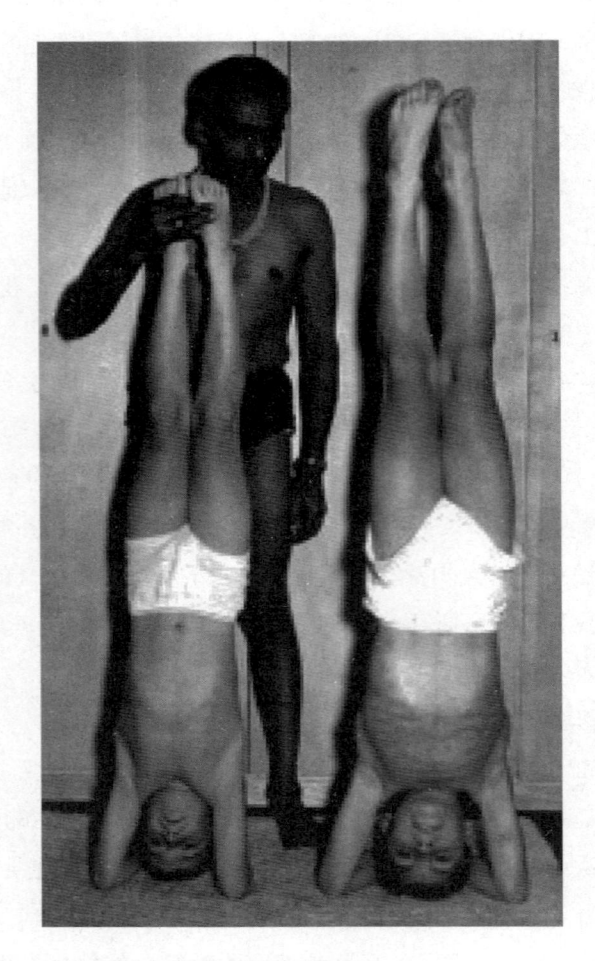

艾扬格教授杰勒德和杰勒米瑜伽
我不仅教授梅纽因瑜伽,还教授他的孩子们瑜伽。

士（Karma Yogi）。

我觉得能结识像克里希那穆提、耶胡迪·梅纽因、贾亚普拉喀什·纳拉扬和潘迪特·尼赫鲁这样的杰出人物，一定是我前世善行的奖励和古鲁祝福的结果。

1952年12月，梅赫拉写信要我去拜访神秘人士和哲学家萨杜·瓦斯瓦尼。萨杜·瓦斯瓦尼致力于提升穷人的生活水平，并且参加过很多宗教会议。1952年12月11日，我在圣米拉学校拜见了他。我和他先做了交谈，然后又教授他的侄子J. P. 瓦斯瓦尼先生体式。应萨杜·瓦斯瓦尼的请求，我给他展示了几个体式，并向他解释了瑜伽的重要意义。他很开心，并邀请我在圣米拉学校的学生面前做一次表演，因为他想要孩子们学习瑜伽这一高尚的艺术。于是我做了展示，大家都很赞赏。

1953年新年这一天，我有幸在孟买的泰姬陵宾馆为世界卫生组织国际癌症研究机构的全球著名科学家们表演体式。在我即将登台表演的时候，委员会的主席卡诺卡尔医生告诉我，不要在表演过程中进行讲解。这虽然抑制了我的激情，但我的信念并未受到干扰，我还是顺利地完成了表演，观众也赞叹不已。表演结束时，卡诺卡尔医生对大家说，联合国和世界健康组织应该邀请我去表演。他还说我的学生中有70岁以上的老人，而所有人都应该来练习瑜伽。

1953年，我有幸再一次教授克里希那穆提体式。在谈话中，他给了我一条建议："满足导致迷惑，而迷惑又带来满足。"他让我不要被迷惑所扰，也要脱离满足的束缚。

1953年10月，我有幸教授耆那教最受人尊重的上师之一巴德兰卡吉·马哈拉杰，马哈拉杰有着虔诚的灵魂和丰富的学识。他极大地获益于体式和呼吸控制法的练习，于是他写信给他的信徒们说，他在呼吸控制法练习中的收获要大于智瑜伽（Jnana Yoga）的学习。

我定在周末去孟买教授马哈拉杰上师。得知我周末会去孟买，梅赫拉建议我在孟买开设瑜伽课程。于是我在孟买的课程就于1954年1月开始了，当时课上有6个学生。渐渐地，越来越多的学生加入了这个班，课程至今还在继续。

瑜伽和国防力量

在1954年和1955年，当时任国防学院院长的大将E.哈比布拉开始跟随我练习瑜伽。他的身体非常僵硬，并且在缅甸服役期间曾感染痢疾。经过几个月的练习，他的情况大为改善，并且恢复了精力。他成了一位虔诚的瑜伽信徒。他想在学院里大力推广瑜伽，于是在1955年6月，他命令学院教官们接受瑜伽训练。我对这些教官进行了为期一个月的训练，让他们认识瑜伽体式对人体系统的效用。这些教官们此前都认定只有他们自己的那一套训练方法才最适合军队，他们惊讶地发现，我的训练方法居然比他们的训练更艰苦。院长又要考虑学院里那些体弱的男孩子们。在经过与副院长的一番讨论之后，他们选择了50名身体虚弱的学员来参加一个为期4个月的实验。其中的25人进行每日常规的军事训练，而另外25人则接受我每周两次的瑜伽训练。实验结束后，25名接受瑜伽训练的学员——之前的常规军事训练并未增强他们的体能，在健康程度、敏捷度、身体轻盈度和心智开发等方面都表现出了进步，他们的整体表现要好于另外一组未接受瑜伽训练的学员。

我知道瑜伽组的学员顺利通过了他们的考核，取得了显著的进步，当然这些数据是由学院保存的。这次的实验鼓励院长将瑜伽训练扩大至所有学员，而我在学院的服务又增加了一年。应学院军官们的要求，院长又为他们开设了特别课程。

我能有机会将瑜伽的益处向军方人员展示，多亏了哈比布拉院

壹　身体是我的庙宇

长，但学院的瑜伽训练在1958年停了下来。让人为之振奋的是，1976年阿瓦提院长又重新恢复了学院的瑜伽训练，课程由我的大女儿吉塔和儿子普尚执教。

我与国防学院的关系，让我有机会将我的艺术在印度第一任总统、曾经的医生拉金德拉·普拉萨德和来访的外国使团面前展示。其中有一位穆罕默德·哈达医生来印度进行友好访问，他是当时的印度尼西亚副总统。他在1955年11月10日参观了国防学院，有一组学员为他表演了瑜伽体式，我也做了一个20分钟的展示。在同一个月里，也是在国防学院，我在苏联元帅布尔加宁和苏共第一书记尼基塔·赫鲁晓夫面前做了表演。苏联的摄影师们拍下了整个表演过程，以备回国放映之需。表演结束之后，我被介绍给了这些尊贵的客人，当他们听闻我正在训练国防学院的后进生时，他们提到了我教授军队长官纳格什将军一事。赫鲁晓夫感谢我精彩的表演，并指出瑜伽并不仅仅是为了体弱之人，更是为了所有人。总指挥官、南方司令、少将提玛亚也祝贺我出色地展示了印度文化。我还为来学院访问的中国军事代表团做了表演，他们对我身体的灵活性和技巧很震惊，并表示在游击战争中很需要这样的训练。

1955年11月，我在孟买的一家剧院的支持下做了另外一场表演，这次表演让观众大为赞叹。瑜伽训练方法带来的内在满足与平和是建立世界和平的武器，因为它增进了不同国家的人民之间对健康的理解，并且可以让人们更宽容。

瑜伽之树花朵绽放

现在可以结束对早年艰苦岁月的回顾了。尽管在1955—1960年间，我经历了一些坎坷，但我和家人的生活已经不像之前那般艰难了。1960年之后，境遇开始转变。我的工作得到了认可，我也获得了几次走出国门，并在国外举办工作坊的机会。我的这部分活动现在已经广为人知，所以我可以不必再详细描述了。我详细陈述我的早年岁月是因为那一段生活只有几个和我很亲密的人知道。我觉得在我走完60年人生岁月的今天，是一个恰当的时机来述说我早年人生岁月中的故事。

瑜伽之树已然绽放花朵。

05

拉玛——我的生命之光

如果不提我的妻子拉玛玛尼，我的故事终归是不完整的。

拉玛于1927年11月2日生于班加罗尔附近的阿内尔卡，她是家中的第九个孩子。他的父亲和我的父亲一样，也在一所小学任教。尽管拉玛聪慧异常，但也只读到小学四年级就终止了学业。

我们的婚礼在1943年7月9日举行，当时拉玛16岁。我们在1943年11月开始了在普纳的共同生活。她来到普纳时只随身带着我送她的项链，那是她仅有的财物，别无其他。而我也是一无所有，不能给她提供舒适的生活。我们从莫迪那里借了一口铝锅和两个盘子，而我家的第一个炉灶也是向莫迪借的。

拉玛和我需要奋力挣扎才能勉强度日。我们每日所获得的物品少之又少，但她总是很满足，从不为经济窘况而忧心。每天我都会早早起床进行我的瑜伽练习，拉玛也会同时起床为我准备咖啡。她会观察我的练习，但从不打扰我。当时就连"瑜伽"这个词对她而言都是陌生的，她不知道瑜伽为何物，她也从不过问瑜伽教学意味着什么，或者我在学习什么。但是，随着时间的推移，她对瑜伽艺术也产生了极大的兴趣。于是我开始每天教她练习，而她也成了我的学生。随着她的进步，我开始教她如何协助我练习，以使我自己的练习得到提高。我在练习中会给自己一些指令，这些指令的本意是自我提高，拉玛却因此成了一名好老师，这就使得她能够单独教

拉玛玛尼·艾扬格

她的爱独一无二，她有着宽厚的胸怀和高贵的灵魂。她有着一副菩萨心肠，人们都叫她阿玛（意为母亲）。

授我课堂上的一两名女士。随着家庭责任的增加，照料孩子渐渐占据了她大部分的时间，她就没有时间继续教学了。不过，一有空闲，她还是会自己练习。而只要我的练习需要任何帮助，她的双手永远都是准备妥当的。

我之前提到过，我们在1946年的同一天晚上都做了奇怪的梦。梦中显示我们的生活将迎来光明，而后来梦中的情景已然成真。人们开始询问我的课程，我们不再像过去那般在贫困中挣扎，因为神的赐福，我们的愿望都一一实现了。命运开始眷顾我们，我们的家庭生活也有了保障。之前我们想都没想过家庭生活能有如此大的改善，而我的瑜伽事业能有如此大的进展。我们相互理解，相互奉献，幸福而充满灵性地生活着。她的生活乐趣就在于照料我和孩子们，以使我的练习和教学毫无阻碍。我就是她的一切，我们通过彼此共享神的甘露。

拉玛是耐心和慷慨的化身。她简单、大度、朴实无华。她善待所有人，包括那些对她心存恶念的人。她宁静、安详、平和，面对糟糕的环境总是从容淡定，她能够冷静地接纳一切。她对所有上门求助者，要么悉心照料，要么用爱、喜悦和奉献给予劝慰。她毫无保留地为大家服务。我记得已故的 N. B. 帕鲁勒卡尔医生——《普纳日报》的经营者和编辑，将她比作罗摩克里希那的妻子萨拉达兑维，我如今越来越觉得他的话真实不虚。

好客、善良和自我奉献几乎融入了她的血液，她像对待家人一般对待她的女仆和大街上的清洁工。在节日里，她会把食物拿来与他们分享，从不让他们觉得自己被忽视了。她的情感和想法总是高尚的，她从不对任何人心存恶念，这就是她的真性情。她的爱如此特别，她有一颗慈悲的心，人们亲切地叫她阿玛（意为母亲）。她仁慈宽厚，有着博大的心灵和高贵的灵魂。

她的思维富有哲理性，她的为人处世则处处显现慈悲。她对过去的不快从不记挂在心上。贫困时她从未显露忧伤，富足时也未见得意之色。

拉玛是一个天生的歌唱家。她煮饭时或者给孩子们梳头时，唱过好多普兰达拉德萨和蒂亚格拉贾的歌曲。除了卡纳塔克经典音乐，她还非常喜欢印度斯坦音乐。这些歌让孩子们对音乐和舞蹈产生了兴趣。她还是一位出色的厨师，能够在节日或聚会等特殊日子里为一大群人准备多种精致美食。以上种种全都奇妙地集中在拉玛一个人身上。

我想不起我们之间有过什么误解。我的不耐烦——快速做决定和做事冲动，都被她柔和的声音和眼中安静的神情一一化解。我们生活中从未有过矛盾，就好像我们的灵魂已融为一体。她也从不严厉地对待孩子们，但孩子们却都对人恭恭敬敬，并有着良好的自我约束。

我们购买了一块土地准备建一座新房子。1973 年 1 月 25 日，她

拉玛玛尼·艾扬格夫人主持土地祭拜仪式，1973年1月25日
她在我们将要建造新房的土地上主持祭拜仪式，却于1973年1月28日辞世。

在这块土地上主持了土地祭拜仪式，之后她突然变得虚弱。

1973年1月26日，我把她送到医院，希望她能好好休息，并从疲惫中恢复过来。我陪了她几个小时，她当时感觉比在家里好一些了。

我的妻子真是一位高尚的女性，她清楚地知道死亡将至。那天晚上，我的两个女儿苏妮塔和苏吉塔有一场西塔琴演奏，她不想打扰两个孩子，也没有阻止我去孟买上课。等到音乐会结束的时候，她才让医院的医生打电话给我们的邻居帕巴卡尔医生——医生家里有一部电话。当我们的儿子普尚和女儿吉塔赶到医院的时候，已经是凌晨3点了。

她让他们即刻回家，把敬神的油灯点燃，并且把其他几个孩子一起带来医院。孩子们不能都赶到医院，因为那个时候交通并不发达。她只是简单地问了一下他们，为什么其他几个孩子没有过来。之后她便告诉普尚和吉塔，她的职责和义务就要结束了，她马上就要离开了。她不想死在医院的病床上，她想要更贴近大地母亲，于是她要求躺在地面的毛毯上，但医生没有答应她的请求。于是她斜靠着坐起来，把两个孩子的手放在自己手中，祝福他们，并且告诉他们要担负起未来的责任。像伟大的女瑜伽士一般，她一生奉献，在生命逝去的那一刻，她安详地呼出了最后一口气，她的灵魂与宇宙之灵融合了。

因为那是一个周六，所以我去孟买上课了。1973年1月28日凌晨4点，周日，我的两个学生马杜·提贾瑞瓦拉和巴左·塔拉普尔瓦拉来到我住的宾馆。我的心一整个晚上都不安宁，他们敲门的时候我已经起床了。他们要我即刻返回普纳，说是收到了我儿子传来的消息，我妻子的情况很危急。因为我前一天还看望过她，所以并没有意识到情况的严重性。我告诉他们，我上完当天的课再回去。他们坚持让我马上回去，并且要陪我一起回去。我有了不好的预感，但是却不能表现出我担心妻子是否还在世的恐惧。他们犹豫着不肯透露实情，希望把这个消息瞒得越久越好。在路上，第三个学生芬妮·莫迪瓦拉夫人也加入我们一行。我心里已经做好了面对任何情况的准备。

当我们马上要到普纳的时候，学生们问我是回家还是去医院。我说，如果她还活着那就一定还在医院，要不然就应该在家里。终于，他们告诉我拉玛已经不在人世了。我说，那么孩子们一定将她的遗体带回家了，我们就直接回家吧。我们到家的时候是早上六点半。我进去的时候看到大批的学生，还有其他人，我知道一切都结束了。我冷静地安慰着哭泣的孩子们，告诉他们，她们的母亲有着虔诚的灵魂，不要在这样的灵魂面前痛哭。而从那一天起，我便既是父亲又是母亲了。

  我们在 1973 年 1 月 28 日安葬了她，来自各行各业的人，认识的、不认识的，都来向逝去的灵魂表达敬意。大家挤满了我们的屋子，这间房屋简直成了一座神庙。来自南非的学生们亲眼见证了她的葬礼。哀悼、慰问的消息从世界各地涌来，大家表达了他们的悲痛和哀伤。拉玛用生时的优雅和安宁，耐心和宽容拥抱了死亡。

  拉玛安葬的地方后来成了著名的拉玛玛尼·艾扬格纪念瑜伽学院，学院是为了纪念拉玛而建的。建立学院的资金是朋友们、学生们和心怀钦佩与赞赏之情的人们为表达他们的爱与敬而慷慨捐助的。

  拉玛在世时，我无须为生活所扰，因为她把家庭、孩子和我都照料得无微不至，而我就可以全身心投入到瑜伽的练习和教学中。她走后，我成了名副其实的家长，而孩子们也承担起大量的家务。她在的时候，我的婚姻中有她和瑜伽，而今便只有瑜伽了。但我和她从未真的分开过，因为她时时刻刻都活在我的心中。

06
朝圣梵蒂冈

1966年,当我准备去欧洲教学的时候,我的学生——洛博神父建议我将《瑜伽之光》寄给教皇。他还说在寄书前我应该去见见普纳的主教。于是我去拜见了主教,他递了一杯茶给我,我们谈起了瑜伽。他是一位健康的老人,有一颗年轻的心,也很幽默。他说的第一句话便是:"我对瑜伽一窍不通,但你看起来不像个瑜伽士。你没有纠缠在一起的长发或胡子,没有串珠,没有橙黄色或藏红色的衣服(印度僧侣的服饰颜色),手里也没托个钵。你算是哪门子的瑜伽士?抱歉,如果你没有这些,我无法介绍你。"

我告诉他,外在的样貌不会让一个人成为瑜伽士,我虽然穿着朴素,但内里却是个真正的瑜伽士。洛博神父打趣道:"先生,他是唯一一个骑着摩托车的瑜伽士。"主教听闻很惊讶,于是想看看我的摩托车。他还真的看了,在谈话过程中,我提出带他去兜个风。他开怀大笑,我们又回到屋里,坐下来开始严肃的谈话。他问:"你为什么想见教皇?"我回答说洛博神父想让我去见,如果可能的话,我想在教皇面前表演我的艺术。然后他说:"我已经看了你的书,对你的修行很欣赏,要不然我怎么也不会相信你是个瑜伽士。我会写一封介绍信给非基督教世界的负责人马雷拉红衣主教,我相信他一定会做出相应的安排。但是,我能否建议你戴个发套和胡子,穿上传统服饰去面见教皇。如果你答应,那我就为你介绍。"我笑着问他:"非得那样吗?"他也笑着回答:"不。"

他如约把写给马雷拉红衣主教的信给了我,我又在信中附上了我个人的一封信以及我的书,并请求红衣主教将我的书和信转送给圣父。普纳主教这样写道:"我特此介绍一位可能是当今时代最伟大的艺术家,一位著名的印度瑜伽士,以下我会述说他的生平。我可否请求阁下您亲自把他介绍给尊贵的教皇,我相信教皇一定会对他以及他的艺术兴趣良多,并且必定会安排一次安静而亲切的会面。"

我收到了红衣主教的回复:"我现在可以肯定地告诉你,我如你所愿将你的书《瑜伽之光》交给了尊贵的圣父,并亲自做了介绍。尊贵的圣父命我向你转达他深挚的谢意,并对你如此思虑周全表示感激。我们将安排你面见尊贵的教皇,但是目前还不能确定具体的时间和地点,我们会在你到达伦敦之后告知具体信息。"

我于1966年6月23日抵达伦敦,我写信将伦敦的地址以及瑞士的地址都告诉了红衣主教,以便他能在第一时间通知我接见事宜。7月6日我收到一封红衣主教的电报:接见安排在7月30日。我回信表达了谢意,并且询问具体时间和地点,但一直没有得到回复。7月13日,我出发去苏格兰教授霍恩·罗洛勋爵体式。早上10点15分时,我接到一通斯科拉瓦利夫人从瑞士格斯塔德打来的电话,她慌张地告诉我,红衣主教因为我没能在梵蒂冈等待教皇的接见很不安,并让我直接联系他。我告诉她我写了两封信以确认7月30日的接见事宜,但还在等回复,而电报上确实说的是7月30日而不是13日。

当我在伦敦住处的主人开车送我去机场的时候,我请他打电话到梵蒂冈,读一下我收到的电报,请求原谅,并且争取另一次接见的机会。在机场我恰好碰到了另一个学生哈森夫人,我又请她帮我写了一封信给红衣主教,请求他安排另一次接见。我还从爱丁堡写

壹　身体是我的庙宇

艾扬格和教皇
尽管人们像保护君王一般保护他，但是他的朴实无华和优雅举止还是深深地打动了我。

信给红衣主教，表达我因为电报时间的失误而错失良机的痛心，并且祈求获得谅解。

7月18日，我收到马雷拉红衣主教的电报："教皇接见可以安排在20日或27日，选择适合你的时间，并马上把选定的时间电报告知。"我联系了所有的朋友告知大家这一喜讯，教皇已同意接见我，梵蒂冈之门向我打开，这就意味着天堂之门向我打开。我于7月26日从伦敦出发，以完成我的历史使命。

我于当天下午4点30分到达罗马，我的学生阿尔伯托·斯科拉瓦利在机场接我。我们到他家之后，打电话到梵蒂冈，对方告诉我们第二天早上9点30分去红衣主教办公室。于是，27日早晨，我们

065

开着一辆破汽车踏上了去梵蒂冈的路,一路上车总是熄火,还得下去推车。9点30分我们来到了圣彼得大教堂入口,然后花了40分钟才找到非基督教世界大臣的办公室。我们从一处寻到另一处,最后终于被允许入内了。进门时还登记了车牌号、驾驶证号和司机姓名。

一位修女带我们乘电梯到了三楼。入口处,一位教士正在等着我们,他和我的朋友用意大利语交流之后,递给我一枚加印的信封和一封由我的布莱顿的学生们转发自教皇的电报。信中说接见会定于11点30分,地点在27英里外的冈多福堡,我必须立刻赶过去。在启程去梵蒂冈之前我原以为面见教皇的时间会比原定的时间早,这样结束之后我可以去冈多福堡表演,所以我也提早做了准备。之后我打开电报:"来自你的布莱顿的学生的敬意,想念你,尤其是克里斯托弗·哥伦布。"

于是我们启程赶往冈多福堡。在罗马开车,你必须得是个高手!整个交通的运行就好比蛇行,你必须见缝插针,抓住所有空当才有可能前行。不然的话你就只能被困在车流中,忍受其他司机鸣笛嘲骂。最终我们到了冈多福堡,这里是天主教教宗的夏季住所。无数人涌向冈多福堡,想要一睹圣父面容。那场面就好像印度很多圣地的神庙,在重要场合总会接受无数前来祈福的人群。有警察在维护交通,我们按照指挥将车泊在停车区域。我们往外开了半英里才找到车位,之后便行走于小山围绕的美丽湖边。我们还有10分钟的时间,因为当天早晨没有喝茶也没有喝咖啡,于是我们进了一家餐厅,要了杯特浓咖啡。我一边向冈多福堡走着,一边想着要如何向教皇鞠躬,如何与其交谈。我们走进大门,两名身着鲜艳的黄色、橙色和深蓝色条纹制服的守卫将我们拦住,要求出示约见信。我给他们看了信,他们就让我入内。我请求他们让我的朋友一起进来,但他们拒绝了我的请求,因为他们只安排接见我一个人,所以我必须独自前往。我有些可惜地问朋友他要做点什么,他说他会在外面

壹　身体是我的庙宇

的一家自助餐厅等我，于是我就走了进去。

我被指引着向右走，上台阶，不一会儿我就看到一个大礼堂，很像印度的王宫礼堂。门前穿着鲜艳制服的守卫接待了我，他们核实了名单上的名字，就让我进入了礼堂。里面大概有将近200人，看到这些人我才明白，我们的会面不是一次私人会面。来自世界各地的人都在此处接受圣父的赐福，而我是唯一一个等着教皇接见的身着裹腰布、无领长袖衫和披肩的印度人。

20分钟之后，一个守卫过来把我带到旁边的一个房间，在那里我坐在了第一把椅子上，之后他又去叫其他人，直到有10人同时等候。两三分钟之后，有人让我起来站到另一扇门前，其他人也都站了起来。片刻间他就出现在我的眼前，尊贵的教皇，身着黄色长袍，头戴白帽。他身后跟着护卫、秘书和翻译。我交叠双手向他鞠躬。他温暖、慈爱地走向我，紧紧握住我的双手说："我爱印度，也爱印度人民。我很喜欢你的书，你是一位实至名归的专家和指导者。面对你这样一位掌握如此艺术的人，我还能说什么呢？我用我的心祝福你，希望你好。听闻你在你的艺术中成绩卓著，我再次祝福你。"我问他能否给我一个机会为他展示我的艺术。他的翻译把我的话译成意大利文，教皇回答说尽管他很想看一看，但是他没有时间安排此事。他说："我看了你的书，很好。"

我又送了几本萨杜·维斯瓦尼的书和一根檀木手杖给他。他把书递给他的秘书，拿着那根檀木手杖，用手指轻轻摸了摸，又闻了闻，然后说道："妙，好，真好。"他把手杖递给了秘书，对我说："我想送个此次会面的纪念品给你。"他看向身旁的秘书，于是秘书递过来一个盒子。教皇将盒子打开，内有一枚铜质纪念章。一面是他的头像和题字：Palus Ⅵ Pont Max MCML XIV and Ⅲ（保罗六世，1964年3月）"，另外一面是罗马城和"Marus Tva Devest Me"，意为"我的手指引我"。他微笑着将此铜章递给我，再一次紧握我的双手

067

说："我祝福你的事业。"我再一次请求他允许我为他呈现我的体式。他说："我很想看,但是没有时间。"当我离开的时候,他再次与我握手,然后将一只手掌放在我的头顶上。他向前走去,一位守卫把我带到教皇之前乘坐过的电梯。下来后,其他几个守卫护送我,他们打开电梯门,把我带到大门口。在门口,守卫们排成仪仗队送我出门。

我的圣城之旅就这样结束了,上帝所拣选的世间的代表就生活于此。

贰

这是你我的天性
艾扬格自述瑜伽感悟

01
日常生活中的阿斯汤加瑜伽

在过去的 60 年中，我是一名瑜伽练习者。而我的瑜伽教学也已走过了 58 年的历程。60 年前，当我开始踏上这条路的时候，瑜伽并不像今天这样流行。甚至在印度，很多人都认为瑜伽是那些离家舍业的修行者或隐士们才会练习的东西。人们曾经用手指着我说："瞧那个疯子！"

因为那时人们对瑜伽知之甚少，于是我就背负起了艰巨的任务——我不仅要点燃人们兴趣的火苗，还要让大家知道，瑜伽可以培育出健康的身心。我做了那么多演讲示范，就是为了让人们认识瑜伽的价值，让人们直接看到瑜伽，进而理解这一艺术。在过去的这些年中，我走访了很多国家，并把瑜伽介绍给各国民众，也让人们对这一艺术有了更多兴趣。现在很多人都认为，瑜伽是一种消除病痛和增进健康的练习方式。虽然健身俱乐部随处可见，但是很多俱乐部都没有瑜伽课程。瑜伽在保持身体结构，平衡呼吸、循环、神经、消化和荷尔蒙系统方面的意义非比寻常。另外，瑜伽还能够提升精神状态，帮助人们获得清明的智慧。

难道瑜伽的意义就只有这些吗？只有消除结构失衡和情感紧张以及压力吗？还是这只不过是冰山一角？

最初，我们所有人练习的动力，无非是解决一些身体和情感上的问题。但当这些问题解决之后，我们为何还要继续练习呢？难道是为了强健身体吗？难道是为了调试头脑吗？通过练习，我们获得了一些新的见解，增强了对身体的了解，也在一定程度上了解了我们的头脑（心）。

瑜伽的终极目标是获得对灵魂的认知——探索者和观者在此合而为一，这叫作自我认知（ātma darshan）。其中有个问题：在强健身体的过程中，我们能否将较低层面的动力转变成高层次的动力？自我认知其实是一个自动的过程，你无须在自我认知这个领域苦苦探寻。如果你充分认识了可知物——身体，你也就获得了身体认知（arira darshan）。而如果再经由内观察进一步让头脑的波动或摇摆止住，练习者便达到了被称为心念认知（śmano darshan）的境界。这时，观者就会自动"浮出水面"。一般的练习都只是让我们作为行动者。当我们在练习中开始内观时，对这种认知的态度的转变才有可能发生，进而体验到一些隐藏的艺术般的表达。这样身体和心理就开始向着灵性转变了。作为行动者，我们必须学会让物质身体、意识体和灵体向着更高一层转变，而这更高一层将不再依赖日常生活所需。

根据印度教的看法，我们带着两种业（karma）来到世间：积聚的业（sanchita karma）和成熟的业（prarabdha karma），这两种业形成了这一生的种子。积聚的业（所有过去行为的影响）以不明显的韵律或缘由影响我们今世的生活，它储存于潜意识的印记当中。成熟的业（苦乐缠缚的业）则影响我们的日常生活。现行的业（kriyamana karma）是今生行为所累积的业，它构成下一世的种子。我们练习瑜伽就是要征服阻碍自我认知的三种业。

如果我们带着深刻的理解练习瑜伽，这些会带来果报的行为就不再有发生的空间了。要了解一点：我们在创造"无果"的行为，所以将来不会受其影响。作为瑜伽练习者，我们要培养宽容和耐心去面对业之法则的攻击。于是，隐藏于潜意识中的印记得以继续隐藏或被征服。尽管非瑜伽练习者和瑜伽练习者可能会面对相同的困境，而业的法则对于非练习者而言则会显得更残酷一些。

业的法则之所以有效，是因为我们的思想和行为总处于变化之中，是是非非总让我们痛苦不堪，而这就决定了我们出生的阶层、寿命的长短和将会经历的事件以及事件带给我们的喜忧，或是喜忧参半。于是，生死循环不休。在《瑜伽经》第2章，第11~14节中，帕坦伽利解释了个体对此的不同理解以及这些理解的变化。

因果法则

生命是一种持续相。每个人都想精进其智慧和理解力，从而成为更好的自己，这是一个很自然的现象。如果因果法则真的不存在的话，每个人都应该拥有同样的智慧、头脑、生理状态，但事实并非如此。比如说，在一个40人的体式课堂中，所有人都听到同样的指令，但是每个人会根据自己的心智水平去接收相应的点。观察到这些差异就足以证明我们曾经存在过，我们存在于当下，将来还会继续存在。如果不能洗刷潜意识中的痕迹，新的印记仍具备形成的空间，这个过程就会一直持续下去。万物相因寄生，如果我们创造新的印记，它们便会成为来生的种子。这些存在要么枯萎，要么生发，循环因此而持续。

帕坦伽利这样开始他的经文："现在开始阐述瑜伽""意识活动的停止使灵魂闪耀于本有的光辉之中。"在《瑜伽经》第4章第30节中，圣哲揭示了瑜伽所隐藏的意义："经由瑜伽之术的圆满，引起痛苦的因果循环就止息了。"这就告诉我们痛苦和喜悦都源自业，所以人应该努力去抑制这些如"飞去来器"般迟早会折返回来的行为，并让自己的行为无果，最终引领我们获得解脱。

只要痛苦或有漏的喜悦还在，那么心的波动（vrtti）就还存在。

贰 这是你我的天性

当一个人不再有痛苦，完整或集合起来的觉受（citta）则会当下止息。这种止息用抑制或约束（nirodha）来命名，这种约束应该是自然获得而不是强迫所得。有了自然的约束，灵魂便闪光，整个身体也是光辉的（《瑜伽经》第1章第47节）。到了这里，自我认知之旅也就圆满了（《瑜伽经》第4章第25节）。

我们要学会在练习中观察 citta 的状态，明确地见证头脑、智慧和意识的境界，见证它们如何在练习的开始、中期和结束三个阶段发生转变。每天进行观察，把这些变化储存于记忆的深处，使其成为观察身体细胞、头脑和智慧更细微变化的起点。尽管我们虔诚地练习瑜伽，我们的理解力却有局限性，因为我们太渴望获得健康与平和。而这种健康与平和属于物质身体、生理和心理三个层面。

人体由五大元素组成：土、水、火、风、空。这五大元素对应的感官觉受为：香、味、色、触、声。土和香代表物质身体层，水和味代表生命能量层，这两层的发展使人获得身体的健康和细胞的清凉与平静。火和色则表现了意识心理层，火烧尽所有杂质，火元素塑造了心灵品质，进而经由瑜伽发展出安静和平稳。智慧层属于风元素，并且与触觉相关联。自我和智慧产生接触，进而有了关联，这使得自我更加活泼喜悦，而这样的活泼喜悦正体现了喜乐层——空和声。与喜乐层的直面交流创造了灵魂中的振动，于是灵魂可以见证整个练习。我们要学会在体式和呼吸控制法的练习中去联结所有这些层——灵魂层。这样，与灵魂的碰触促进了所有层的开发，并最终打破层与层之间的界限，使其整体地显示为灵魂，自我在这个过程中便消除了。

有了宇宙智慧的拨动，自然或物质世界的本源（prakrti）才开始运转。第一原则——citta，也是因为五大元素和与其相对应的五感（感知力、行为、头脑、智慧和"我"）的活动才创造出行动。从前的瑜伽士们懂得必须去控制人类的第一原则，于是波动的止息（citta

艾扬格示范弓式
我们的练习，就是要让灵魂从核心处向外展开，由内而外、由外而内地碰触所有存在。

vrtti nirodha）就成了指导原则。

我们已经丧失了古圣先贤的智慧感知力，所以我们从其他的自然原则入手，逐渐地随着瑜伽练习的成熟，再去碰触这个第一原则。那些经过数年的练习，懂得了从外层向第一原则精进的人，不会产生 citta 的波动，这样就征服了业。

很多人都读过《薄伽梵歌》，奎师那在阿朱那面前现出自己的宇宙身，向阿朱那证明他存在于一切物中。

他以宇宙灵魂（paramātman）的方式存在于你我之中（ātman 意为个体灵魂，而 paramātman 则表示更微妙的灵魂——宇宙灵魂）。

瑜伽练习就是为了发现宇宙灵魂这一潜藏的力量。为了发现它，我们必须约束我们的身体、感官、头脑、智慧和意识，使其变得有价值，足够成熟，才能拥有这样的视角。在此之前，我们既无

贰 这是你我的天性

这样的气魄，亦难见灵魂的实相。我们的练习，就是要让灵魂从核心处向外展开，由内而外、由外而内地碰触所有存在。这样，正如同一条河，从源头到大海，二元性消失了，无限的独一性得见曙光。如果人们能够从外层（物质身体、生命能量、意识心理）向内层（智慧、喜乐）去延伸自己的练习，练习者（sādhaka）就成了观者（siddha）。

当元素及其对应的感官——行为器官、认知感官、头脑、智慧、小我、意识，以独一的层次显现的时候，这样的练习就有了灵魂的视角。此独一性也正是神性的基石，可以称其为体式和呼吸控制法的灵性练习——持续的、信念具足的学习或练习（abhyāsa）。当你的体式和呼吸控制法的练习触碰了更为精微的元素——风和空时，灵性生活便展开了。

大多数人仅仅处在练习的初级阶段，并没有在明辨层或智慧层中练习瑜伽。头脑很难掌控，像水银一般，水银不能抓在手中，却可以盛放在容器中。身体正是这样一个容器，头脑置于其中。水银散落出来会四溢，头脑也无孔不入地遍游身体的所有角落。通过瑜伽，头脑——火元素，被点燃，并包裹住周身。

没有了磨炼，头脑就渐渐丧失了热度，失去了披荆斩棘的勇气。头脑收缩了，就没有了点燃身体细胞和智慧的力量。当你练习的时候，头脑没有了控制力，须臾间一切就褪色了。瑜伽不是练习数量累积的问题。你要问的应该是："在15分钟的体式保持中，我如何才能有质量地开启智慧？"火焰应该熊熊不止，火焰持续燃烧，你必定能于每日的练习中体验内在的光芒。这样，明耀的光就如智慧一般引领我们在有限的身体中体验无限的灵魂。

体式的定义不仅仅是坐在任意舒适的姿势中，在姿势的保持中你发展了心理的耐受力和身体的耐受力。体式练习的目标应该是见证灵魂围绕周身，无一遗漏。我们再从解剖学和身心层面思索这一句经文：体式是结实稳固的姿势（sthira sukham āsanam）。你必须在体式练习中使用火的力量，这样体式才能点燃智慧，智慧才得以有韵律地、和谐地渗透全身。这并不是说此刻专注于一点，其他时刻就变换专注点。人们要在一个或数个体式的练习中自始至终专注周身，只有这样觉知才能开启头脑的核心力——明辨力，明辨力正是智慧的燃料。把头脑当作燃料去激发智慧，你便能体验真我的光辉。如此热忱地练习是否还有空闲去做出引起波澜的行为？这样业和业的果报不会有现行的空间。通过这样的方式你就让现行的业止息了。于是可见或不可见的事物，愉悦或不悦的感受，带来烦恼或不带来烦恼的紧张就都没有了产生的空间。

阿斯汤加瑜伽就好比一条由八个环组成的链条，瑜伽练习者不可以将瑜伽这根链条拆分开来，因为练习者以主观方式参与其中。纸上谈兵者客观地评论瑜伽，并把瑜伽链拆开来分析。拆除链条上的某一环，链条还能独存吗？同理，瑜伽链上的环如果不在了，哪里还会有瑜伽呢？所有这些环都是彼此相连的。所以我们——瑜伽练习者，也要在练习中去关照整条瑜伽链上所有的环。懂得瑜伽的理论和价值固然很好，但是理论知识绝不能像瑜伽实践那般帮助你。你可以去烹饪美食，但只有吃下去才能品其滋味。你也可以去"烹饪"头脑，但只有通过每日实实在在的练习，你才能品尝到纤维、细胞、头脑、智慧和意识的"味道"，并细细体会。

瑜伽确实可以帮助我们在这一世解脱业因果报的缠缚，同时又能帮助我们以清凉心、无嗔无恨的心来面对积聚的业和成熟的业。这样的人将不再讥讽他人之过，也不再对人恶语相向。这样的练习使练习者远离罪恶，也帮他们培养宽恕之心。

同样的原则也可以这样应用：好比一个演员可以基于某个主题演绎不同的角色，意识也一样，意识还是那个意识，但它却时时刻刻在变换角色。有时它在世间各种思潮中活跃异常，当它不想表演的时候便表现出一副顺从的模样；如果表演得过火了，它则想去抑制自我。而其他时间，它则专注于某个既定的念头或事物。正是由于这些意识的波动，这个"我"才会牵引并扰乱一个人，在意识中制造出一个个的漏洞。在聪明人身上，会表现出沮丧或心碎。citta就像一个在我们的内在表演各种角色的戏剧大师。当它认识到自己的实相的时候，它就不再是一个演员，而是一个见证者。如果用见证者或观察者的身份去练习瑜伽，就能洗刷过去的业，并且在当下的生活中不再造作新的业。

正如河水被石子击打一般，一个人练习体式或呼吸之时，智慧或退却或被干扰，这会在意识中产生涟漪。所以瑜伽的练习要如此进行：意识是观察者，观察身体和头脑的转变，不做任何阻挠或限制。这是一条通向阿南达（ananda，没有任何动机的极致的喜乐状态）的道路。

在呼吸控制法中，要让智慧成为连接存在之核心和外层身体之间的一座桥，去观察始于源头的吸气，看吸气如何展开。类似地，在呼气中，观察外层身体如何去碰触核心。在屏息中，观察核心与所有层的联结，而所有层本就是一个整体。

帕坦伽利在《瑜伽经》第2章第28节中说，通过练习瑜伽八支获得高尚的智慧，行为和行为之果的循环就会终止。这种不再受业报束缚的经历就是moksha——解脱和至福。

（本文为古鲁讲话的整理稿，由玛丽·帕尔默·邓恩和克里斯·索德克编辑整理，发表于"Yoga 93——美国艾扬格瑜伽大会教师会议"上，此次大会在美国密歇根州南部城市安阿伯举办。）

02
瑜伽和体式

没有人知道世界始于何时，也没有人明了那无始无终、原初的绝对的一。自然和神都早在人类之前就存在无数载了。随着人类的发展，人类本有的样子才逐渐显明，这样的认知就形成了文明。语言获得发展，所以人们可以表达最深的感受。在发展中，人们开始理解法（信仰，dharma）、自然（prakrti）、神（purusha）这些概念。

想要精确地表达这些概念非常不容易，因为它们本就是不可定义的。每个人都会根据自身的理解给出自己的解读。也许"瑜伽（yoga）"这个词的使用是因为"分离（viyoga）"这个词的存在。又因为人们的生活只是为了获得那掺杂着痛苦的喜悦，而不是为了寻找（绝对的）美好和幸福。痛苦和快乐彼此相随，就好比是车轮上的辐条一般。"神"这个词表达了这样一种观点：一种原初的力量，它生成、组织、毁灭所有的生物和造物，而这股力量就代表了出生、生长和死亡。人们环顾四周，发现愉悦和痛苦，美好和邪恶，爱和恨，永恒和短暂，人们发现了这股创造、延续和毁灭的力量。看着这些对立面无休止地挣扎，人们就产生了对至高人格的需要。这种人格不会摇摆不定、不受痛苦干扰、免于业因果报的影响，更脱离常人视为命运的苦乐交替。它是无所不知的，对起点和终点以及中间的整个过程明了通达。它最初并无可显明的形象，之后才有了清晰、明显的存在体，然后再融入无限当中，表达了一切众生的生和灭。

贰　这是你我的天性

这样的分析方法或许能让修行者把与神合一作为至高的目标，所以我们又可以把神称作神我（purusha）或自在天（iśvara）。这恒常的存在、上师的上师、神，就成了修行者专注以及冥想的对象。他们一生的追寻都围绕着所有问题的本体——如何触及它？在寻找答案的过程中，人们形成了一系列行为方式，这种方式又帮助人们平静、和谐地生活于其中。

人们尝试区分是非、好坏、善恶、义与不义，这样就有了对法或职责的科学认识。拉达克里希南这样恰当地描述法：人在身体上、心理上、道德上或是灵性上已经、正在或将要沉沦时，能帮助他坚持正义、承受压力或获得支持力的就是法。这就足以清楚地告诉我们，法是为全人类服务的，不分民族、种姓、阶级、信仰和宗教。

人为了神我、真我而保持身体的健康、强壮、纯洁和神圣，才能充分地修行这个法，才能体验到独一的状态，也就是神圣、超意识或完美状态。于是人们发现了瑜伽，因为一个虚弱的生命是不可能体验到究竟实相的，实相便是不存在二元性的绝对的平稳状态。于是人们便制定了一些行为准则，圣哲帕坦伽利称其为瑜伽的纪律（戒律）。当戒律具足的时候，修行者就能经历内在的圆满（身体和头脑，头脑和灵魂间的二元性就会消失），帕坦伽利称其为 samyama yoga，即圆满的瑜伽。

瑜伽是什么？

这个问题我不需要再详尽阐述了。简而言之，它是一种关于身体健康和完善身体的科学，为了使人们明晰身体和头脑之间的差别，进而让身心向纯净如处子般的状态转变，使真我不再被感官愉悦和欲望所染污，并保持水晶般的纯净。它为我们指明了正确生活的艺术。于是，瑜伽又被视为哲学的一支。它是个体灵魂与宇宙灵魂的亲密交流与融合。

　　在探索未知的、无形的宇宙灵魂之前，人类首先需要在可知的和有形的事物（比如身体）上下功夫，然后才能去探究更微观的事物，比如头脑、智慧和意志等，它们是灵魂的载体。身体和头脑的训练能使人最终体验到灵魂的安稳。瑜伽完整地包含了人类所有的存在层面，使人完成从身体底端到灵魂顶点的圆满演化。

　　人类少不了自然三德（gunas，质）——悦性（光明）、激性（行动）和惰性（懒惰）的介入，而人常被这三德所禁锢，于是生命就像陶工手中的转盘一样转动不休。时间之轮在这三德之中被塑造，进而再塑造人类，于是人就成了三种痛苦的囚犯——身体及心意带来的痛苦（adhyātmika）、更高权威带来的痛苦（adhidaivika）以及其他生物带来的痛苦（adhibhautika）。adhyātmika 源于人体自身——无论是身体层面、心理层面还是二者兼有，都会引发精神痛苦。adhidaivika 和 adhibhautika 则是因为痛苦超出了人们的控制范围，比如命运或意外事故，过敏或病毒感染。

　　健康的树木自己便会开花结果，但人们又发展出园艺学来促进树木的健康生长。瑜伽的开发是为了帮助人类解脱上述三种痛苦的困扰。

　　瑜伽包含八个层面，于是被称为 astanga yoga（astanga 意为八支），让我来简单地解释一下这八个层面。瑜伽八支分别为制戒（yama）、内制（niyama）、体式（āsana）、呼吸控制法（prānāyāma）、制感（pratyāhāra）、专注（dhārana）、冥想（dhyāna）和三摩地（samādhi）。制戒的五大普遍原则为：非暴力、真实、无盗心、净行和不贪婪。这些原则约束人的器官——双手、双腿、生殖器官，行为和言语表达。内制也包含五个方面：洁净、满足、苦行（燃烧的自我认知欲）、研读唤醒智慧的经典和臣服于神。这些原则净化了感官——眼、耳、鼻、舌、皮肤。体式让这些行为器官和感官得以升华，使其与身体机能和谐统一。体式的作用不仅局限于此，它还能保持所有神经系统的畅通无碍。如此，当练习呼吸控制法的时候，以吸气方式进入身体的生命能量就会在整个神经纤维中自由流淌。呼吸控制法让紧张的身体和头脑安静下来，并开启智慧之光。制感（让感官不再沉溺于吸引它们的对象）指出并点亮通向真我之路，专注和冥想将明亮的智慧融入"我"，并最终进入完全的合一境界（三摩地）中。

科学已经发展到把人类送上月球，又安全返回的地步，而医药科学的进步也已远超人们的想象：心脏和肾脏可以移植，人工舌头可以让人开口说话。尽管如此，身体和情感疾病还是在全球范围内消耗着人们的生命力。人与人之间的距离越来越遥远。怀疑、迷惑、竞争、为生存而做的挣扎都在日益增加，紧张和压力增多；自私已经扎根，为全人类谋福祉的无私精神则隐秘不见。毫无疑问，药物的研发能够减轻疼痛、压力和紧张感，却留下了忧虑、焦虑、抑郁和痛苦。到底什么才能够让人免受疼痛和苦难的折磨呢？答案就是，只有健康的身体、思想和灵魂才能让人从出生到死亡都过着幸福的生活，健康本身也能让人死得从容而有尊严。但健康并非吞下一堆药片儿就能获得的东西，它需要通过人们的辛苦努力和严格自律才能获得。人必须通过练习才能保持肌肉、器官、神经、腺体、血液循环和身体系统处于良好状态。整个人体系统要像太阳东升西落般有规律，人的头脑才能脱离身体的桎梏，放下对感官所喜爱的事物的执着，进而专注于所有知识、行动和情感之源——灵魂（ātma）。

千真万确，身体是灵魂的居所，但是死去的身体与现实和道德无关。我们要在自己的行为模式和习惯中，训练、再训练这活生生的身体，饮食、性生活和睡眠均要适度，而这样的纪律要通过体式、呼吸控制法和冥想练习才能做到。身体是灵魂仅有的资本，务必要将其照料得当。不论你是为了获得身体的愉悦，还是为了认知自我实相，身体都是前提条件。今天，人们有新的发明和新的发现去增进健康、延长寿命，而在古时，人们则没有那么大的恩典。那时人们没有显微镜和听诊器一类的观察器具，但他们却开发出天赋般的观察才能，并通过直觉去训练这种才能，以及巧用自然资源去对治当下的疾病。那时的人类有了某种想法后，会先在自己身上进行试验，他们那深具开创性的头脑发现了可以处理不同疾病的体式。他们发现宇宙之灵流淌于所有生灵之中，于是他们用动植物、英雄、圣人和众神的名字来命名这些体式。今天我们过着人工化的生活，享用着人工化的食物，如刺激性的药物可以激发性欲，安神药能够帮助睡眠。而瑜伽体式经历了时间的考验，可以在不同的情况下激发或镇定整个人体运行系统。

尽管人们有着不同的出身背景、历史观点和社会因素，但我们的基本问题、欲望和苦乐在世界范围内并无差异。不同级别的情感差异会带来系统的生化改变。体式既要在能量的均匀流动中展现，又要是动态的，如此才能创造出新的途径和新的希望，因为人总是在动态中寻找更多的知识和更丰富的体验。体式永远都不能机械练习，那样身体会生锈，头脑会更僵化。

首先，人们对瑜伽的解读存在一些误解。有人说瑜伽是身体的，也有人说是心理的，还有人说是灵性的。一棵树有根、干、枝、叶、皮、汁、花、果，每一个组成部分都有其独立性，但是都不能单独成树，只有所有的一切合在一起才成为一棵树。所以瑜伽也像一棵树，把这棵瑜伽之树分裂开来，给任意一部分贴上一个标签，就好像它跟这棵树没有关联一般，这不是很荒谬吗？制戒当中的通用原则不正是"树根"吗？而内制中的纪律不正组成了"树干"吗？体式不正是"树枝"吗？给身体提供生命气息的呼吸控制法不恰恰构成了给树木提供成长养分的"树叶"吗？制感不就像树皮一样，保护树木不会腐坏？难道不是制感的能量让惯于向外寻求快乐的感官向内收摄，从内在发现真实的喜乐吗？不正是作为"汁液"的专注

贰 这是你我的天性

滋养了树根，让其承担了整棵树的重量，并流经树身，使其结实挺立，最终开出冥想之花，结出三摩地之果吗？树木的天性不正是酝酿芬芳的果实吗？如果是，瑜伽之树的尽头不就是让练习者畅享这灵性的芬芳吗？为什么要通过膨胀的智慧去限制智慧中的纯真，使其在努力中生出怀疑呢？为什么不使修行者的头脑远离偏执呢？

在进一步讲解之前，让我引用一段阿罗频多对体式的阐述，此阐述被现代瑜伽士们认为是纯粹的哈他瑜伽（身体瑜伽）："纯粹的哈他瑜伽是借助身体进行修行的方法。它的过程是身体上的、强烈的、绝妙的、复杂而艰难的。它的核心是体式、呼吸控制法和物理净化。"现代意义上的哈他瑜伽的体式数量是有限的，即便如此，这些体式对现代人而言还是太多了，而且练习时难免出现疼痛。在有关哈他瑜伽的古籍当中，体式是不计其数的，而古时的瑜伽士们要完整练习所有体式。体式意味着一个特别的身体姿势，借用一种技术上的说法就是，当人可以在一个单一的姿势中保持无限长的时间（无论看起来多么紧张或者完全不可能），又没有被强迫着去记忆身体时，这个体式就完美了，或者说他就征服了这个体式。

体式的第一个目标是征服身体，因为只有如此，身体才能具有神性，进而可以完成任何被赋予的指令，不会因局限太多而停滞不前；第二个目标是通过让身体变得轻盈（长时间的瑜伽练习带来的八大能力之一）、以意念控制身体的微观层面、以意念让身体变重和以意念让身体变大来征服其物理属性；第三个目标是在身体中开发出瑜伽之力（tapah）或瑜伽之火（viryam）；第四个目标是把周身的阳性能量向上引导至头部，之后再适量地返还以净化身体或为身体充电。呼吸控制法是对生命能量的掌控，这股生命能量也正是推动宇宙运转的动能。在人体中，生命能量最明显的功能就是呼吸——它是普通人活着和运动所必需的。

瑜伽士征服自身，再将自身全然放下，如此就不会受制于它。

他不会把自己的专注禁锢于简单的能量运行上。他区分了五种主要的生命能量和数种次要的能量类型，他给所有这些能量命名，学会控制每一种能量的流动。因为体式有无数种，呼吸控制法也有很多种，只有当一个人掌握了全部，才是一位圆满的哈他瑜伽士。对生命能量的征服，即通过体式练习获得完美的健康和生命活力，使瑜伽士也如愿获得增强生命的力量。

在有些地方确实存在对体式的误解：体式只是某种类型的身体运动，无关乎瑜伽的真实意义。涉及哈他瑜伽、王瑜伽、智瑜伽、业瑜伽和奉爱瑜伽时，也有类似的错误理解。体式只是瑜伽之树的一个组成部分，不能和整棵树分离。圣哲帕坦伽利说过："体式的掌握能够让练习者免受二元性的打扰。"

斯瓦特玛拉玛在《哈他瑜伽之光》中清楚地表示："体式练习不仅带来身体的健康和轻盈，更能通过根除身体和头脑中的惰性和激性摧毁引起心理疾病的干扰。"

在《泰迪黎耶奥义书》中有这样的描述："掌握了体式的人便征服了地狱、人间和天堂三界。"

对我而言，这正好对应着身体、头脑和自我这三个领域。瑜伽倡导者们提供了这样清晰的见解，不幸的是，有人为了标榜自己的观点，随意地、不必要地把瑜伽进行拆分，进而引发无缘由的批评。我在这里选择几个体式作为实例来解释一下它们如何作用于身体和头脑。如果正确而精准地完成头倒立式（śīrṣsana），（颈部）不会感受到任何身体重量，大脑会变得很敏锐；双腿内收直棍式（dwi pāda vipārita daṇḍāsana）不仅能让人变得敏锐，更能给练习者带来警觉和活跃；肩倒立（sarvāṅgāsana）的练习给大脑带来清明，脑中不会出现消极和积极的更替，二者将处于平衡状态；而犁式（halāsana）和加强前屈伸展式（uttānāsana）会让大脑获得全然的空和寂静，不再有任何创造性，百分之百地处于阴性状态中；

桥式肩倒立（setu bandha sarvāngāsana）的练习让大脑饱满、不会任意摇摆、寂静，却百分之百地具有主动性和创造性；加强背部伸展式（paschimottānāsana）的完成则令全身平和，让每一个细胞都获得稳定；束角式（baddha konāsana）的练习让身体的性欲消除；而在调息法的练习中，对性的欲望也会减弱。以这样的方式，每一个修行者都可以带着虔诚而开放的心去练习每一个体式，并且在练习中发现体式的影响，观察哪一处被唤醒。我想这些例子足够大家去理解体式的价值了。请不要在没有亲身体验的前提下妄自低估其价值，并做出不相称的评论。

对于作为瑜伽学生的我而言，瑜伽体系中没有哪一个体系能像体式一样真正考验一个人的意志力、自律性、克制力和想象力。身体止于何处，头脑始于何端？头脑在哪儿终止，自我又缘起于何处？为什么一定要给瑜伽艺术和瑜伽科学划个界限，将它弄得四分五裂呢？

有两种练习体式的方法：一是体式练习不带任何想法、念头；二是带着满满的想法进行练习。在体式练习中，脊柱、手臂、手指、双腿、脚趾、皮肤、纤维、黏膜、神经、肌肉、器官、智慧，更不用说自我了，都应该保持敏锐、动态、警觉、活跃、专注并善于接纳（接收）。主动和被动也要协调一致，如此才能获得每个体式的最大功效。这样才是瑜伽——体式中即见联结和整合（一体性）。

对练习者而言，没有年龄、性别、信仰、健康与否、强弱的局限。帕坦伽利的制戒和内制与十诫极为相似，它们放之四海而皆准，不会受制于国家或年龄。人们可以再加上一个适用于全世界所有人的第十一诫——体式。

就像健康的树自身就能开出健康的花、结出健康的果一般，只有正确的体式练习才会带来健康的人格、清明的头脑和安稳的身体。体式要带着不受干扰的觉知和全然的专注进行，不能机械地练习，也不能让头脑处于神游状态。动作要做得彻底，并伴随全身心的参与；智慧要能够渗透周身，无一处遗漏。这样身体就会获得统一与和谐，其潜藏的美便得以显露。就像一个金匠在不断地敲打和熔炼中去除黄金中的杂质一般，瑜伽士通过体式的练习来清扫堆积于体内的毒素。这简直就是天赐的礼物，它能分解所有复杂的事物，让人们回归简单生活，回归高强度思维的状态中。

凝视燃烧的蜡烛、唱诵制定的曼陀罗、弘扬善良的理念、专注于某一高尚的品格、阅读神圣的典籍……往往被视为灵修。如果一个练习者把每一个正在练习的体式当作他的曼陀罗或自己所敬仰的神，那么每一个体式都成了灵性的姿势。为什么要认定一个体式是身体上的体式而另一个就是冥想体式呢？为何不说只要还在努力精进，这就是一个身体的姿势或文化的姿势，而随着动作的进一步完善，它又成为冥想姿势？如果在体式练习过程中培养了头脑和灵魂的正确态度和领悟力，练习者将完全掌握这些体式。再进一步，当努力和完善都终止了，光明将会照见其身，并从他存在的核心向无限扩展。

完美的体式并不会带来身体的觉知——尽管很多人可能会这样想，它其实会让一个人打破身体的界限，获得自由，让自我去净化头脑。正如虔诚的信徒将自己的所有都奉于神的脚下，练习者让自己臣服，并将己身融入体式中，使其合二为一。至此，可知的、知者和知识之间的分别就消失了，只留下对真（satyam）、善（shivam）、美（sundaram）的体验。

我们在每一个体式的练习中都能体验到真、善、美。

（本文发表于1993年《欧洲瑜伽》杂志上，经授权发表于此。）

03
瑜伽——当今问题的良药

瑜伽是什么？瑜伽是有关身体完善、头脑稳定、智慧清明的科学，这样人们才可能明辨身体和头脑之间的差别，进而将身心向处子般纯洁的状态转化。于是脱离了感官愉悦和欲望缠缚的真我，就能如水晶般纯净。它指明了获得正确生活艺术的道路，于是瑜伽也被视为哲学的一支。

尽管人们有不同的出身背景、不同的历史见解、经历过不同的社会环境，但大家的基本问题、欲望、苦乐并无差异。瑜伽当仁不让地成为打开这些头脑边界的钥匙。它能让引起头脑波动的欲望和感官愉悦安静下来。它用明辨力将你我武装起来，我们就可以辨别真假，辨别短暂的、伴随痛苦的愉悦与永恒的美好和幸福。

通过体式的练习，人体系统中的所有毒素被清除，头脑不再囿于身体的桎梏，于是健康与和谐才有了保证。健康的头脑能够产生一股推动力，让身体和感官放下执着，去寻找灵魂——所有知识、行动和情感的源头。这样，个体的小我就不再重要，我们开始观照宇宙真我。瑜伽既是方法，又是目标。

与人类文明一样古老的瑜伽能否契合当今世界？技术知识的发展已经超出普通大众的理解范围，这种知识让人类登月（恐怕是迄今为止最为伟大的奇迹）成为可能。尽管人在智力上已经发达到可以登上月球的高度了，但在精神上却变得更加狭窄。人与人之间的距离越来越远，怀疑、迷惑、竞争、为生存而做的挣扎都日益增加，紧张和压力增多，自私已经扎根，为全人类谋福祉的无私精神则隐秘不见。我们或许已经征服了无明（avidyā），但却被以自我为中心的本性（asmita）牢牢套住。帕坦伽利解释了三种人类的缺陷，智慧缺陷、情感缺陷和本能缺陷。无明和以自我为中心的本性是智慧缺陷，欲望和嗔恨是情感缺陷，而我执则是本能缺陷。瑜伽练习可以消除这些缺陷，点燃那真实不虚的知识，赋予力量而不是制造痛苦的情感；瑜伽可以帮助人们理解他人的弱点，培养宽容的艺术，克服引发情感波动的事件。

今天，人们最需要的是身体的健康、情感的稳定和智慧的清明。制戒、内制和体式带来身体健康，呼吸控制法和制感带来情感的稳定，专注和冥想让人获得清明的智慧，三摩地带来绝对的喜乐体验，而这喜乐对人类的存在是如此重要。

04
西方对瑜伽的兴趣何以如此之大

在过去的25年间,我一直在定期地走访西方国家,每次三个月左右。在这些旅程中,无论是面对许多有地位、有学识的人,还是普通人,最常被问起的问题是:西方人对瑜伽的兴趣何以与日俱增?

印度历史悠久,文化常新而繁荣。尽管我们曾被他国统治多年,又难以摆脱贫困的束缚,但我们的根从来没有丢。我们的文化、对哲学的思辨和对内在真我的崇尚,保护着我们度过了各种类型的危难。面对生活的苦难,我们懂得了生活的意义和深度。印度教本身也没有被禁锢于教条之中,也一再证明它不仅适合印度人,也是一种世界信仰。

瑜伽在几个世纪前就获得了发展,它是古老而完美的科学,带我们认识最内在的真实,它也是从我们的行动和冥想中自然兴起的一门艺术。想要获得联结和安稳,人就要学会安定其心。一面是安定的心,一面是纷涌的思绪和情感,人要去跨越两者的边界。被思绪和情感染着的行动是不纯粹的。纯粹的情感能生出艺术,能带来平静、道德和创造力,那是真正的瑜伽。于是,瑜伽带来行动的纯净、思维的清明、心的安稳。西方世界已经意识到真的有必要将瑜伽带入他们的生活方式中。

当耶胡迪·梅纽因在1954年第一次把我介绍给西方世界时,我便开始播撒瑜伽的种子。如今我可以骄傲地说,这些种子已经长成了森林，我看到热情还在升温。数以百计的西方人付出了艰苦努力并学有所成。他们现在正在欧洲、北美洲、非洲、澳大利亚、新西兰、毛里求斯等地的瑜伽中心授课，并多以纯粹的人道主义精神为基础。由此，更多的人将有机会认识瑜伽。

西方人一直以来就对印度哲学充满兴趣。他们不仅渴望了解印度的生活方式，更渴望去实践这些方式。尽管如此，他们受制于书本上的瑜伽知识，无法真正懂得瑜伽究竟是什么。1954年，当我到达伦敦机场的时候，我被当成一个神通附体的人。作为一个瑜伽士，人们问我能否嚼玻璃、喝硫酸或在火上行走。当我一一否定之后，观众很惊讶并追问："那你算哪门子瑜伽士？"我立刻意识到西方对瑜伽有着严重的错误认识，我也觉得我有责任让那里的人们懂得瑜伽是什么。要消除那么多错误见解，于当年的我而言是个不小的挑战。

西方在技术和科学知识上取得了非凡的进步，但是这种物质主义的长足发展，却制造出了精神上的巨大空虚。纪律成了机械式的形式，毫无生机可言。人们渐渐厌烦了物质主义，于是开始寻找可以带来头脑平静的事物。他们意识到幸福和安宁都跑开了，生活艺术也不复存在。忙乱的生活遮盖了头脑的平静，柔软而又复杂的物质上的舒适，则把生活中的简单快乐洗劫一空，外部强加的纪律绑架了人们内在的自由。人际关系和生活中灵性的匮乏，让很多充满困惑的人转而向东方世界寻求慰藉和启发。

现在西方人已经认识到瑜伽能够让头脑脱离禁锢。尽管人们能够在物质上保持现代生活的节奏，却往往不能承受精神上的压力。人工化已经伤害了人们的意识核心。生活中有太多在忙乱和仓促中升起的需求，这些需求引发了严重的精神压力，而一边倒的奢靡的生活方式，已经无法保证人们免受这些压力的侵袭。尽管西方社会认可并允许离婚、再婚、性自由、青少年独自生活，但是人们还是不能找到内在的"我"所需要的平静。恰恰相反，这种所谓的自由

贰　这是你我的天性

倒是制造出了无数的精神问题和心理忧虑。西方人智力上很发达，但情感上却在"闹饥荒"，因为他们与内在生命之源的联系被切断了。他们的高谈阔论往往源自大脑，心却是空虚而贫瘠的。这一切都让他们和灵性无缘，于是人们被瑜伽吸引，希望重获内在的平衡。

在谈论西方瑜伽之旅的同时，我又不得不说，印度人反而在某种程度上忽视了瑜伽，这可是源自我们古圣先贤的珍贵遗产呀！西方人在努力借鉴印度简单直接的生活方式，而印度人却在使劲儿模仿西方的生活方式。我们不仅忽视了我们自己的瑜伽艺术，甚至正在遗忘它。我们大谈特谈我们的哲学，但却不在行动中体现其价值，我们仅仅是在赞美过去而已。我们不按照道德上的轻重缓急而活，我们活在完美理想的虚幻中。我们谦卑而简单，我们有着深沉的信仰，但我们反应迟缓又懒于行动。

西方思维经过了良好的智力训练，而在印度，人们则深信，除非在灵性上有所成长，否则社会不会进步。西方人是一批行动者，所以他们走出家门开始改造社会。这两种方法都有部分正确性和建设性。毫无疑问，我们印度人以我们的文明和文化、伟大的瑜伽士和那些古圣先贤们为荣，但是仅凭那股情感是不能让我们清除惰性的。我们要行动起来，像我们古时伟大的上师们那般稳固而又目的明确地行动起来。在选定的路上要充满热忱地行进，不能随随便便，也不能仅靠聪明。只有带着充分领悟的行动，加上谦卑的学习欲望，才能让我们重享曾经的辉煌。我们有耐心、能吃苦、简单又谦卑，但我们缺乏渴望、兴趣和收获"果实"的动力。

有着完全相反头脑模式的西方人，一旦确定想要的，便会坚持执行。他们一旦开始瑜伽练习，就绝不会随随便便地练，他们会努力把它做成功。如今瑜伽已经传遍了西方世界的大小角落，而在印度，我们觉得瑜伽在我们的血液里，但我们却忽视了真实的艺术。

西方人热切地寻求着我们哲学化的生活法则。西方人的心在探寻和平，但和平不会从外界获得，它一定是源自内在的。除非人们真的学会了看清事物的精髓（本源），否则和平永远遥不可及。西方人认为通过聪明才智就能认识灵魂。而今，印度要告诉大家，大脑只能把我们带到这里，我们要改乘"心"这驾马车了，大脑和心应该彼此合作。合宜的精神探索和坚实的道德背景是不可或缺的，缺了这两项，就不可能接近灵性。西方人似乎认识到了，放之四海而皆准的瑜伽是能给他们的生活带来根本改变的唯一办法。

当我和西方人接触的时候，他们告诉我的第一件事便是他们听够了印度哲学的讲座，也厌烦了无休止的理论知识，他们需要的是可行的、实实在在的东西，这才是他们急缺的。我意识到，我们无须去区别身体和头脑，一定有一个整合的方法可以帮我们做到。于是，我必须在这种整体练习方法框架下教授瑜伽体式和呼吸控制法。每一步我都要强调，大家应该理解身体和头脑如何合作，每一个体式、每一轮呼吸如何被同质的心念所关照。他们的身体灵活而柔韧，但是我必须让他们觉知头脑当下的警觉、活泼，灵性的觉知流如何在每一个动作、每一股力量中流动。

西方的家庭结构，西方人的习惯、习俗和社会生活皆与瑜伽的生活方式相背离。对他们来说，吸烟和喝酒从来都是可以接受的行为，他们的道德观从没让他们觉得灵性生活有任何必要性。但是通过有规律的瑜伽练习，很多人戒除了烟酒，甚至参加聚会的频率也降低了。

瑜伽是精神和心理问题的绝佳克星，于是瑜伽变得非常流行。当然不可否认的是，有时流行会毁掉一个学科的真实性和原初的本性。于是我第二阶段的工作就很明确了。五六十年代我在努力让瑜伽流行起来，现在我必须要去纠正这些因流行而产生的误解了。电视节目中，尤其是健身课堂中，瑜伽经常占据一席之地，却失去了它真实的模样。在西方人眼中，瑜伽无非就是和任何一种健身练习无甚差别的一种锻炼罢了。一旦有机会现身西方的电视节目中,我便觉得我有责任去指出这种迎合大众需求的模式和真正的本源瑜伽的差别,并且去强调瑜伽的练习不仅仅是为了保持良好体态。如果人们练对了瑜伽,那么健康便是躲都躲不开的副产品。

西方人热情洋溢、充满勇气、真诚而又肯干,他们一直在谦卑地等待着来自东方的指导。我认为他们的科技知识,加上我们对灵性的成熟理解,可能把人类带回古时的信仰中去,这信仰是那些前辈大师们为了世界和平而创立的。

也许有一天他们会把瑜伽再带回印度。但东方是瑜伽的源头,我真诚祈祷东方一直作为其主要源头,并继续担任这一伟大艺术的守护者。

(原文发表于1977年7/8月《瑜伽期刊》之上,经其授权发表于此,版权由《瑜伽期刊》所有。)

05
瑜伽和净行（禁欲）

根据印度传统，我们的社会在人的属性（三德）的基础上被划分为四个类别。这种划分方法后来逐渐演变成了种姓制度：婆罗门（祭司阶层）、刹帝利（武士阶层）、吠舍（商贾阶层）和首陀罗（劳动阶层）。尽管划分界限在逐渐消失，但它们还隐身于所有行业中。来看看瑜伽的例子，瑜伽的纪律要求初期的练习者努力上进，在汗水中学习，这是基础。之后作为一个经验丰富的学生，他就要开始瑜伽教学并从中赚取一些收入，这不正体现了商人的头脑吗？再后来，他想要和同事竞争，教学中有了骄傲和威仪，这不正是练习者的武士精神的体现吗？这是刹帝利的特征。最后便是婆罗门的体现。当学习者进入瑜伽的深层，呈现出灵性认知的形式，畅饮瑜伽甘露，这便是瑜伽的宗教热度，如果一个人带着这种感受去行动，他就成了瑜伽练习中的婆罗门。

就像社会阶层的划分一般，人的生命也有一个修行序列的划分，或称人生四阶段。这四个阶段分别是学习期（brahmacharya，学识和教义的学习）、居家期（grahastya）、准备期（vanaprastha，做不执的准备）和遁世期（sanyāsa，脱离尘世，全心服务于神）。

古圣先贤们根据人们的行为模式阐述了四个生命阶段。若把人的百年寿命均分为四段，每个阶段对应其中的 25 年，他们建议遵从四个阶段来达到此生的目的。

生命的目的也有四项：dharma（道德、社会和宗教责任），artha

贰　这是你我的天性

（获得财富），kāma（享乐）和 moksha（解脱）。

没有 dharma，想要获得灵性的成就是不可能的，这一点在节制的修行中得以体现。

获得财富是为了脱离寄居式的生活方式。这并不是让你去积累财富，而是让你保证身体的健康，这样头脑就可以摆脱欲求。而营养不良的身体，正是疾病和烦恼的沃土。在这个阶段，人不仅需要钱，还需要一个生活伴侣来建立家庭生活。第二阶段给人提供了感受人类情爱和幸福的机会，也让头脑做好充足准备，通过友善和慈悲去领悟至高的大爱。这样，日常的接触就能培养一个人的普世性，他很快就能认识到大爱。因为在培养子女和照顾家人方面，失职是绝对不被允许的，所以在婚姻和为人父母上，对于责任的理解大家基本上意见一致，但这些责任又不会成为了解大爱、幸福以及与至高灵魂合一的障碍。

享乐是获得生活的愉悦，这在很大程度上取决于健康的身体与和谐的头脑状态。既然身体被誉为灵魂的居所，那么你就要像对待灵魂的圣坛一般对待你的身体。体式、呼吸控制法和冥想的练习能净化我们的身体，稳定我们的头脑，带来智慧的清明。这就是为什么圣人说身体是弓，体式是箭，而目标则是存在的核心。

解脱意味着摆脱世间之乐的缠缚，它是解放、自由和至福。只有当一个人不再受困于疾病、恍惚、怀疑、漫不经心、身体惰性、幻觉，不能保持意志力，缺乏专注力，痛苦、绝望、身体颤抖、呼吸不畅和悲痛之后才有可能获得这种解脱，这也意味着你需要克服贫困、无明和骄傲。当一个人摆脱了上述一切，自由即至，神圣的美就会闪耀，这就是 moksha——解脱。在这种境界中，人意识到力量、愉悦、财富和知识既不会带来自由或独存（kaivalavastha），也不会自然消失。人要学会超越惰性、激性和悦性这三种质，如此才能不再受困于生命的目的，否则即便他成为人间的国主也无非虚

095

空一场。这是超越三德，获得生活滋味的一条路，值得尝试，值得去走。

根据字典的解释，brahmacharya 的意思是：禁欲、宗教学习、自我约束和贞洁。所有的瑜伽典籍都说，精液的丧失导致死亡，而其保存则意味着生。通过固精，瑜伽士的身体会散发出一股香甜的味道。《哈他瑜伽之光》上说，只要精保持住了，就没有对死亡的恐惧。帕坦伽利也说，克制身体、言语和心念。固精的练习能巩固勇气和活力、力量和生机、胆量和毅力，是赋予能量和让生命长青不老的灵药。所以务必要保存精力，而方法便是专注于你的意愿。但这并不意味着瑜伽哲学只适合禁欲者，所有的法律都提倡婚姻自由，几乎所有古印度的瑜伽士和圣人都是有家室的男性。比如，圣哲瓦希斯塔有 100 个孩子，却被称为净行者，因为他不会为了感官的享乐而沉溺于性。在古时候，爱恋要考虑幸运星是否出现，相爱的日期、时辰等因素，而这些因素同时具足有时一年也难得出现一次。

完全凭借个人好恶而任意妄为不叫社会自由，那是缺乏明辨的自由，有纪律的自由才是真正的自由。

贰　这是你我的天性

这也就是为什么这些人尽管已婚,但仍是名副其实的净行者。可见,净行的概念不是某种全然的否定,不是强行的禁欲生活或干脆严令禁止。

阿迪·商羯罗认为,全身心投入吠陀知识的学习中,恒久地在梵(brahman)中行动,并且懂得梵存在于万物之中的人,就是净行者(brahmachari)。简单地说,与自身存在的核心保持联系的人就是梵行者。这样,他能看到万物皆具神性,尽管有婚姻,但他仍是一个真正的净行者。梵是可以被婚姻中的男人或女人观察到的,他们只需要去控制而不是滥用情爱。

今天借着自由之名,每个人都可以放浪形骸,而放荡不羁的生活不是社会自由。制戒中的五大原则是殊胜的道德准则,社会自由不应该与社会伦理相悖,每个人在社会中都有一套特别的纪律要遵循。因此,完全凭借个人好恶而任意妄为不叫社会自由,那是缺乏明辨的自由,有纪律的自由才是真正的自由。已婚的人结合在一起,而那些未婚的人可能还在游荡,成了纯粹的享乐者。

在《薄伽梵歌》里,奎师那说适度的睡眠、合理的饮食和节制性欲是瑜伽士要遵循的修行。一个瑜伽士的生活方式便是将自己融入练习中,而不要放任自己漫无目的用双眼去追寻感官的享乐。

06
放松的艺术

当今社会，很多人似乎要靠镇静剂和安眠药才能"休息"，才能跟上现代化的生活节奏。马不停蹄的生活节奏甚至还在加速，这样，我们的身体系统中便不可避免地积攒了太多的紧张因素；神经都已经被磨损，而残存的、奄奄一息的人性只能在某种药物带来的睡眠中寻找些许慰藉。这个事情很奇怪，因为现代人手中其实有大把的闲暇时光。机器把生活中的体力活儿全包了，人们在一周40小时的工作之外有足够的时间可以用来放松。但是，放松的艺术于现代人而言却遥不可及，它仿佛存在于遥远的过去，记忆中都找寻不到。放松是必要的，因为放松就是修复，而消耗掉的能量总得用什么方法复原。瑜伽的放松艺术——挺尸式（śavāsana），通过精确的步骤展示了放松和修复如何发生。śavā意为尸体、死了的身体，āsana的意思是一个姿势，所以śavāsana就是做出死人的姿势。其实，生本就源于死。挺尸式不是简单地仰卧下来，眼睛空洞洞的，也不是把自己放倒在乳胶床垫上，更不是打起呼噜。挺尸式是迄今为止最难的瑜伽体式，也是最有成效、最能让人振奋精神的体式，它是约束身体和头脑极为精确的方法。

挺尸式开始于准确地把身体安置于地面之上。一定要选择平整、干净、没有蚊虫干扰的地方，要安静并且没有让人生厌的气味，还要能放下一条毛毯或一个垫子。所有这些准备都非常有必要，因为

贰 这是你我的天性

冰凉的或是不洁净的地面会影响放松的深度。下一步，弯曲双膝，双脚并拢，坐于垫子之上，这样就能找到一条直线：大脚趾的接触点——双膝的触点——肛门口——肚脐——胸骨——喉咙——下巴——鼻梁——额头的正中。然后，逐一伸展双腿，这样双腿也会笔直地居中放置。两侧臀部应该在肛门口两端均匀地放于垫子之上。如果一侧臀部感觉更宽一些，那么将双手落于髋两侧，将臀部抬离地面进行调整。手掌放在髋部两侧，身体向后仰，直至双肘落地，在这里再次调整臀部，使其在尾骨和肛门口两侧均匀着地。然后，在脊柱保持向后凸的情况下，把身体向下落，让椎骨一节一节地落于垫子上，这样整条脊柱会平整地落于垫子上，不会向任何一侧倾斜。肩胛骨的两侧应该像臀部一样以脊柱为轴彼此保持对称。脊柱一旦落地，屈臂，用手指去碰触两肩。在这个位置上，轻柔地把大臂的后侧向着两肘展开，这样大臂后侧就拉长了，也会均匀地落于地面。放下两手，掌心朝上，让手腕的中点着地。两臂与躯干两侧形成的角度不应超过 15 度。和身体的其他区域不同的是——其他区域均是从后方进行调整——头部的调整却要从前侧进行。婴儿在睡觉的时候往往头向一侧偏。对大多数人而言，头的后侧都有些偏，中点并不处于正位，这是由婴儿期的睡眠姿势导致的。基于此，要从面部调整头的位置。保持下巴与天花板或地面垂直，而鼻梁应该平行于地面。双眼闭合，保持与鼻梁等距，并远离眉心。前额如果偏斜或皱在一起就表明精神紧张。把身体的每一个毛孔都当成"意识之眼"，在这些"意识之眼"的帮助下，有意识地从内在去调整和平衡身体，因为用外在的眼睛去观察和纠正身体的位置很难。

简而言之，精确地把整个身体安置于垫子上，身体以脊柱为轴保持左右两侧对称。只有在身体位置上关注细节和精确性才能掌握这门放松的艺术。身体经常会向一侧倾斜，而且往往是向更有力的一侧倾斜。到底向哪一侧倾斜也存在个体差异，有人右侧的力量更强一些，而有人则是左侧。这种体验就好像是地球的磁场在牵引着更强的那一侧。一旦练习者知道身体的哪一侧居于主导地位，哪一侧就会更多地被地球磁场所牵引，他就可以从一开始便把更多的意识放在较弱一侧的调整上，这样就可以避免倾斜发生。如果出现倾斜，那么沿着倾斜的方向，能量就会向外泄漏。只有身体两侧平衡、匀称，体内阳性和阴性的能量流才会处于均衡状态，能量才会在身体内被锁住，其结果便是身体得到更快速的修复。

挺尸式的下一步就是控制感官，让感官不再被欲望的对象向外牵引。挺尸式是身体和心灵的沉降，它是把身体和头脑作为整体向内沉，沉向内在的能量之源。

挺尸式不是刻板的静止状态。在刻板的静止状态中，虽然把外在世界隔离在外了，但还是以自我为中心。正确谨慎地做出挺尸式，能带来止息的寂静状态，它是神圣的。挺尸式不是简单的止息、静止，它是把小我放下，敏锐地觉知内在的神性。为了达到这种状态，脑细胞需要被动地下沉。如果不能控制感官，如果感官没学会如何向内收摄，脑细胞就体验不到下沉的感觉。我们大部分的感觉器官都处于头部，而控制感官的挣扎就发生在喉咙以上的面部，感官收集到的所有感受、印象都在这一处被体验到。只有当呼吸、眼睛、耳鼓、舌根都得到控制并且处于放松状态时，挺尸式才是完整的。初学者会发现，感觉器官不会安安静静地待着。他会察觉到眼睑的颤动，而眼球会向上动。这就表明眼睛处于紧张状态，大脑被念头的波动干扰了。口腔中唾液的增多和总想吞咽的欲望是舌头紧张的反应。耳鼓的紧张表现在太阳穴周围的紧张上。初学者要有意识地觉察这些紧张，知道了准确的位置才能有效放松。

要让感官下沉和放松，首先要有意识地向头顶方向拉长颈部后侧，这样会形成一股肉眼难以察觉的向上的能量。之后通过鼻梁的下沉，使鼻梁与天花板和地面平行，进而把这股能量流从头顶向下

贰　这是你我的天性

引导。在颈部后侧拉长和鼻梁下沉的过程中要小心谨慎，不要让下巴被紧张锁住。为了避免下巴被锁住（下巴陷进胸骨上端），初学者要学会把下巴微微上扬，保证下巴处于与天花板或地面的正确角度中。下巴的这种上扬和鼻梁的下沉要做到平衡。当鼻梁和下巴处于一种平衡状态时，大脑会产生轻盈感，喉咙则得到放松。在挺尸式中，能量处于环形流动中，经由头部后侧向上到头顶，再向下到鼻子，一直流至脚趾，然后再回到头顶。这样，能量流就保持在身体内部，不会外泄，就可以避免因能量外泄而导致的疲惫。这会使身体和精神得到快速修复，让身体强健，精神饱满。能量流有了正确的方向之后，瞳孔要被动地沉向胸骨下端（manas chakra，情感中心）和太阳神经丛（surya chakra）之上的位置。眼球应该愉悦地在眼窝中收缩，收缩的眼球是放松的，凸起的眼球则显示了紧张。把视神经拉向情感中心，这样在灵魂的"觉知之眼"中，肉眼就失去了身份。这灵魂的"觉知之眼"存在于情感中心。耳鼓要放松，太阳穴区域的神经不应该跳动。听觉、听觉神经和太阳穴处的皮肤都要沉向情感中心。眼睛和耳朵这样细致的动态调整会出现一种缓缓地向下的动，而这就是无限的放松。面部皮肤在放松中是非常敏感的标尺，松软向下又没有褶皱出现的面部皮肤，似乎与皮肤之下的肉形成了分离。在小舌处，上下腭要被动地汇合。当口腔有了收缩和干燥感时，尤其在小舌处和舌头上，就能体验到放松。

　　真正的放松离不开对呼吸的控制，有韵律的呼吸会帮助人放松。吸气无须深入，应该保持自然时长。呼气的时长则应该超过吸气。在呼气和吸气的过程中，脑细胞应该向情感中心沉降。这种下沉的动作在吸气中会更难一些。在整个吸气过程中，有四分之三的时间，你都能体会到脑细胞的下沉，在最后的四分之一时长中，脑细胞会有一个轻微地向上的动作。要注意避免这个向上的动作的出现。吸气反映出小我居于主导，而呼气则代表小我臣服于围绕我们的至高神我。呼气将存在于小我层面的大脑放空，这种在呼气中让小我臣服的过程在几次缓慢而柔滑的呼气之后会加速，之后发生的事情也许可以描述成"回声呼气"。如此细致而微妙的呼气或许可以比喻成出自高超弦乐大师之手的纯净而典雅的绝美乐曲——它似乎在和虚空的一切轻柔地相和。这"回声呼气"使小我中的头脑彻底放空，神经和所有的感官就得以向内收摄。谨慎而从容地让小我臣服并非易事，这就是为什么诸多瑜伽典籍都建议在呼吸控制法的练习中思维着神的名号。这样练习者就能体会到每一个呼吸的能量都在流入体内，在每一次的呼气中将生命和小我献给神。真我是纯粹的意识——没有念头，没有感受，也没有欲望，而心就是意识的载体。当大脑（智慧中心）活跃的时候，心就显现出智慧的模样。而当大脑处于完美的寂静中时，智慧中心就静默了，心就以真我的模样在情感中心出现。这时人是聚合而又悬浮的，空寂而又绝对满足的，并且安详地处于平衡的状态中，既不是自由的，又没有束缚。在纯粹的觉知中有静。这种对"我"的觉知蜕变成了对造物主的觉知，情感稳定而精神谦卑。

有几个方法可以让我们判断一个好的挺尸式，也有几个迹象可以帮助初学者一探自己练习挺尸式的深度。瑜伽不是一种智力游戏，而是真实经验的分享。在一个好的挺尸式中，会有皮肤和肌肉的收缩感——毕竟挺尸式是一个向内收的动作，同时还会有四肢和身体的拉长感，有时这种拉长会表现为神经的抽搐。全身都会沉重而有压缩感，尤其是在双肘上端的大臂处和双膝下端的小腿处。在这四个区域，能感受到脉搏的跳动，身体是否平衡便可以通过这四处脉搏跳动是否均匀来判断。骨骼和关节有干燥感。觉知好像一条细细的线绳，你觉得自己就悬于其上。挺尸式最好的表现就是深深的精神上的安宁和纯粹的喜悦感。挺尸式是让警觉的小我臣服，在忘记自己的过程中，发现自己。

07
瑜伽和精神安宁

瑜伽、三摩地与和平（shanti）是三个同义词，表达的是相同的含义。瑜伽的方法和终点是三摩地，三摩地是对内在和平的体验。三摩地的意思是放在一起、联结、形成和谐、把头脑专注在一个念头上、强烈的沉思或冥想。和平是安宁、平静、不被情所困、身处能引起苦乐的事物中却免受干扰。

瑜伽的英文"yoga"源于词根"yuj"，"yuj"的意思是使联结、使捆绑、使连接、固定住、使结合、引导向、专注于、去使用或应用。个体的小我和宇宙大我的联结就是瑜伽。

在理解个体小我和宇宙大我的交融之前，我们先要懂得如何联结人的身体和头脑以及头脑和真我。在身体和头脑之间以及头脑和真我之间标明界限没那么容易。在人的身体和神经之间、神经和器官之间、器官和感觉之间、感觉和头脑之间、头脑和智慧之间、智慧和意愿之间、意愿和意识之间、意识和"我"之间，没有联结的存在。圣人发现瑜伽就是为了把所有这些人的载体联结起来，这样一个覆盖面如此庞大的学科由圣哲帕坦伽利在他的著作《瑜伽经》中汇编成196节经文。

帕坦伽利说瑜伽的八条戒律如同一棵树。制戒，即道德准则，形成了树根；内制，即个人纪律，构成树干；体式是树枝；呼吸控制法就是给整棵树提供滋养的树叶；制感就是树皮；专注则是流经树身的汁液；冥想为花；三摩地便是果实。瑜伽的精粹便是对三摩地的体验。

如今毫无疑问的是，凭借科学技术的发展，人们战胜了无知，但却被知识的荣耀所束缚。这种荣耀让人与人之间产生竞争，进而又加剧了人的紧张和压力。为了应对这种竞争，速度就进入了人的思维和行为模式中。这三个事物——紧张、压力和速度让人类成为地球上一种痛苦的生灵。他的躯体开始变得羸弱，神经开始紧绷，他更不能疏解他的紧张。于是他的思维和天赋都会受到干扰，焦虑以几何量级递增。为了在焦虑中找到自由，也为了获得一丝悠闲，他转而向人工化的生活方式求助。于是他依赖镇静剂、安眠药、酒精和多种精神类药物，或者用无节制的性行为来释放紧张情绪。毫无疑问，这些方法确实让他暂时忘却了自己，但是问题并未从根源上得到解决，麻烦还会毫不示弱地再次袭来。

瑜伽之父帕坦伽利就是如此有先见之明，他历数了让人痛苦、扰人安宁的因素。

瑜伽是唯一能够驱散以上所有痛苦根源的艺术和科学。瑜伽让头脑、情感、智慧、意愿和理智具有纪律性，这样人就有了安稳，而安稳带来和谐的生活，不受过去或未来的影响，保持在本来清新的当下。人们能够履行自己在世间的责任，同时又能保持常新且不受任何外界干扰的平静的心灵状态。

瑜伽所受到的不公正的批评

在最近的一次有关高血压的会议上，医生们认为瑜伽和冥想对高血压患者没有疗效，但我的经验却恰恰与此相反。我的学生中有很多是医生，他们都大大获益于瑜伽的练习，持续的练习是解决所有问题的关键。根据病人的体质和精神状况有数百种体式可以使用。

贰 这是你我的天性

还有人认为，缺乏一个掌握全面知识的瑜伽士去给这些病人教授头倒立式、弓式（dhanurāsana）或是孔雀式（mayurāsana）是危险的。在头倒立式中喉咙和太阳穴会有压力，呼吸会变得沉重；而在其他两个体式中，膈膜①会被挤压，而这会让血压上升。错误的诊断或错误用药会使病人越治越糟，瑜伽也一样。

在瑜伽中，人们学习如何去联结身体、呼吸、头脑、智慧和真我，并使它们获得完美的平衡，就像线绳串起项链上所有的珍珠一般。之后，无须深呼吸人就能通过缓慢而柔软的呼气，在身体、神经、大脑和心智中创造出一种空的状态（被动的寂静）。这样内在就出现一种空的感觉，身体细胞获得了宝贵的平静。细胞的平静让面部肌肉放松下来。当面部肌肉放松时，感知器官（眼、耳、鼻、舌、皮肤）就不再紧张。一旦感知器官放松了，一直与这些器官相连的大脑就能变得安稳，于是思维过程就停止了。那个只要人醒着就一直居于头部的智慧就会下沉，沉到它的源头——人们把这里称为头脑（心）。

《唱赞奥义书》中讲道："真我存于心中，于是叫作真我之心。心乃是能量和智慧之源。"当一个人活跃的时候，智慧流向大脑，而在睡眠中，它则休憩于其源头。认识到智慧的双重方向性，人要学习有意识地将其保持在源头，于是头脑得到净化（manōlaya，升华），这就是头脑中的稳定。练习到这一步之后，要学习如何避免念头侵入头脑以及大脑。在这里，他可以体验到无心（amanaskatva，无念无欲）的境界，这就是智慧的清明。当他开发出这些特质时，他就能在工作中获得速度和效率。他会拥有生机勃勃的能量，又不会任其消散。如果一个人获得了这样的头脑境界，他又怎会有高血

---

① 按照术语在线的解释，医学术语是横膈或膈肌，但是瑜伽用语中习惯用膈膜，此处予以保留。——编者注

105

压呢？恰恰相反，他的心会镇定而清净。

既然瑜伽能带来如此功效，我就不能理解那些所谓科学的大脑所做出的随意的评论了。谁会同意他们可以就地球上的一切事（只要有悖于他们的认知，看着不舒服的）进行批评，而且这种批评还不可以被质疑？能包治所有疾病的万能药存在吗？如果治疗不成功，他们就把这种疾病说成过敏或病毒性疾病。如果瑜伽有了闪失，他们就把事情无限放大，不依不饶。难道有些人睡着觉死于心脏病，你就要禁止人家躺在床上休息吗？一个人如果在走路或开车时漫不经心，很容易出事故。所以，同样的道理，心不在焉地练瑜伽，什么事都有可能发生。

08
我如何自学呼吸控制法

我每天早晨 4 点钟起床后的第一件事就是练习呼吸控制法。我自问：如果我生于今日，该如何开始第一次呼吸？这是呼吸控制法的开始。可能大家都很感兴趣：我的心都在想什么？我又从中学到了些什么？

我的瑜伽之路始于 1934 年，当年我是个病号，连站起来的力气都没有，两肺也不能扩展，连呼气都费力。我开始练习体式，之后的境遇又逼着我开始教授瑜伽。因为不得不教，所以不得不学。一切都是为了学习，我必须学，坚持学，于是学习这根锁链上的很多环节就开始动起来了，直到今天还在动。

很自然，那个时候我胸部塌陷而窄小，于我而言，练习呼吸控制法是不可能的，我的上师也不愿教我。在 1942 年以前，我没有练习过任何呼吸法。1940 年上师来普纳探望我的时候，我向他询问呼吸控制法的事情，他只是给我描述了一个大概。当然我在那个年龄段恐怕也只能接受那么多了。他说我应该练习深呼吸，我尝试了，完全做不到。如果我做一个深吸气，那么深呼气就不可能；而如果做个深呼气，深吸气又不行了。我就把问题告诉了上师，我说我做不到，我问他应该怎么办。他说："继续，会做到的。"但是，以后很长一段时间我也没能做成。

我会大清早就起床，带着满满的热情——我应该坐下来。我有喝咖啡的坏习惯，年轻时就有了。我当年习惯于先来杯咖啡，去个洗手间，然后我会坐在莲花坐中，想着"现在我要练习呼吸控制法"。于是我会在莲花坐中坐一分钟，然后我的头脑会说："今天呼吸控制法没戏了。"我一把手指放到鼻孔处，鼻孔就会反抗，我就会吸气或呼气[①]，所以那一天就这样就过去了。

这种状况持续了很长时间。即便结婚后，我也会在清晨叫醒我那温顺的妻子，告诉他我必须练习呼吸控制法，让她给我煮杯咖啡。我很懒，会在床上躺着，直到咖啡煮好。咖啡煮好之后我才去刷牙，妻子会在我喝完咖啡之后再回去睡觉。然后我会坐下来准备练习呼吸控制法，两分钟左右——没有正确的方法，我什么都做不了。于是我一次又一次地尝试，但是很长一段时间我都没成功过。

之后，我开始练习一点凝视法（trātaka）。我曾经在一大块板子上画一个圆圈，里边画上辐射线，就好像发光的太阳一般。我想，既然我做不了呼吸控制法，就来练一点凝视法吧。于是我开始不眨眼地盯着图看，所以我的呼吸控制法就改成了一点凝视法。我读过一些书，书上说，练习一点凝视法会让你获得诸多能力。我曾经长时间地练习一点凝视法，但是什么也没练出来。这个一点凝视法让我的眼睛和大脑出现了不舒服的感觉，我感到了一点凝视法的坏的效果，后来听说很多人因为练这个练到失明，所以通过这段时间的摸索我也学到了很多东西。

然后我尝试练习成功式呼吸控制法（ujjayi prānyāma）——深吸气，深呼气——也没成功。我又劝自己来试试清理经络呼吸法（nādi śodhana prānāyāma），因为每个人都说那是一个特别好的呼吸法。1944年，我有机会和妻子去了一次迈索尔，我去上师那里寻求祝福，因为那时我的妻子正怀着吉塔。我的上师从不在任何人面前练习呼

---

① 此处指的是屏息练习。——编者注

吸控制法。他常常在自己的房间练习，所以我也没有什么机会看到他的练习。但就是那一天，他坐在大厅里练习，于是我看到了他如何将手指放到鼻子上，那是我从上师那里学到的唯一一课。

我只观察了三四分钟，却看明白了他如何放置手指。那是我的第一堂课，间接源自我的上师。我观察他如何把手指放到鼻子上，他如何坐立——我看到了他的脊柱，这就是我重新练习呼吸控制法的开始。

我回家就开始尝试，我不能像他那样坐得挺直，我的脊柱会凹陷，因为我早年练了太多的后弯，我的脊柱不能产生拮抗力。所以很自然地，没有脊柱的拮抗力我就不能保持正确的坐姿，于是呼吸控制法还是不行。在1960年以前，我的呼吸控制法是彻底失败的。你可以赞叹一下我的耐心，或者说我的耐心和急性子的平衡。换作其他人恐怕早就放弃了，我却从未放弃。

每天早上，我怀着虔诚恭敬的心在4点钟起床，坐下来练习呼吸控制法。我会坐两三分钟，然后就会有各种情况发生："今天我做不了呼吸控制法""我必须得张开嘴"或者"如果我做了一个或两个呼吸，我就得等5分钟才能做另一组练习"。整个过程都不得安宁。我会在莲花坐里待着，但却没有练呼吸控制法。于是我试着躺下来，结果一两个呼吸就让我的头部变得沉重，然后我会坐起来再努力练习。烦躁不安的我在莲花坐、英雄坐、束角式当中尝试呼吸法，心想着没准儿在某个姿势中能练出点儿什么，所以我一直坚持着。信不信由你，在有人要求的情况下，我当时还教呼吸控制法呢，当然是一对一的，我当时也不可能同时教多个人。

人们会说你应该在情绪不佳的时候练习呼吸控制法来调整情绪。我是唯一一个会说"千万不能在情绪不稳的时候练习呼吸法"的人，当然也不要在伤心难过时练习，这正好可以说明我是如何开始学习的。有时我觉得神清气爽，在这种情况下，我能成功地完成一两个呼吸。而有时，肺里会觉得很沉，而且大脑很紧张，我会觉得情绪不佳。那时，我不知道要如何放松着去吸气。

　　有人送了我一本书，是一位先生在19世纪写的一本书。书中说，如果你把一团棉花放在鼻子附近，呼气的时候，棉花应该不动。我就尝试了一下，我发现我可以控制呼气，但是完全不能控制吸气。我需要同时练习控制呼气和吸气。我开始用棉花来帮助自己练习，我盯着那团棉花，如果棉花动了，我会觉得，不行，这个不是呼气。所有的书都能解释呼气的问题，但吸气呢？要学习吸气好难！

　　1948年，我在普纳教克里希那穆提，他的"被动警觉"理论与"不动的棉花"非常相似，其实严格说来没什么区别。他杜撰了新的词汇，但是动作还是已有的动作。然后我开始用"被动警觉"来练习吸气，我告诉自己吸气时棉花也应该像呼气时一样不能动，鼻孔中都不应该感觉到吸气。我的心脏开始"突突突"地跳起来，我陷入其中，不知道该怎么办。我又开始做柔软的吸气，气息对鼻腔内壁有一个轻柔的抚触，我感到一阵喜悦和安静。我觉得，这一定就是正确的方法了，于是又开始着手操控胸腔处的肋间肌、手指在鼻子上的位置等。

　　1960年，我到了瑞士西部的格施塔德，那里气候宜人。我早晨起床后，给自己准备好咖啡，然后练习呼吸控制法。有一天，我在一次吸气中体验到一阵喜悦，或者说芬芳，不太凉也不太温。我在用手指控制鼻腔的时候，某种感受就在鼻子中产生了，那个感受就是我品尝吸气或是呼气的钥匙。在瑞士，我首次获得那种感受。

　　我说过，我因为练习了太多的后弯，脊柱不能挺起来。1958年，我曾经在鸽子式（kapotāsana）中保持了15分钟。但有一天，我想尝试一下单腿头到膝（jānu-śirsāsana），那会儿这个体式我还不能保持15分钟。在这个前屈体式中，背部和脊柱的疼痛让我难以承受。尽管人们都说前屈体式不会有酸痛产生，但我在做前屈的时候，简

贰　这是你我的天性

直就像有人拿大锤在砸我的脊柱一般。

所以在1958年，我决心要学习在前屈体式与后弯体式中保持相等的时长。从那时起，直到今天，我都会给前屈体式的练习留出一天的时间，我的学生们也会这样做。在这个练习中，我的脊柱有了拮抗力，当我坐下来练习呼吸控制法的时候，我的脊柱不再塌陷。所以说前屈体式和后弯体式同等重要。

从那次在瑞士获得的芬芳中，我学会了如何在鼻子上放置我的手指，就像我在1944年看到上师做的那样。我的学生，耶胡迪·梅纽因，也是我的上师，尽管他并不知道我在他身上学了很多东西。我观察他如何拉动小提琴琴弦，他创造怎样的空间，他如何弯曲指节，指节又如何行动，背后的肉如何动，他会将手指放在哪些区域。我注意到了所有这一切，然后我在自己的鼻子上实践，这就是我学习呼吸控制法的那些事儿了。

（本文节选自尼拉·卡尔尼克对艾扬格大师的采访，1985年12月15日。）

09
生命能量和呼吸控制法

prāna（音译普拉纳）是一股能"自动生成能量"的力量。这种自我生能的力量以宇宙的存在模式创造出一个磁场，并游戏其中：保持——毁灭——再进行新的创造。它从所有的层面渗透至每一个个体以及整个宇宙。它表现为物理能量、精神能量、智慧能量、性能量、灵性能量和宇宙能量。宇宙中所有的振动都是 prāna。热、光、引力、磁力、活力、动力、生命力、电、生命和心灵都是 prāna 的不同形式。它强有力地存在于所有生命体和非生命体中，是一切活动的原初动力。

这种自我生能的力量是生命和意识的原则，它创造了宇宙中的万物。万物因此而生，因此而活，而当死亡发生的时候，个体气息会消融于宇宙气息之中。prāna 是生命之轮的毂，一切都建立于其中。它渗透于太阳、月亮、云、风、土和所有形式的物质之中，它是生命又是非生命。于是 prāna 庇护着世间万物，当然也包括人。它是所有知识的源头，也是宇宙人格。

prāna 和 citta 处于不间断的联结中，它们好比一对孪生兄弟。这就是为什么头脑在哪里，prāna 就会专注于哪里，反之亦然。瑜伽典籍中如此记载：只要呼吸平静，prāna 就会平静，头脑也就平静了。当 prāna 和头脑处于安静、稳定和寂静中的时候，所有类型的振动和波动都会停下脚步。

贰　这是你我的天性

懂得了呼吸与头脑之间的这种关联，印度充满智慧的瑜伽士们视呼吸控制法的练习为瑜伽的核心，也是攀爬灵性阶梯的试金石。我们已经了解了 prāna 是自我生能的力量，那么再来认识另一个词"āyama"。"āyama"是一个合成词，源自 vyāyāma，它包含三个意思：visalata（伸展）、ārhola（上升）和 dairagyata（膨胀）。

呼吸控制法包含四个部分，分别为吸气（puraka）、内屏息（antara kumbhaka）、呼气（rechaka）和外屏息（bhya kumbhaka）。

吸气是延长地、持续地、精微地、深而缓慢并且有节奏地吸气。通过吸气，空气中能量具足的原料敏感地渗入肺泡中，使健康恢复、寿命延长，并且让人的生命焕发生机。

内屏息经由神经通道和血流把吸入的能量分配到整个系统中；而呼气则是将混浊的气体——系统中的毒素缓慢排出，整个呼气过程精微、缓慢而富有节奏。

外屏息释放了大脑的压力，解除了肌肉和神经中的所有压力和紧张，创造出宁静和安详。

呼吸控制法不仅仅是深呼吸，在深呼吸中面部肌肉会紧张，头盖骨会变硬，胸腔则会绷紧。因为这样的吸气和呼气总是要费些力气，这样肺脏和胸部的纤维就会僵硬，那么气息就不能充分渗透进两肺。

在呼吸控制法中，让面部肌肉保持放松、接纳的状态，而气息的吸入和排出都是被动发生的。在吸气中，头脑感受到每一个独立的分子、纤维和细胞，而能量渗透其中并使其得到滋养，整个过程平顺无碍。练习者观察并感受到两肺的逐渐展开，气息碰触到肺脏中最偏远的角落。在呼气中，气息的缓慢排出，给肺泡以足够的时间去最大可能地再次吸收残留的 prāna。于是，这被动的观察徐徐渗透到能量使用过程的每一个细枝末节，建立起稳定的情感，平复了纷乱的头脑。

113

所以呼吸控制法是一门精妙的艺术，它巧妙地锻炼了呼吸器官，并有意识地使其获得完美的节奏和平衡，如此，它的努力就能够获得预期回报。

在了解呼吸控制法的做法之前，我们先来看看 prāna 是什么。

prāna 这个词让我想起印度神话中搅拌乳海的故事。在故事中，"不死甘露（nectar of immortality）"从翻涌的大海中产生。在探讨 prāna（生命的琼浆、长生不老药）如何产生之前，请容我首先讲一讲这个故事。

当众天使头脑中恶魔的力量占据上风的时候，湿婆神、梵天神和因陀罗来到宇宙守护神毗湿奴面前，请求毗湿奴帮助他们保住自己已经被邪恶力量扰乱的道德。

毗湿奴思索片刻，然后建议他们去搅动大海（印度神话中称其为乳海），从中获取"不死甘露"。他建议他们去和众魔（阿修罗）进行协商，告知他们此行动将获得"不死甘露"，并劝服众魔与他们一起搅动大海，而毗湿奴则会处理其余的一切。所以众神便来到魔界的首领们面前，与之讨论搅动大海获得"不死甘露"一事。他们决定用梅鲁山做搅杵来搅动大海，将毗湿奴的坐骑——神蛇，作为旋转梅鲁山的绳索。生命体中 prāna 的生成可以以此为喻。

按照印度人的思维方式，人由26种元素组成，它们是神（paramātma）、灵魂（purusha）、自然（prakrti）和宇宙智慧（mahat）。而宇宙智慧又分为三部分：自我（ahamkāra）、智慧（buddhi）和头脑（manas）。自然中包含五大元素（五大粗质）：土、水、火、风、空（以太）。每一粗质之中又有与其相应的细质：香、味、色、触、声。除此之外还有五大感官（五知根）和五大行为器官（五作根）。所有这些元素组合在一起形成一个生命体，并在三德（悦性、激性和惰性）之中将其塑造，使其发展。

灵魂代表毗湿奴神，而身体就是自然。身体成为繁衍的源泉，

贰　这是你我的天性

而身体之神便是其繁衍的力量。

众天神将各种草药作为原料投入大海之中，这些原料将在搅拌过程中产出生命的甘露。梅鲁山就是脊柱，而它的角色就是呼吸搅拌装置或呼吸中的腮须。中脉（susumna）就代表了神的化身（宇宙环境），而月亮脉（idā）和太阳脉（pingalā）则代表个体的呼吸——神蛇的头和尾。

还有一种可能性便是 idā 代表副交感神经系统，pingalā 代表交感神经系统，而 susumna 则是中枢神经系统。因为神蛇被用来做搅绳，所以在这里代表吸气和呼气。它们刚好是搅绳的两端，用来旋转其间的搅杵，也就是中枢神经系统。在中枢神经系统中能量被储存在 7 个储存室中。吸气过程的开始代表阿修罗（恶魔）紧紧抓住的搅绳一端，另一端则被天神（天使）握住。这两端协助吸气和呼气的搅动，prāna 就在这搅动中生成了。

当搅动开始的时候，梅鲁山沉入海中。此时毗湿奴化身为大海龟，潜入海底将大山驮在龟背之上，如此梅鲁山就悬于海中，搅拌得以持续。与此相似的是，atman（灵魂）就是保持脊柱向上的力量。首先从海中出现的是被称为哈拉哈拉（halāhalā）的毒药，毒药被湿婆神吞下，这种毒药其实就是呼气时排出的毒素。

再后来，又搅动出不同的宝石，分别代表七大身体成分：淋巴、血液、肉、脂肪、骨骼、骨髓和精液，以及十大气息，分别为命根气（prāna）、下行气（apāna）、平行气（samāna）、上行气（udāna）、遍行气（vyāna）、行气（龙气，nāga）、循行气（龟气，kurma）、正行气（海马气，krkra）、最行气（提婆气，devadatta）和决行气（财生气，dhanamjaya）。最后海中出现的就是"不死甘露"。

通过这七大身体成分和十大气息的结合，加之观者和脊柱的帮助，生命的甘露就会在身体中形成。身体中的五大元素和七大成分便是制造生命甘露的原材料。土元素是生产的基础，而空元素则是

呼吸控制法让大脑清净，纷扰的大脑阻碍正确的思考和推理，清净的大脑让心更趋近于冥想。

能量的分配者。风元素推动呼吸的进行。水和火两种元素彼此对立，因为二者彼此相克，气息的进出就在水火之间创造了融合，这就在人体系统中制造出一种新的电能——生命能量。这种新的电能就是大家普遍认识的生物能和生物原生质。既然 prāna 是自我生能的力量，那么通过呼吸控制法，它会生成更多能量。

我们都知道死水易腐，而活水则具有一股生机勃勃的生命力。这股力量可能处于最低水平，不足以产生电能。但是如果河水从大坝上流下，击打在涡轮机上，就能产生足够的力量来发电。人体系统中 prāna 的生成和分配或许可以比作那股电流。强大的水流或上升的蒸汽让处于磁场中的涡轮机转动起来，进而产生电流。随后电被储存在储能器中，然后变压器会根据需要调整其压力的高低。这之后，电流流经电线去点亮城市或转动机器。prāna 就好像流泻而下的水或上升的蒸汽。

胸腔区域就是这样一个磁场。呼吸控制法的练习能使纤维中的纺锤体发挥涡轮机的作用，将吸入身体的能量喷洒至肺脏中最边缘的肺泡中，以产生能量，然后能量被储存于变压器一般的轮穴中。这股产生于胸腔的能量就好比电流，被这些轮穴进行上下调整并且经由循环系统和神经系统分配给整个身体系统；而循环系统和神经系统在此处与输送电能的导线一般无二。所以说，印度瑜伽士们发现的呼吸控制法，能将进入身体的能量在系统中发挥到极致。

另外，在呼吸控制法中，鼻腔的黏膜壁过滤和清洁吸入的气体，而在呼气过程中系统又有充足的时间再次将吸入的能量吸收进血液，这在瑜伽经典中被称为血液中的珠宝。血液当中充满了生物原生质，这种生物原生质正是内分泌腺体分泌荷尔蒙的缘由。

能量的完全吸收和使用能让人身体健康、头脑清晰、心灵安稳、长命百岁。这就是为什么呼吸控制法的练习被誉为一门了不起的科学和艺术。风吹尽灰尘和浓烟，木柴才能持续燃烧。呼吸控制法让大脑清净，纷扰的大脑阻碍正确的思考和推理，清净的大脑让心更趋近于冥想。

在呼吸控制法中，练习者把自己的身体当作祭坛。吸气就是祭品——洒在祭坛上的酥油，而呼气就是火盆中燃烧的火焰，屏息就好比是曼陀罗。将自己的所有感受当作祭品，完全放下，于是个体灵魂便融入宇宙灵魂之中。

prāna 就是这样产生的，这就是为什么呼吸控制法如此重要。

10
瑜伽和冥想

人类必须要在某种层面上接触灵性。一次太空旅行需要谨慎地安排、筹划,以及数年的准备工作,这也清楚地告诉我们:一场超越世间的旅程岂能轻易完成。进入冥想境界所需的要求比宇航员所需遵守的纪律还要高。一场太空旅行可能因为一根不起眼的导线而功亏一篑,冥想也会因为对身体的忽视而变得遥不可及。

冥想始于身体,身体是真我的载体,如果不对身体的欲望加以控制,就不可能做到真正的冥想。古人有明白此理的智慧,而当下的虚幻现实则会让人忽略身体。对身体的忽略其实源于人们对身体的无知,其根源在于人们对灵魂的无知。身体不应该被忽视,哪怕被蚊子叮了一下、肚子疼、流鼻涕这样的事情都得让你费神去处理。庄严就这样被荒唐绑缚了手脚。"昏沉"的身体会产生"昏沉"的头脑,被诸事干扰的身体则必然导致心神不定、头脑混乱。有谁尝试过稳定自己的身体、神经和情感吗?帕坦伽利的《瑜伽经》——经典的冥想智慧,并没有从深奥难解之事开始,而是从常识入手。

"选定一个地点,"《哈他瑜伽之光》说,"没有蚊虫,没有噪声,没有难闻的气味,铺开一张毛毯坐下来。"时间的选择也很重要,日出前或日落后都可以,因为在黎明或傍晚时分,上帝之灵会笼罩大地,仿佛将疗愈力赐福于人间。

身体姿势很重要,在不同的体式中,周身每一个毛孔的觉知本身就是冥想，觉知源自内在，好像是在睁开数以百万计的灵性之眼。头脑"渗透"进身体，又保持其观者的身份；身体成为头脑，又保持了作为身体的极致的警觉。头脑和物质在纯粹的能量动态中融合，在这种状态下能量活跃而不消耗，具有创造力而又不会带来疲惫。体式的重要意义不仅在于它能让神经、两肺和其他身体部位变得强健，还体现在它对冥想的意义上，因为体式本身就是冥想活动的载体。

经典的冥想姿势是盘着双腿的莲花坐，让脊柱保持挺直而有力。尽管如此，当古人奉劝大家"脊柱挺直，坐在任意舒适的姿势中"时，绝不意味着你可以懒散地坐着。坐在松散的、塌陷的姿势中会带来睡意。困倦不能与冥想混为一谈，冥想不会让头脑变得迟钝。恰恰相反，在冥想中，头脑保持安静，却犹如刀片一般锋利；保持寂静，却在能量中振动。这种状态要在有力而稳定的坐姿中才能达到，在这样的坐姿中，脊柱向上升，而头脑向下沉，二者融入心的意识中，真我在此展现其本来面貌。整个身体不但没有被忽略，反而在这股灵性的醒觉中被调整，直到整个人成为纯粹的火焰。警觉而挺直的脊柱创造出专注的灵性，如此，燃尽恼人的念头和对过去以及对未来的念念不忘，人就处于纯净、清新的当下。

在纯粹的冥想中，眼睛是闭合的，头脑保持正直，眼光向下、向后沉；平行的双眼仿佛在头的后方寻找黑暗中的无限，而这无限于他而言正是照亮每个人的觉悟之光。面部皮肤是放松并下沉的，大脑从不断拉扯着它的感官中挣脱了。眼睛、耳朵和舌根变得被动，意识滑过活跃、激进的前脑来到安静、敏锐的后脑。双手掌心贴合，置于胸骨前侧。这个经典的祈祷式不仅具有象征意义，而且更有实际意义。从象征意义上来看，双掌在向内在的神致敬。头脑向内收摄，臣服于这神圣。

这种臣服，就是通过打破连续不断的杂念来增强专注力。人体的磁力让双手保持贴合。双掌之间压力的增加或减轻是测量其警觉

冥想是一种主观性的体验,任何将其付诸文字的尝试都只是隔靴搔痒。

性的敏感标尺，此压力还能助其摆脱纷繁的杂念。身体电流是否处于精确的平衡状态也能通过掌间的压力来判断。如果双掌用力对等，则身体和头脑处于平衡、和谐的状态。如果一侧手掌用力强于另一侧，力大的这侧身体便更警觉。可以通过增加较弱一侧手掌的压力来做出精准的调整，这样便能将身心带回到平衡中。说到底瑜伽无非就是完美的和谐。

瑜伽冥想是否就是头脑中无一物的、纯粹的、空的境界，这个问题似乎还悬而未决。而对于那些体验过冥想的丰富感以及让人心满意足的充实感的人而言，这种论断就显得荒唐极了。头脑的智慧不再漂游，心的智慧则迎向神，如此，心才有意义。当心专注于那个无限的一（神）的时候，那种自己念头中的小小的所谓满足感又怎可与之相比呢？神永远就在眼前，又仿佛远在天边，如此真实却又超出尘世。

瑜伽的能量控制与呼吸技巧在其本源和成效方面都是冥想性的。呼吸中有节奏地吸气、屏息和呼气通过对感官的收摄让头脑稳定，并且帮助人们揭示真我的深度。与冥想不同的是，在呼吸控制法中头要沉向胸腔形成一个结实的喉锁。从身体层面讲，喉锁让呼吸不再受源自大脑的自我主义的掌控，使其更加柔和，少了很多个人色彩。喉锁能将人带入安静的心口——神的居所。手可以落于双膝上，用手指也可以控制呼吸。其他有关冥想的要求，比如眼睛的凝视和脊柱的挺直自然也是要做到的。呼吸技巧，就像体式一般，是冥想和祈祷的载体。吸气是接受神，屏息是感受居于心间安宁的神，这份安宁饱满而深沉。呼气并不是简单地把陈旧的气息呼出去，而是清空小我的过程。呼气消除人的个体存在感，于是最适宜用来敬神，那是最高形式的向神臣服。因为气息轻柔地呼向心脏，心中的恶念和情感的纷扰被洗刷一空。对神的顶礼臣服需要被神接受，于是呼气之后，在下一次吸气之前的一段时间如如不动正是神对这一切的接受过程。

　　冥想是一种主观性的体验，任何将其付诸文字的尝试都只是隔靴搔痒。举一个尽人皆知的例子：无论你如何描述杧果的味道都不等同于你第一次真正品尝其滋味的体验。冥想又何尝不是如此？精确、安全的技巧可以学来，头脑的状态也可以阐述，但那真实的"果味"，只有"品尝并领会了神的美好"的人才知道。

11
瑜伽：自我实现之路

瑜伽是对真我的探寻，而探寻的目的并不是为了吸引公众的注意。

奎师那在《薄伽梵歌》中描述了真正的瑜伽士：真正的瑜伽士在酷暑与严寒，成功与失败，痛苦与愉悦或邪恶与美好中都能保持头脑的安宁。他于生活的起伏中一直保持平稳、镇定。瑜伽调试身心，使其为了至高的服务和牺牲小我的目的而存在。奎师那又进一步阐述，带着感恩和喜悦之心的行为可以称得上瑜伽行为。瑜伽于是被理解为个体的"我"和宇宙的"我"之联结以及对含藏于这联结中的至喜的发现。

道路（mārga-s）

灵魂是自由的，否则对真实的探寻岂非全无意义？尽管如此，因为灵魂的无明本性，我们生活在感官世界中。要弃除无明，古代的圣人们指出了几条自我实现的道路：

jñāna mārga：知识之路 在这条路上，行者学习如何明辨真伪。

karma mārga：净业之路 这是一条无私服务之路，（修行之人）不会从此种服务中寻求任何利益。

bhakti mārga：爱与奉献之路

yoga mārga：瑜伽之路　在这条路上，要学习控制头脑及其活动。所有的冲动都源自头脑，头脑是思维和理解力的源头。头脑本身（欲望、热情和占有欲之源）应该与外在境界相脱离。而实际情况则是，头脑永远处于运动中。因为头脑是感官之王，于是让头脑清净的练习就被称作王瑜伽（rāja yoga）。既然我们做不到让头脑清净，那就遵从《哈他瑜伽之光》的作者斯瓦特玛拉玛所强调的，"首先去控制身体和呼吸（生命之源）"。

神给了我们身、心、灵，于是我们有了正确的生活之本。瑜伽是关于身、心、灵的科学，它包含人性的全部，因而也可以被称为普世文化。

12
瑜伽老师的必要品质

・教学是一项很难的艺术,但服务于人类的最好方式莫过于此。

・方法要积极而有力。一旦你表现出怀疑,那你就给学生种下了怀疑的种子。

・教学中要给予肯定才能建立学生们的信心。任何内在的消极因素都会在工作中有所反应。

・在教学艺术中,你要永远做一个学习者。老师要从学生身上学习,因为每一个学生都有独特的身心状态。身为老师,其职责便是帮助每一个学生做到身心联结,而学生们则有着千差万别的身心品质。

・要坦诚地告诉人们,你仍然在学习这门艺术。永远不要说"我是老师了,我可以教学了",那就是骄傲。

・保护自己的身体是人的天性。于是关照学生身体的时候就要拿出更多警惕。

・老师要做到外在上极其强硬,但面对学生的需求时则要足够包容。像服务于神一样服务于来到你面前的学生。

・在教学中,学生和老师之间的区别要很明确地表现出来。

・对学生不要期待过多,但要提升学生的兴趣,这样能让他们付出更多努力。

・努力让学生稳步前进。用自己的行动而不仅仅是语言为学生树

貳　这是你我的天性

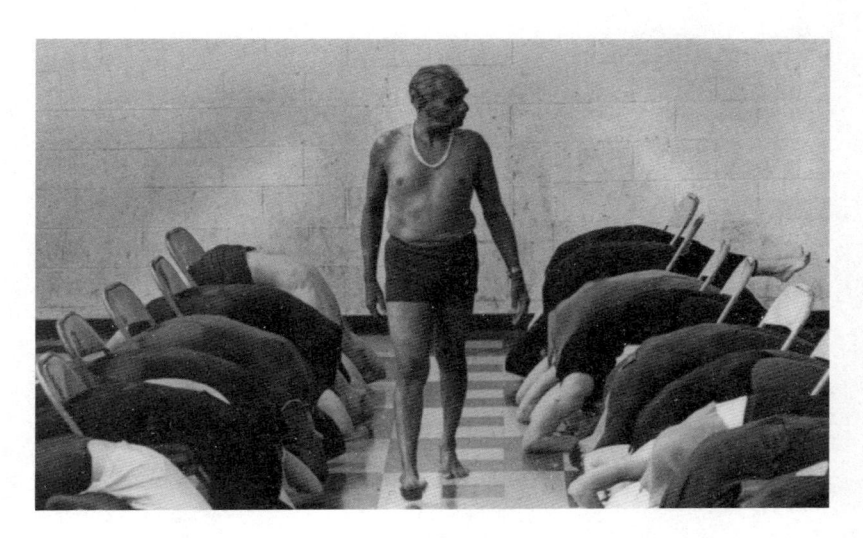

老师要做到外在上极其强硬，但面对学生的需求时则要足够包容。像服务于神一样服务于来到你面前的学生。

立榜样，使其身、心、灵同时获得提升。

・学生犯错或没有尽全力的时候，一定不要忘了告诫他。不要一直赞扬一个学生，说他很好。你滥施溢美之词的时候其实是在赞扬自己的小我，这种自我称颂式的赞扬会导致师生双方的倒退，因为它会在学生的心里生发出一种"他很了不起"的态度。

・在生命的早期，孩子都是依赖父母的。孩子成熟的时候，聪明的父母会平等地对待他们。你教授学生的态度也应该与此相似，你是家长，而学生就是你的孩子。当学生们成熟起来了，你们就要踏上一条共同学习之路，这样才能使其更加精进。

・你的瑜伽教学会为学生带来能量的提升，而你一旦注意到有人把这股能量用在感官享乐上了，不要直接告诉他"你沉迷于感官享乐了"，而是要尝试将他的心念转到生活中的灵性层面上来。这对于老师来讲是个挑战。

·不要用你的标准去评判你的学生。学生的言谈举止恰恰反映了他的修行状态。你要降到他的水平，用爱心和感染力去引导他慢慢前进，直到他达到你的标准。

·尝试每节课都使用一个新的方法。尽管你可能已经在治学上取得了了不起的成就，但总还有进步的空间。你钻研得越深，就越能给出鲜活的观点。这样你才能成为一个谦卑、可敬、可爱的老师。

13
关于证书问题

我该如何称呼你们呢？苦难中的同胞？你们是我的孩子，我可以称你们为"我灵性的孩子"，因为你们都是在我的智慧和灵修之路上、于瑜伽中生出的孩子。我的血缘上的子女是通过我的身体行为带来的，而你们则通过我的灵性行为成为我的孩子。所以你们都是我灵性的孩子。那么，因为我是一家之长，一个受苦的家长，你们也只能和我一道受苦。身为儿女，你们一定要"继承"相应的责任，而父母的痛苦也要由儿女来承担，如此说来我和你们是一体的。

你们都在1968年开始瑜伽练习，当时有11个人来到我这里。作为一个灵性层面的父亲，我从没想过短短的几年间，这个学科就在这个国家"养育"了如此多的孩子。你们是我直接的灵性之子女，而你们就要对我的孙辈们负起责任。我们都知道，祖父母对孙儿的疼爱远超对自己子女的疼爱，这个道理在我这里恐怕也适用。我对我灵性的孙儿们的爱可能要超过你们，当然前提是你们要用热忱真正地教他们做人，教他们不仅要服务于自身，还要服务于本国的兄弟姐妹。

瑜伽是一门复杂精细的学科，也是一门妙趣横生的学科。它能开发出巨大的意志力、惊人的持久力，这是它好的一面。坏的一面就是在探寻真理或内在真知的过程中，我们可能会产生某种骄傲——觉得自己强于他人。唯有不成为此种行为的受害者，我们才会成为真正的瑜伽之子。

我现在要颁发证书,这是我第一次为人颁发证书,所以荣誉是属于你们的。我在总院都还没有开始颁发证书。

一个老师应该具备两项素质:

第一项素质是你在最初要表现得坚决和强硬,哪怕你对这个学科尚未准确掌握。你的内心要坚决,教学的时候要表现出肯定,但是你在内心要保持怀疑:"我这个方法是否正确?"一旦在教学中表现出怀疑,你就给学生种下了怀疑的种子。教学虽难,但是要想服务于人类,教学是最佳选择之一。你必须努力,不是作为一个老师,而是在教学艺术中做一名学生。你要在学生身上学习,因为每一个人都具有非常独特的身心状态,千差万别。助其发现那身心之内的真如,是老师的职责。身为老师的学习是被神赐福的,这样你就可以去传播知识。但不要说"我是一个老师,所以我能给予",那样骄傲会乘虚而入。你的教学要肯定、坚决,但是自己的学习却要留有疑问。当下的肯定能给学生以信心,但是自己心中要存疑,所以你会回去思索自己的行为——究竟是对还是错。然后努力找出自己是在解释时还是在纠正时犯了错,因为你总是能更快地保护自己的身体而不是学生的,这是你我的天性。

一个老师要做到外在的极致强大以及内在的极致谦卑绝非易事。我是一个老师,你们是我的学生,但这层关系仅仅是外在的表象。向内看,你有一个灵魂,我有一个灵魂,你的灵魂和我的灵魂没有任何区别。你们能够来到我身边,我深感荣幸。所以,于内在我把你们当成神来对待,就好像我们去教堂或庙宇中敬神一般。在你心中,每一个学生都是神,但从外在上却不要表现出你把他们当成神。

外在的你很强大,但内在的你要觉得你服务的对象是以学生的样子来到你面前的神,这样你的教学就是真正的教学了。一旦觉得自己是老师了,"来吧,做这个",那么你的倒退就在所难免了。

貳　这是你我的天性

2011年，艾扬格在中国广州教学
像服务于神一般服务于你的学生——这是成就一个好老师的核心。

务必用内在的谦卑去体会此事。真我是一，不是二。所以要感受你的学生就是你内在的神。如果你信神，那么你如何对待神就如何对待你的学生；如果你不信神，那么就用对待父母或挚友的方式对待学生，这是面对学生时必须要有的态度。从外在上，你要表现出师生间的差别，但是内在则不然，这是成为一个好老师的重要一点。

老师应该具备的第二项素质是：老师不应该对学生有太多期待，但同时你又要创造、点燃他们的兴趣。告诉他们："我希望你能做得更多。"作为老师，做到这一点很不容易，因为没有谁能够准确地知道其他人的极限何在。你一旦说"这个人就只能做这么多了"，你的知识就停滞了，而这个学生的路也被挡住了。双方都要去开发新的方法——这是我的学生目前的上限或下限，但是让我再前进一步看一看。你应该持续帮助这个学生精进,无论是在身体上、精神上还是在灵性上。

外在上,你要表现出二元性,正如父亲与孩子之间是有差别的。在内心,父亲和孩子是不可分的;但外在上,孩子的确是有依赖性的,对不对?早年时,孩子们要依靠父母,作为一家之主,你要给他们指路,但到了一定年龄之后,父母与子女就平等了。所以在教学中,你也要采取同样的方法。

劝诫是要有的,但不要对学生说"你很好了"。因为你一旦赞扬了他,你是在赞扬自己的小我,那对于老师来说就是倒退。你一定要创造出某种新鲜感,让学生知道尽管自己有了一些进步,但是还有太多不足之处。你不能盯着学生已经能完成的点,而是要看到他们还没有完全做到的点。只有这样,你才会成长为一名谦卑、可敬、可爱的老师。

从最真实的角度来说,我们不需要这些证书,但不幸的是,这个世界需要它。造假无处不在,无时不在——身心层面也不例外。我们一旦对证书的发放松懈,就意味着我们也在造假。如果你要教课,这个世界会问:"你在哪儿学的,你有教师资格证吗?"如果你有一张证书,他们就会放心,但在最真实的层面上,证书根本没必要。

证书可不是拿来滥用的——"我是一个老师了",学生们给你的费用并不是付给一个老师的,其实他们是在给你一笔奖学金,让你能继续你的学习,最终成为一名好老师。所以证书也就成了你的奖学金,让你有机会成为好老师,你得这样去使用这张证书。尽管你可能向学生收取一些费用,但在你的心底深处,你应该具备这样的态度:大家付费是为了让我继续学习,以传播这门艺术。

瑜伽能带来极大的启迪、巨大的意志力和信心,但与这些积极面相应的是:我们会自我赞颂。如果你能谨慎地防止自我膨胀的发生,时刻与真我相应,那么说明我在服务于大家这件事情上做得不

贰 这是你我的天性

错，而你们也做好了自己的服务工作。我不能期待我所有的学生一生都忠于自己的本心，这一点你们也要清楚——并非所有来学习瑜伽的人都是为了灵性知识而来。有人是因为健康状况堪忧，想要找回失去的健康；有人来是为了保持良好的健康状态，以便滥用其健康——更多放纵，滥用其力。有人来是为了娱乐，有人来是为了其他目的。当这些人来到你面前时，你应该认清他们的特质，告诉这些人他们越界了——放纵是没有边界的。在教学上你必须等待时机，时机成熟之后，你的帮助才有效，起初是不行的。这也是老师的心理学学习——懂得在什么时间，对什么学生说什么话。

你可能会遇到心脏有问题的学生。他的医生已经多次告诫他不要吸烟，你也许会说："不要吸烟，不要吃肉。"那学生可能会说："那我为什么还来找你呢？"你真觉得告诉他不要做他就不去做了吗？你必须从其他角度来看这件事，聪明人永远都不会立刻停下某事。在没有任何线索的前提下，你要找到如何停止这些内在的冲动的方法，正是因为这些冲动的存在，人们才会去放纵，这也是教学的艺术。你要去研究他的心智水平，也要去研究他的身体能力。

尽管他们来上课只是为了能够更好地享受生活，但瑜伽不仅能带来感官的满足，更能把你引向灵性的满足。对于一个沉迷于感官享乐的人，我什么也不会说，但是我会去探寻：我究竟能否转变他，能否使其真正进入瑜伽这个学科。你也要做同样的事，不要武断地说："他不好，我不愿意教他。"

如果你不喜欢一个人，却仍去教他，你其实是在净化自己的大脑。有时，你会遇到让你作呕的学生。记住，他们才是你真正的上师，因为他们训练你成就自身。是神把这个人送到你身边的，所以你不能说："出去，我没做好教你的准备呢。"这是神给你的考验，看你能否有所成长。这是我们练习瑜伽之路的十字路口，处在这个十字路口，我们要万分谨慎。我们要看清自己能否接受丑陋，不管是个性上的还是人品上的，看看自己是否能从丑陋中盛开出花朵，这是对老师的考验。不要用你的标准去评判一个学生，要用他的标准去评判他。他的言谈举止恰恰反映了他的灵性层面是初级、中级还是高级。你要和那个学生平等相处，你要下来给他引路。因为你知道这条路而他不知道，所以你要在学生的标准上慢慢地让他成长起来，最终达到你的标准。

从心底深处，我十分欣慰地看到，自1968年起瑜伽已经在你们的国家长成大树。你们的责任更大了，你们不得不肩负重担。因为这个原因，你们更不能忽略自己的练习。没有了练习，又谈何教授？

如果有人带着某种疾病找到你，想象那个病人是你，你要做什么？要如何做？哪些器官有了病变？如果你在自身采用这些方法，那么你主观的经验将会持久地帮助这些学生，他们是神的仆人，被派到你的身边。神通过我们的学生来考验我们。

要持续努力工作，这也是神赐予的。因着神的意愿，我们得以相聚。

你们彼此之间，切勿把误解放大。出现问题有三个解决办法——忘记、宽恕或毫不介意。如果你们之间误会丛生，那么你们根本没有在练习瑜伽，只是在让自己的小我膨胀罢了。想要在瑜伽中保持友善，一定要懂得舍得之道，这是唯一的途径。如果你观察一棵树的话，你会发现枝杈有直有弯，树叶有美有丑，有干枯亦不乏鲜嫩。

像和家人一样，曲折和不快总是在所难免，要允许这些磕磕绊绊存在。每个人因智性差异会有不同的见解，有人的简介可能已经很成熟了，有人还不成熟，还有人正在走向成熟。我们要考虑所有这些差异，然后指出方向。要指出方向，我们不能批评他们，只有同样的错误一再发生时才可以提出批评或告诫。最初的矛盾可能会越来越深，最终形成头脑中的"癌"。

如果什么事情出错的话，我会觉察到。我给了所有人自由，我

贰 这是你我的天性

不会问你有多少学生，或是你赚了多少钱。拥有自由，就不应该有误解。但是如果没有自由，那就另当别论。

我的练习是完全纯粹的。对自己要诚实，对自己的工作也要诚实，对学生更要诚实，唯有如此，你的工作才会出色。以内在的谦卑坚持自己的工作，但在教学中要显示出某种程度的"自负"。在练习中我是悦性的，而在教学中我则不能以悦性示人。如果我表现出悦性，那么我的学生就会表现出惰性。悦性的特质是宁静，惰性则表现为昏沉和迟钝。如果教学中我是激性的，我的学生就不会一副昏昏沉沉的样子。激性的教学使学生练出悦性的瑜伽，而悦性的教学则会把学生引至黑暗而非光明。所以在教学中，你一定要表现得富于激性，而单独练习或与同事一起时则要表现出谦卑。为了让学生们取得进步，你需要表现出些许的自我——膨胀的自我。如果你太柔和，那么学生的大脑就膨胀了。为了让学生谦卑，你必须做到激性。老师要扮演双重角色，这种双重角色并非不诚实。自我练习时，你是向内的，你要时刻关照内在的身体；而教学时，你要忘了自己，你的学生就是你全部的真我。你变得无我，而你的真我则进入了那个身体。你要去感受自己在另外一个身体中，在学生的身体中。为了要进入那个身体，可不是要发出点儿声音吗！

教学是向外的，而练习是向内的。如果你懂得所有这些，你就能避免很多错误，神会赐福于你。树木只有成熟了才会结出果实，但也有一些树永远都不会结出果实。为了收获果实，你要让整个的内在机体都成熟起来，这样真我才能瓜熟蒂落。我真心祝福大家能在生活中有所成就。

（B. K. S. 艾扬格首次面向全球，给来自非洲南部斯威士兰的老师颁发证书时所做的讲话，经南非艾扬格瑜伽学院授权发表于此。）

14
瑜伽和阿育吠陀在治疗上的相似性

瑜伽作为既具疗愈性，又具预防性的方法已经很流行了。尽管很多人对瑜伽究竟能否治病还心存疑惑，但对于瑜伽可以改变一个人的生活，进而带来健康这一事实并没有怀疑。我在这里要尝试从阿育吠陀的角度来讲解帕坦伽利的《瑜伽经》。

尽管对于帕坦伽利与遮罗迦究竟是否为同一个人，大家各有说辞，我却看到他们之间有极多的相似之处。帕坦伽利的成就不会低于任何伟大的医者。唯一的差别在于，帕坦伽利治的是心，而遮罗迦治的是身。帕坦伽利认为意识、头脑是需要治疗的根本，而遮罗迦则认为是这个灵魂所居住的身体（活体）需要治疗。帕坦伽利给出了最宏观和最微观的方法，来对治世人被污染的意识。与此相似，遮罗迦则给出了不同的方法，医治世人受污染的身体。

疾病是一种人们感觉"不自在"的状态，而过上"自在"的生活就是健康。一般而言，我们会发现生活充满了压力、痛苦、紧张、焦虑和疲惫。人们被恶劣的环境、不合理的社会结构、无序的竞争和无休止的战争所困扰，于是内在因为焦虑、担忧、欲望、情欲、气愤、贪婪、厌烦、仇恨和诱惑等痛苦不堪。现代生活失去了简单和本真，而变化之后的错综复杂则影响了人们的意识。生活太过复杂、掺杂太多情感、人工化痕迹严重、过度污染、太分散而又遍布棱角。

让我们看看帕坦伽利是如何处理问题、给出解决方案的，这些方法又是如何与阿育吠陀的治疗科学相接近的。那个具象的、经验主义的灵魂（jeevatman）把自己盛装打扮起来，以下便是这些装扮：才智、小我、头脑、五大认知感官（五知根）、五大行为器官（五作根）、五大粗糙元素和五大精微元素。经验主义的灵魂将自己粉饰出以下16种特质：

1. 幸福（sukha）
2. 不幸（duhkha）
3. 欲望（iccha）
4. 厌恶（dvesha）
5. 兴高采烈地努力以维护客观事物（pratyāya）
6. 保持身体存活的生命能量（prāna）
7. 保持身体机器完好无损的生命能量（apāna）
8. 眨眼——睁眼（umesha）
9. 眨眼——闭眼（nimesha）
10. 辨别的智慧（buddhi）
11. 意志力，把工作持续下去的决心（manah-samkalpa）
12. 推论的能力（vichārana）
13. 记忆（smrti）
14. 认识客观世界的智慧（vijānam）
15. 对可知物清晰明确的认识（abhyavasaya）
16. 终极成就——经验和解脱（vishayopalabdhi）

个体灵魂（jeevatma）认同自己就是这些装扮、修饰和粉饰物，因而迷失于其中，如此它就生病了。帕坦伽利把经验主义的灵魂带回超经验主义的状态中。

在病中，观者将自己认同为可观的对象。这些疾病被称为心念的波动（变体）和痛苦。这五种波动分别是：

- 正确的认知
- 错误的认知
- 幻想或想象的知识
- 睡眠
- 记忆

五种痛苦分别是：

- 灵性智慧的缺乏（无明）
- 自我主义
- 对喜悦的执着
- 对苦痛的厌恶
- 对生命的攀附

这些痛苦是使心念变体产生病变的原因。

这五种变体和痛苦在根本上由原初物质的三种属性来滋养：光亮（照耀）、活动和怠惰。也就是大家熟知的悦性、激性和惰性三德。处于不同比例中的三德能激活意识，使其经受这些变化和痛苦。与此相似的是，阿育吠陀中包含着人体的三种质：瓦塔（vāta）、皮塔（pitta）和卡帕（kapha）。疾病的产生便源于这三种质。几乎所有的疾病都与这三种质相关。让我来简要地介绍一下这三种质的概念。身体的这三种质支持着身体的结构，并保持其新陈代谢。瓦塔代表的是神经的力量，它理解所有发生在中枢神经系统和交感神经系统中的现象，它是存在于细胞中的、动态的、不可或缺的、固有的一股力量，这股力量推动血液和淋巴循环并刺激神经。皮塔保持系统的新陈代谢，并产生身体的热能（体内生热）。它是所有化学活动的基础。卡帕调节体热并维持体液、润滑关节、建立组织、制造能量并使肢体稳定。

这三种质的功能混乱会引发疾病。这三种质在其病原体状态中会损坏以下七大身体成分：乳糜、血液、肌肉、脂肪、骨骼、骨髓和精液。这些成分的失衡会进而引发更多疾病。

当三种质处于平衡状态时，就会形成成分适宜的结构，我们称其为成分平衡状态（dhātu samyata），也就是身体的健康状态。类似地，在瑜伽中，当自然的三种属性处于顺从、平衡状态中时，我们称其为期待的目标。在这种状态中，"我便安住于自己的真实本质中"（帕坦伽利《瑜伽经》第1章第3节）。

既然疾病源于三种质的失衡，那么就有可能是单质失衡、双质失衡，抑或三质失衡。其实，其中一个受到干扰，另外两个必然受到影响。既然损害的发生有着不同的比例，那么几乎所有疾病都可以被划分成五大类别：

1. 瓦塔性的
2. 皮塔性的
3. 卡帕性的
4. 瓦塔—皮塔性的、皮塔—卡帕性的、卡帕—瓦塔性的
5. 瓦塔—皮塔—卡帕三种属性的

于是，疾病、变体和痛苦也有五种主要类型。

根据瑜伽的观点，三德之一的悦性在身体中处于头到心脏的位置，激性处于心脏到肚脐的位置，而惰性则处于肚脐到双足的位置。

而阿育吠陀则认为卡帕的位置是头到心脏，皮塔处于心脏到肚脐的位置，瓦塔处于肚脐到双足的位置。

瑜伽有八支，被称为阿斯汤加瑜伽，阿育吠陀也有八支，于是被称为阿斯汤加阿育吠陀。瑜伽八支是：

1. 自我约束（制戒，yama）
2. 确定的练习（内制，niyama）
3. 体式（āsanas）
4. 通过呼吸控制进行能量调整（呼吸控制法，prānāyāma）
5. 安静感官（制感，pratyāhāra）
6. 专注（总持，dhārana）
7. 冥想（dhyāna）
8. 一心不乱（三摩地，samādhi）

阿育吠陀的八分支为：

1. 外科学（shalya）
2. 眼、耳、鼻、喉科学（shalakya）
3. 内科学（通过药物进行的身体治疗，kāya-chikitsa）
4. 精神病学（bhuta-vidya）
5. 儿科学（kaumara bhritya）
6. 毒物学（agada tantra）
7. 长寿学（老年学，rasayana）
8. 生育学（回春术，vajeekarana）

下面我们来分析一下两种科学中的治疗方法。

帕坦伽利提出用两种疗法来控制精神的波动，解除痛苦，这两种疗法便是练习和不执。练习是练习瑜伽八支，而不执就是让人处于一种无欲无求的状态中。练习是精进法，而不执是还原法。

阿育吠陀也有两种疗法：一为清洁或净化疗法（shodhana），二为舒缓疗法（shamana）。前者属于较激烈的方法，而后者则是一种较温和的方法。练习也可以是温和疗法，在对待病人时可以采用舒缓而柔和的方法。这也是为什么阿斯汤加瑜伽适合所有人的原因。

清洁法的使用会带来迅速而显著的改变，但同时也会带来某种程度的伤害。因为如果使用不当或使用频繁，三种质的根基会被打乱。而这种方法如果彻底放弃不用，身体也会出现各种问题。所以遮罗迦告诫我们，此法的使用务必要小心谨慎。不执作为一种疗法，使用时会带来激烈的改变，因而可能会对练习者造成根本性的伤害。于是，帕坦伽利如此告诫我们，首先，练习要积极进行，而舍离（不执）则要通过合宜的方法谨慎介入。因此，圣哲在五个不同的阶段循序渐进地介绍了五种类型的不执，每一种都体现出"剂量"上的差异，如此它们才能微妙而有效地作用于身心。

这五个阶段分别为：

1. 感官控制（yatamana）
2. 欲望控制（vyatireka）
3. 头脑离欲（ekagrya）
4. 不执于欲望（vashikara）
5. 究竟的不执（paravairagya）

以持续的努力令感官脱离其享乐并对感官进行控制就是 yatamana。然后，欲望会对自我实现之路构成障碍，谨慎地控制此种欲望即为 vyatireka。现在，尽管五大行为器官和五大认知器官都已经脱离了外在世界的牵引，但微弱的欲望还在第十一识——头脑中，以种子（起因）

的形式潜藏着。让头脑脱离所有的欲望叫作 ekagrya（ekendriya）。对世间和出世间的所有欲望都不再执着称为 vashikara。paravairagya 是最高形式的不执，此时除了对灵魂，已是彻底无欲无求。

和不执相似，清洁法也有五个阶段的应用：

1. 排泄
2. 药物通便
3. 洁肠术
4. 头部清洁
5. 放血疗法

根据我的理解，从治疗法的角度来看，练习和不执与阿育吠陀的清洁法以及舒缓疗法有相似性。

现代人的日子简直就是药丸、药片和胶囊的日子。医学界把复合维生素片等同于富含营养的食物。自然人的头脑也被训练得如此发问："艾扬格先生，是否有什么药片或胶囊吃了便能获得解脱？"我肯定地回答："有，每天吃这四种'胶囊'，一天都不能忘，你将会拥有一个解脱的灵魂。"它们是：

1. 信念（shraddha）
2. 精力（virya）
3. 记忆（smriti）
4. 一心不乱地融入习练（samādhi prajña）

吃下这四粒"胶囊"，解脱就离你不远了。这条经文有其医学价值。

贰　这是你我的天性

现在有人可能会进一步问到，这些"胶囊"是否应该就着水或牛奶吃下去。在阿育吠陀中有阿努帕纳（anupana），阿努帕纳就是连同药物一起吃的能增进疗效的催化剂，它同时也有助于减轻药物的副作用，因为有些药物可能存在危险或带来伤害。

帕坦伽利眼中的阿努帕纳就是"对神的深度冥想"（《瑜伽经》第1章第23节）。

在《博伽瓦谭》中有这样一个故事。王后莎缇亚芭玛问奎师那，为什么他认为牧牛姑娘们是他最好的信徒。奎师那说他以后再回答。有一天奎师那抱怨说他有尖锐而剧烈的胸痛，所有的药物均无效，医生们宣称此病无法医治。然后，全知全能者的奎师那说，医生们开的药中除了阿努帕纳不对，其他的是绝对正确的。自然，王后就问，应该开什么呢？牛奶、果汁还是罗勒水？他回答说，脚上的灰尘是此病最佳的阿努帕纳。很自然，当王后被送回来之后，纳拉达很头疼，因为他知道谁也不会把自己脚上的灰呈送给宇宙之主。奎师那便派纳拉达去戈库尔，那里的牧牛姑娘们跑过来问候主的健康。纳拉达回答说奎师那患了急性胸口痛，因而需要脚上的灰尘做药引子。这些牧牛姑娘们——主最虔诚的信徒，马上就将自己脚上的灰尘递给纳拉达，并且告诉他要尽快把灰尘拿给主，以助其解除病痛。

服下这药引子，奎师那便感觉身体强健而精神饱满，他便和王后说，不介意将任何东西献给主正体现了信徒对主的爱。所以"祈祷，虔诚地献身给神"便是以上所提到的四种"胶囊"中最好的阿努帕纳。

意识不能够轻易地解除这些变体和痛苦的原因是，它们属于慢性病。慢性病会让病人变得虚弱，丧失维持正常状态的斗志，于是病人便脆弱不堪。每一种疾病都会伴随着其他疾病——表现为副作用或后作用（后效）。

类似的这些痛苦和变体也有随之而来的阻碍：

1. 疾病（vyādhi）
2. 懈怠（styana）
3. 怀疑（samshaya）
4. 漫不经心（pramāda）
5. 懒惰（ālasya）
6. 感官享乐（āvirati）
7. 活在虚幻的世界中（bhrānti darshan）
8. 不能保持已有的进步（alabhdha bhumikatva）
9. 不能保持持续的精进（anavasthitatva）
10. 不幸（duhkha）
11. 绝望（daurmanasya）
12. 身体颤抖（angamejayatva）
13. 呼吸沉重（śvasa-praśvasa）

这些障碍和让人注意力分散的因素能进一步伤害 citta。

帕坦伽利是否给了我们预防措施呢？当然，那便是专注而持续的瑜伽练习（ekatatva ābhyasa）。

在阿育吠陀中，有一些药物只能外用，这些药物被称为外用药（bahir-parimarjana）。它们往往被用在油疗、蒸汽疗法、药膏、水疗和按摩中，这些是能对内在身体产生影响的外在方法。

为了让 citta 获得内在的安宁，帕坦伽利也开出了毫不逊色的方子。为了让心灵获得不受干扰的平静（citta-prasādanam），很多时候，为了自身的好，我们其实要改变自己的行为和对待外在世界的方法。这些方法培育了我们的头脑，使我们的瑜伽之路更加通畅：

1. 对待喜悦的人要培养友善的态度（慈，maitri）
2. 对待痛苦的人要心生慈悲（悲，karuna）

3. 对有德行的人要为之欢喜（喜，mudita）
4. 对邪恶之人要培养舍离心（舍，upeksha）

紧接着，帕坦伽利又给了我们内在的方法，作为内用药（antah-parimarjana）。在阿育吠陀中，通过口服或内用来治疗或解除病痛的药物被称为内用药。parimarjana 是清洁、净化和清洗之意。阿育吠陀中清洁的是三种能量，而瑜伽中需要清洁的则是构成 citta 的三德。这些内在的方法如下：

1. 通过呼气之后的外屏息获得平静和安宁。
2. 带着热爱和献身精神完全潜心于某种有趣的事物，去品尝从中散发出的平静和稳定的精髓。
3. 专注于没有丝毫痛苦的灿烂光芒之上。
4. 专注于已经无欲无执且已获得光明的伟大人物之上。
5. 在清醒、有梦或无梦的睡眠中学习、回忆和沉思。
6. 专注于任意有益的、让你心生愉悦的和稳定的事物之上。

这些便是一些练习专注和冥想的不同方法，通过使用这些方法，头脑变得平静、安静、稳定和清朗。

在阿育吠陀中，svastha 意味着身体、心理和灵性的健康。阿育吠陀带来身体的健康，如此，在观照心理和灵性因素的前提下，病人能够开发出自己的才能——带来进步的才能。为了这个目的，阿育吠陀的方法是长寿法或回春术。长寿法意味着控制衰老过程，增强生命力，防止疾病，带来健康，最终延长寿命。这很像是一种补益方，能恢复元气，增进活力，增强抵抗疾病的能力。这些疗法意在为人们带来平衡，这样无论是世间的生活还是灵性生活都可以有规有矩地进行。

瑜伽使意识进入一种没有分别（tatstha and tadanjanata）的境界中。如此，意识便全然地处于它面前所出现的事物中，真实不虚地展现出该事物的样貌。这些事物可以是物质世界中精微的或粗糙的物体，也可以是认知器官，甚至是灵魂。在这种状态中，意识需要一些滋补。帕坦伽利对其作出如下阐释：稳定、寂静、温和以及清明的智慧；四种形式的（有种子的）三摩地（静观）——有寻静观、无寻静观、有伺静观、无伺静观。

阿育吠陀不仅仅着眼于让病人解除痛苦，更多的是要让人获得真正的健康。所以康复和活力的恢复也是治疗的一部分，为的是一劳永逸。

在瑜伽中，帕坦伽利用有种子的三摩地来滋养意识。当 citta 展现出纯粹的智慧的光芒，真理和事实在其中闪现的时候，康复和活力的恢复就出现了，就此，帕坦伽利用无种子的三摩地来作答。

citta 因为三德存在的不同比例有五种层面的呈现：

1. 飘忽不定的心（kshipta）
2. 健忘的心（mudha）
3. 在稳定和分散两种状态中交替的心（vikshipta）
4. 专注于一处的心（ekāgra）
5. 收摄的心（niruddha）

上文提到的三摩地疗法是为拥有最后两种 citta 境界的病人而设的。当然帕坦伽利也为前三种病人开出了方子。

在阿育吠陀中，看诊过程就是要评估病人的力量和精力（bala）及其能量（dosha），以此来确定合适的疗法。病人的体质要结合其精力和能量来判断，相应的病人被划分为高、中、低三种类型，这

贰　这是你我的天性

也决定了其病症是强烈的或温和状态。

帕坦伽利不也正是这样做的吗？

帕坦伽利描绘出四种不同层次的练习者：虚弱无力的、一般的、热诚的和无比激情的。这里帕坦伽利要求练习者好好掂量掂量自己，然后确定自己的体质和力量。如果阿育吠陀诊断出三种能量的病症，那么瑜伽就是在查明三德的病症。瑜伽开出四粒胶囊并且要求练习者弄清楚自己是否能将其消化。有些练习者体内的三德是更少病变，更加洁净。

如果三德处于严重病变状态中，这些胶囊就必须改变，那便是克里亚瑜伽。克里亚瑜伽包括自律（tapas）、自我研习（svādhyāya）和臣服于神（isvara pranidhāna）。（帕坦伽利《瑜伽经》第2章第1节）。

克里亚瑜伽由三个层次构成：自律、自我研习和臣服于神。三德之所以处于疾患状态，就是因为它们被痛苦之网所覆盖。

痛苦主要有五种：

1. 缺乏灵性的智慧（无明，avidya）
2. 自我主义（自我中心，asmita）
3. 执迷于享乐（rāga）
4. 对苦痛的厌恶（dveśa）
5. 对生命的攀附（abhinivesha）

所有这些因素都会改变头脑原初的简单和纯粹属性，使其复杂化。疾病让三种能量紊乱，人的力量便被削弱。同样地，这些痛苦会让三德失衡，进而削弱人的意识。在阿育吠陀中，瓦塔——vata，被誉为最强大的能量，一个人健康与否取决于瓦塔。瓦塔的扰乱或激动会引起疾病，而平衡中的瓦塔又能还原健康。瑜伽中则是悦

147

性——sattva之德位居于主导地位。悦性处于弱势时，它会受制于其他两种德，这时人就被痛苦缠缚，但是悦性一旦增强并居于主导地位，人便可以从痛苦中解脱。

如何才能根除痛苦呢？方法便是逆向激活法（还原法，pratiprasava）和冥想（dhyāna）。逆向激活法在最终应用之时便消除了细微的痛苦，冥想能够战胜心的各种波动并使其安静。逆向激活属于净化法，而冥想则是舒缓法。

在阿育吠陀中，疾病被划分为四大类：

1. 外来的（agantuka）
2. 身体的（shāririka）
3. 精神的（manasika）
4. 自然的（svabhavika）

外来疾病由一些外在因素引起，比如叮咬、受伤、事故等。身体和精神上的疾病则是大家普遍熟知的。自然疾病涵盖了出生（出生本身以及出生带来的原发性的缺陷）、衰老、死亡的过程以及自然的饥渴和睡眠等。

此处的观点非常清晰，帕坦伽利将心念的变体和痛苦称为自然疾病，它们从无法追忆的远古时代起，几乎从观者和可观之物联结之时就存在了。

常规对治这些痛苦的方法如下：

1. 外来疾病由外科手术来对治。
2. 身体疾病由药物来对治。
3. 精神类疾病由心理疗法来对治。
4. 自然疾病由灵性方法来对治。

贰　这是你我的天性

在瑜伽疗法中，有如下方法：

痛苦的根源在于业。痛苦只有通过行为净化（karma shuddhi）才能根除。痛苦影响意识，纯粹的意识会因此成为虚妄的意识，这便属于需要用手术来医治的外来疾病。手术是非常激烈的疗法，帕坦伽利的手术是逆向激活法或还原法。心的波动属于自然疾病，需要用冥想来医治。

无明是痛苦的根源。无明是惰性之德占据主导地位的产物，必须医治。为了让被惰性掩盖的悦性之德显现，悦性本身便要接受"手术"，这个手术就被称为辨别智（vivekakhyati）。而执行该手术的工具则是阿斯汤加瑜伽（八分支瑜伽）。

帕坦伽利是一个完美的病理学家，他不会给出一些肤浅的疗法，而是先通过一些病理学上的检查查明疾病的根源。之后，他宣布无论是人间的还是天上的所有喜或悲的体验都是痛苦的，都是引发疾病的根源。于是，痛苦必须避免，而通过瑜伽方法的应用，帕坦伽利承担起了治疗疾病的责任。

治疗要真的发生需要具备四个必要因素：医师、药剂、护理人员和病人。帕坦伽利的方法成功地具备了这些要素。在瑜伽之路上，帕坦伽利本人便是医师，瑜伽科学是药剂，教授瑜伽的老师们便是护理人员，而学生则是病人。

人们希望医师有着出色的医学知识，拥有实践经验，机敏而纯净。他应该了解所有的药物，包括药物的适用性、多重形式和效力。同样，在治疗一个病人的时候，一个上师应该具备的必要条件便是具足体式和呼吸控制法的知识、练习方法，并且熟知药物的多重效果和多重使用方法。

作为一位能力卓著的医生，帕坦伽利非常具体、清晰地了解疾病的起因。这个起因无非就是观者和所观之物间的联结，这个联结务必要打破。于是帕坦伽利仔细剖析了人类的本质，获得了对观者和所观之物的清晰认识(《瑜伽经》第2章第17、18节)。他让观者认识到这样一个事实:所观之物存在的目的是让观者能够停留在自己的纯粹境界中。

他断言八分支瑜伽是治病的唯一方法。它包含了阿育吠陀应用的所有治疗手段——净化身体和citta,这样人就能获得如下两种境界:

1. 身心洁净(ashuddhiksheya)
2. 智慧闪光(jnānadipti)

激活的意识和明辨力是citta的健康状态。

在八分支瑜伽中,制戒和内制是道德准则。当人们不去遵守这些道德健康准则时,有种疾病就会乘虚而入。这种疾病被称为邪念,即不合宜的、有违常情的念头(vitarka)。badha是指对这些念头着魔。于是,沉迷于邪念(vitarka-badha),对citta而言就是一种传染性疾病,它不允许citta保持其道德健康。对治此种疾病的方法是逆向思维法,这也是一种舒缓疗法,即用正念去消解邪念。正念化解了邪念,citta自然就会重获其道德。

体式可以对治身体、心理和灵性的疾病。通过征服体式,人可以毫不费力地踏上瑜伽之路,因为他的身体和头脑完全融入或呈现了观者之无限的形式。体式打破了身体、头脑(心)和灵魂三者之间的二元性和分别。

呼吸控制法揭开了遮挡知识之光的一层纱,让citta的力量得到增长,于是citta在这条路上才足以胜任。

制感——pratyāhāra,是对感官的征服,这才是感官的健康。感官的疾病便是追赶着各种对象并沉迷其中。如此沉迷会引发消化不良,而对治消化不良的药则是禁食(langhana或karshana)。感官必

贰　这是你我的天性

须实行禁食。禁食也有两种不同的疗法——净化疗法和舒缓疗法。在制感中，感官被收摄，（感官所追逐的）对象就从感官中"吐"了出来。此种净化法的应用，使得残渣都不会在记忆中存留。但是如此激烈的改变可能会带来某些副作用，于是净化疗法往往伴随着体式和呼吸控制法的练习。通过体式和呼吸控制法，感官学会了执行某种严格的"节食"，最终做到完全禁食。

专注、冥想和三摩地就好比是长寿法。长寿法在阿育吠陀中意味着对抗衰老、预防疾病、增强活力和健康长寿，这三支不正在张开双臂帮助我们吗？总持是集中注意力，可以让柔弱的 citta 变得强而有力，于是就像长寿法一般，citta 变得年轻了，而 citta 的疾病也被有效预防了。

冥想是一股为 citta 增添活力的不间断的专注流。三摩地是一种状态，在这种状态中，意识融入了冥想的对象——比如灵魂，这是 citta 圆满成就的状态。所观之对象在自己纯粹的境界中与观者保持平行，这样长寿的灵魂便停驻于自己的境界中，而非个体灵魂中。

长寿法要在病人已经痊愈的情况下才能使用。长寿法并不是药，药的意义是给身体和心理层面带来健康，阿育吠陀告诉我们长寿法是让健康的人保持健康。瑜伽的最后三支正是长寿法——要给那些已经通过前五支的练习收获了健康的人。

在阿育吠陀中，开始五种净除疗法前，病人要做好充分的准备。这个前期的准备被称作 poorva-karma。这个 poorva-karma 包括油疗和排汗。油疗是给身体涂油，可以使用酥油或其他油。油疗法可以用作口服清洁或身体按摩，可以止息躁动的瓦塔。排汗法顾名思义就是要让病人出汗。

阿斯汤加瑜伽的准备就是前五支：制戒、内制、体式、呼吸控制法和制感。也就是前期准备。通过这些练习，身体和意识做好了准备，二者因此成为能经受改变的利器。这些改变就是抑制变体，禅定和专注一处（nirodha、samādhi 和 ekāgrata）。最后三支的练习是为了带来完全的转变——彻底消除身、心、灵间的二元性，这也是为什么这几支被称为长寿法（rasāyana）——意识的滋补。

最后，意识（所观）达到了健康的喜悦境界，和观者一样纯洁。二者都纯洁如初地保持在超然而未混合的状态中，不可分割。

叁

睹见自我之光明

对艾扬格的评论

01 瑜伽的艺术

瑜伽是极其精细的艺术，正如其他精细的艺术一样，瑜伽也在表达——把艺术家的能力表达到极致。但是这种表达却有些不同：艺术家需要诸如小提琴等乐器、画笔或脚腕上的铃铛作为媒介来表现其艺术。而瑜伽士的唯一器具便是其身与心。

瑜伽是一门科学，因为它包含高超的技术，而这种技术又建立在久经考验的原则之上。它是指明如何与身、心、灵建立密切联系的科学，这样它就在身与心、心与灵之间建立了一个高智能联结，可以说是一个完美的联结。人就这样对自己的本性有了圆满的领悟，于是生活积极而深刻，这样的个体与己、与人都能和平相处。

瑜伽以身体的、心理的、智慧的和灵性的纪律为根基。一个真正的修行者，在获得情感和智性的稳定之后，还必须努力通过冥想来认识自己的真实身份——灵魂。届时修行者便转凡成圣，他会将自己的所有行为及其"果实"毫无保留地奉献给至高的力量——神。

只有如此，这一伟大而高尚的艺术才能助人清除身体的染污，让身体成为体验生活之趣的器具，却又不会沉迷其中。于是，人在其指引下走上觉悟之路。

艾扬格示范蝎子式
艺术家需要诸如小提琴等乐器、画笔或是脚腕上的铃铛作为媒介来表现其艺术。而瑜伽士的唯一器具便是其身与心。

02
瑜伽和法（达摩）

瑜伽是最古老、最精致的印度艺术形式之一。它建立在无比微妙的科学——身、心、灵的科学之上，是智慧的珍宝，让人得见最内在的存在，从而明了正确的生活之法。它也是至高的哲学，而这哲学是所有正法的一部分，也可以说是正法的一宗，因为法是普世的。

能够为将要、正在或已经垮塌的身体、心理和灵魂提供支撑和提升力的事物就是法。它无名无相，只有通过神的启示才能显现或被认识。

法是吠陀经典所描述的一套行为准则，是人类存在的四大目标之一。法是正确生活方向的指导。为了从无明走向觉悟（从无名之黑暗走向觉之光明），从死亡的残缺迈向永恒的圆满，法也有其自身的科学方法，比如瑜伽。人类蒙神赐福，拥有双手、心和大脑，这三大器官分别与行为、诚敬和智慧相对应。

人生四阶段（ashrama-dharma）的划分仍然支配着社会——不分肤色、信仰和民族。人的一生被分为四个阶段：第一个阶段是梵行期（bramacharya）——全心修学经典的时段；第二阶段为家居期（grhastha）——承担起社会和家庭生活的责任；第三个阶段为林栖期（vanaprastha）——修心以做好出离世间万物的准备；最后一个阶段为遁世期（sannyāsa）——为追寻灵性的目标而完全舍离物质世界。在这个阶段，citta 要专注于自在天（iśvara）、神，也就是宇宙的创造者之上。

人类追求的目标（purushartha-s）是法（职责）、利（财富）、欲（欢乐）和解脱。法指明了生活的方式，而瑜伽是让人获得完美生活的艺术。人通过行为、念头和言语三方面精进自身，助益世人。身语意的净化需要一套完整的戒律，如此，瑜伽和法都能精进。

03
身体之法（śarira dharma）的重要性

《摩奴法典》上说，法之修行首先要关照身体（śariramadyam khalu dharma sādhanam）；《蒙查羯奥义书》上说，虚弱之人是不能得见灵魂的（nayamatma balahinena labhyah）。这充分表明了身体康健的重要意义，其重要性不仅仅为了享受生活，还为了摆脱疾病的缠缚。虚弱之人怎能认识到 ātman？同样，身体失和、意识不安稳的练习者也做不到得见灵魂。为了同时获得这种平和与安稳，瑜伽之法被放在了首位。瑜伽没有民族、种姓、时间、年龄、性别或信仰的分歧，它是属于世界上所有人的，是毫无疑问的全球文化。

法是关于"我"的文化，瑜伽也是。它让"我"所居的场所（ksetra）纯净而神圣，这样真我才能安住其中。

瑜伽练习可以分成三部分：外修法（bahiranga-sādhanā）、内修法（antarānga-sādhanā）和核心修法（antarātma-sādhanā）。外修法包括道德修行（制戒和内制，身体修行）、体式和呼吸控制法。内修法是通过呼吸控制法和制感获得情感和心理纪律的成熟。核心修法则是通过修行专注、冥想和三摩地达到终极的成熟。

追寻"我"之知识的修行者不应忽视他的身体。难道忽略作为"我"的一部分——这名为身体的事物，不是对"我"的一种羞辱吗？难道为了彻底觉知自我，而完全地觉知身体不是一种必要吗？通过瑜伽的练习，一个修行者睹见自我之光明，而这光明将引导其

叁　睹见自我之光明

艾扬格演示下犬式
追寻真我的修行者不应忽视自己的身体。

认知神。

　　对法的遵守也带来真正的实相认知——一般无二地体验生和死。瑜伽也会将意识带到一种止息状态中——没有波动，没有分别，也没有主观思维和客观思维的二元性，体验到无动亦无声的境界。法和瑜伽都能把修行者从"存在"的境界提升到"成为"的境界，这样，修行者将生活在清净而纯粹的状态中。

　　瑜伽带领练习者从突破身体文化层面，上升到真我层面；从个人走向社会，再从社会走向大千世界。于是法就像一棵大树，这棵树将阴凉遍洒全人类，带着我们走上正义之路。那些遵循法的修行者将品尝灵性芬芳的甘露，那是法或瑜伽的顶峰。

04
瑜伽教育之于学校的意义

瑜伽是品性的塑造,通过品性的塑造确保身、心、灵的联结与和谐塑造与己、与社会都和谐共处的良好人格。

education(教育)这个英文单词源于拉丁语的 educare,意思是演绎、引出或把潜藏的东西呈现出来——也就是说开发个体的才华或天赋,简而言之,就是一个人最好的素质的呈现过程。

每日的瑜伽练习可以帮助一个人获得对身体智慧的完美理解,因为身体也有其智慧,这种作用于个人身体的智慧源于直接经验。

正是这种智慧所具有的适应性,以及从新经验中学习的能力,才让人获得真正的教育,这种教育有别于依赖书本和讲义信息的教育。瑜伽是一门必须去体验的学科,不能仅仅拿来讨论或争辩。哪怕真是为了讨论或争辩,是不是也要先体验一下呢?

通过瑜伽,人们不仅能获得健康的身体,还能收获情感的稳定和智慧的坚韧。所以说,瑜伽是让身体、情感、智慧先获得纪律,继而使其得到发展的艺术,而其目的是让人更精进。

瑜伽是一门科学,因为它是系统的学习,这种学习以帕坦伽利《瑜伽经》和其他典籍(如《瑜伽奥义书》)精简概括的原则为基础。它也是一种哲学,因为它研究正确的行为原则,以此指明一条被无数经验证明了的正确的生活之路。

学生到底有多需要瑜伽?对这种需要程度如何强调也不为过。

印度正在快速进入工业化和城市化社会，我们也在步入一个快速、紧张和充满压力的时代。这样的生活对人的神经提出了更高的要求，而神经正是大脑不可分割的支叉。如果神经崩溃了，那么焦虑或神经衰弱等诸如此类的问题就会随之而来，人也就无异于一具残骸了。"预防胜于治疗"，瑜伽就是预防。瑜伽让神经既强且韧，这样才能平静而镇定地应对大量忙乱的活动。如果你愿意的话，可以把瑜伽叫作天然镇静剂，这对像印度一样的贫穷国家尤其重要。瑜伽的教授无须投入大量资金和设备，只需一间大屋子和一些随身物品即可。它也不受时间限制，仅凭个人方便，甚至对营养不良或营养过剩的人都一样适用。

其实，多年的瑜伽教学让我强烈地感受到，一定不要轻易给学生某种程度的赞扬，除非他真的拥有智慧，身体俱佳。如果缺乏智能的开发，即便是一名运动员也不能被称为一名健将。

我想要强调的是，要注意学生们身体、头脑和精神的全面和谐发展，要注重全面的人格培养和顽强的个性塑造。这样学生才能健康、公正、诚实、自强、独立，唯此我们的国家才会健康、喜乐。

体式的重要性

究竟是什么才能让我们远离痛苦和悲伤？身、心、灵的健康就可以让我们一生安乐。健康本身又能让我们的死亡高尚而有尊严，但它并不是靠着吞服大量药片儿就能收获的东西。它需要通过努力，加之以严格的纪律才能获得。人需要通过练习来保持肌肉、器官、神经、腺体、血液循环和身体系统处于良好状态，整个身体系统应该像太阳东升西落般有规律、有顺序。这样心就得以摆脱身体的束缚，不再受控于感官，进而与灵魂形成联结。而灵魂乃是一切知识、一切行动、一切情感的源头。

身体是灵魂所拥有的唯一资本，所以必须让它得到妥善关照，不论你是为了身体享乐，还是为了实现自我。

今天，我们过着人工化的生活，吃着人工化的食物，甚至连性都要靠刺激性的药物，睡眠也需镇静剂的帮助。瑜伽体式经历了时间的考验，它们可以刺激整个身体系统，也能够在必要之时发挥镇静之效。

体式让身体系统重获平衡，让身体保持洁净而鲜活。体式的练习需要稳定、均衡的能量流，又不能失了活力，要不断创造出新路径和新希望。因为人类永远处在动态中，也一直在不停地追寻着知识和经验。体式永远都不能机械地练习，不然身体会生锈，而头脑也会淤塞。

如果头倒立做得精确无误，就不会有任何身体重量的压迫，而大脑也会变得敏锐。正确地练习双腿内收直棍式（dwi pāda viparita dandāsana），大脑不仅会变得敏锐，还会警觉而活泼。肩倒立（sarvāngāsana）的练习使大脑清净，不再有消极和积极的变化（二者间达到平衡）。而在犁式（halāsana）和加强前屈伸展式（uttānāsana）中，大脑空而寂静，不再进行创造性活动，而是处于全然接纳的状态中。如果正确练习桥式肩倒立（setu-bandha sarvāngāsana），大脑将变得饱满、无波动、寂静且全然地主动产生创造性。而加强背部伸展式（paschimāttānāsana）则让身体感受到每一个细胞的平静和安稳。束角式（baddha konāsana）的练习能克服身体对性的渴望，而呼吸控制法能克服心理对性的渴望。这样每一个修行者都能保持开放的心态，通过虔诚的练习，体悟每一个体式的意义。

体式的练习方法有两种，一为不带任何思绪的练习（ajñana），二为思绪饱满的练习（prajñana）。在体式的练习过程中，脊柱、双臂、手指、双腿和脚趾、皮肤、纤维、神经和筋膜、器官、智慧，

叁 睹见自我之光明

甚至那个"真我"都应该敏锐、自如、警觉、活泼、善于观察和接纳。主动和被动要彼此协调，才能发挥每一个体式的最大功效。而这就是瑜伽——联结，或者说整合的体式练习。

就像一棵健康的树自身就能开花结果一样，精准的体式练习会带来健康的人格、平静的头脑和安稳的身体。体式练习需要不受干扰的觉知和不间断的专注，不要机械地做着体式而心却飘忽不定。只要做就要练习完整的动作，就要全然地参与。智慧要贯穿周身——纵向、横向、螺旋、对角无一遗漏。这样的练习会给身体带来统一与和谐，也会塑造身体以展现其潜在的美。就好比金匠要用不断的敲击和火熔等方法来去除金子里的杂质，瑜伽士要通过练习体式来清除体内存积的毒素。体式就好比天赐的礼物，消融所有类型的错综复杂性，让我们回归简单生活、高度思维之境界。

完美的体式练习不仅让练习者获得单纯的身体意识，更让人跨越身体的局限，获得自由，升华头脑，展现真我。就好像一个虔诚的信徒将自己的一切都臣服于神的脚下一般，练习者臣服、融入、与体式合二为一。于是，可知的、知者和知识之间的分别消除了，只有对真善美的体验。

体式的意义不仅局限于身体或者说生物层面的转变，还有心理上的改变。修行者不会只为了身体的享乐或表演技巧而进行体式练习，他的练习从心灵而生，直指生命。那种认为在限定的时间里舒服地保持一个体式就能精通瑜伽的观点是荒谬的。单纯的一个坐姿不会尽除恶念的印痕，也不能打破人们生来就有的缺陷，更不能把健康误认为是简单的存在。健康是身、心、灵精致的平衡，身之不足与心之分散尽除之后，灵性之门才能打开。

瑜伽体式练习最大的功效在于它能让练习者的心更接近其存在的核心，因为心一向乐于和身体、感官以及行为器官为伍。帕坦伽利认为体式的妙处就在于打破二元性。身、心以及心、灵之间的二

163

元性一旦消弭，练习者就会获得清净。瑜伽能让我们生活于无限之中，此种境界只有当修行者的尝试变得毫不费力时才能证得。此时他收获了健康、力量、稳定和轻盈，他的知识变得更加清晰；而随着小我的消退，谦卑也随之增长。于是，瑜伽的练习让服务和牺牲成为可能。

05
关于食物

　　食物的摄入对体式练习至关重要。食物不应过热或过寒，也不应过辣、过酸、过咸或过苦。我们对生活的看法在很大程度上受食物的影响——吃了什么以及怎样吃。如果我们摄入的每一口食物都是为了使我们更好地服务于神或至尊，那么我们就在正确的路上了。

　　人们摄入的食物还会影响我们的性格，这一点毋庸置疑。同样真实的一点便是，瑜伽的练习会改变练习者的食物选择和饮食习惯。古圣先贤告诉我们，瑜伽不适合那些睡得过多或过少的人，生活要遵循中庸法则。

06
呼吸控制法的功效

呼吸控制法的练习带来光明，因为它净化"无所不能"的大脑，促使它臣服于意识的基座（心），于是覆盖真我的杂质和小我的无明就被消除了。而在这个动态的消除过程中，意识变得被动，此时它成了修行者的好友，引导其走向清净之门。有规律的呼吸控制法的练习可以消除人的恐惧，开发出坚强的意志力，让思维变得清晰而准确。头脑沉着而稳定，不再浮躁不安。那时原本要强迫自己遵守的纪律无须外力强迫，已然成了修行者自然且深切的意愿。

07
三摩地

三摩地是一种存在于全然平静状态中的感受,人融入宇宙。小我不复存在,人存在于消除我执的境界中,没有对头脑、呼吸、动作或任何事物的意识。简言之,只有无限的宁静和喜乐(ānanda),这样的境界非感官能捕捉到的。这种至喜的体验就是瑜伽的最后阶段——三摩地。那时"我"就成了认识神的绝佳工具。

创造意味着对"我"之意识的忘却。音乐家只有做到忘我才能演奏出精湛、微妙的圣乐;诗人也要如此才能提炼出语言的精华;艺术家只有在超越自我中,才能用线条和色彩描绘出这世界的精彩;瑜伽士也要具有内在的创造力,而这种新的创造性的体验碰触到一种妙境——时间和因果法则都未曾碰触的层面。他对"我"遗忘的同时也是一种独存的体验,是对整合人格的觉知,是身、心、灵的合而为一。在这个整合体中,伴随谦卑和简洁的纯净,智慧闪耀其光芒。这样的人如太阳一样闪光,不受任何边界和局限所阻。他不仅让光芒照亮自身,还照亮前来寻求真理的人。如果一个天生的盲人,得神赐福,有一瞬间瞥见了这世界的美好和庄严,谁能体会这极致的喜悦?与此相似,瑜伽练习中付出的所有努力,经历的所有痛苦和挣扎,相较于这得见至尊的喜悦又算得了什么呢?

肆

成为自己的医生

艾扬格访谈

01
关于上师克里希那玛查雅

古鲁，您能否回忆一下，您最初与上师的相遇？第一次见到他的时候，他就是您的姐夫吗？

首先，我得告诉你，我们根本就没有一个常规意义上的正式会面。一个人务必要服从古鲁的命令，许久之后，当身心都获得了一些领悟，真正的相遇才发生。第一次与我的上师克里希那玛查雅接触时我 15 岁，但我在他身边的时间仅仅两年。我们年龄上的差距，使得我对他的崇拜和敬仰自然生发并且一直存在，所以根本就没有所谓正式相遇，所有的相遇都在我内心发生。

当我的身心尚未做好准备接受上师的命令时，问题都源于我自身。比方说，我教了些什么，而你不能接受或不能表现出来，那么自然而然地，我就得基于你的身体和心智的能力进行教授。但当年我的情况可不是这样，他的所有指令皆是命令，如果未能遵从则后果自负，在过去与上师一起生活就是如此。我不能承受是因为自打出生起就一直困扰着我的健康问题，而重获已然失去的健康并非易事。尽管我的上师在那时教了我几个体式，但在我的练习上他并未给予更详细的阐释。我想我们的关系有些疏远，我们之间唯一的纽带就是我是他的妻弟。那时候，他对我的兴趣不大，我只是为他做些家务或者帮着跑腿儿——我们在瑜伽领域的巨大差距如此明显。在那个阶段，我们之间没有任何关于瑜伽的沟通和交流。

肆 成为自己的医生

　　这时，命运扮演了重要角色。在一个特殊的日子里，古鲁最得意的年轻门生卡沙瓦穆提不告而别。我之前说过，我的上师是个严守纪律的人，又极为看重智性。他的智性的发展和我的智性的成长完全不合拍，所以和他生活在一起真的不容易。这个男孩的突然出走带来的空虚感使他开始关注我，我倒也不是他仅有的一个学生，他还有别的学生，有一个是曾经在孟买教课的巴特先生，还有另外三四个学生。目前只有三个还在世：帕塔比·乔伊斯、兰加纳坦·德斯卡查尔和我。这几个是我的上师最早的学生了。

　　我的上师从未热衷于瑜伽教学，对他而言，瑜伽教学只是一个爱好而已。下边我要说的事一定会让你惊讶万分。在我去他家之前，也就是1927年、1928年以及之后的几年间，他曾在一个咖啡种植场做林务员。想象一下，一个有着如此才华——精通数论派（samkhya）、尼夜耶派（nyāya，正理派）、瑜伽、塔卡（tarka）、吠檀多（vendānta）和弥曼差（mimamsa）的大学者，在迈索尔附近的咖啡种植场做林务员。我之所以提起这件事是想让大家明白，那个年代人们对瑜伽并没有什么兴趣，瑜伽教学对上师而言只是爱好。在迈索尔大公委任他开办瑜伽学校之前，他在瑜伽领域并未取得什么成就。学校开办两年以后，他放弃了这份工作，开始讲授吠檀多。那时的讲座并没有公开表演，只是开设讲座，因为他是个学者。对他而言，把瑜伽作为职业是个艰难的抉择。

　　当我的上师到迈索尔的时候，有人对大公提起了他的名字，说他熟知各种神秘学科，建议和他至少做一次哲学方面的讨论。于是他们找到了上师，聘任他为梵文学院的哲学教授，但学生们屡屡反对。原因我之前说过，他的心智水平远远高于学生们的心智能力。因为有各种抱怨，学院只好停了他的课程。这就使得他不得不开始在嘉甘莫汉王宫教授瑜伽。来自梵文学院的学生帕塔比·乔伊斯、兰加纳坦·德斯卡查尔都成了他的学生。瑜伽学校成立之后我才过

瑜伽大师克里希那玛查雅
克里希那玛查雅是一位伟大的学者，而且在多个领域才艺非凡。

去。在4月和5月，当上师被邀请去罗纳瓦拉和孟买考察斯瓦米库瓦拉亚南达的工作时，命运之神又大大眷顾了我。那时候我的学校——位于班加罗尔的福特高中正在放假，而姐夫要我在他出行的日子里去陪伴姐姐，因为我还从没去过迈索尔，于是就答应了。他一个半月之后返家，并且让我申请迈索尔的学校，我也接受了这样的安排。

是因为他看到了您的潜质，还是……

不是，我不认为是潜质。他说如果我留在迈索尔，我的健康会因体式练习而增强。我立马就接受了，因为健康问题自我出生起就

肆　成为自己的医生

一直困扰着我。其实，三年之后我才开始明白什么是健康。那个时候，他的教学直接面向卡沙瓦穆提，几乎没有给予我任何关注。在卡沙瓦穆提离开之后，他才开始指导我。即便如此，他也只是一个接一个地做体式，比如加强前屈伸展式、下犬式（adho mukha śvansāana）、肩倒立、犁式（halāsana）、加强背部伸展式和三角式（trikonāsana）。

没有引导？

没有，什么都没有。其他从梵文学院过来的学生年纪比我们大很多，并且和他没有那么亲近。我和卡沙瓦穆提两个未成年人跟他们一起上课时，很听话。1936年，当时学校里只有三四个老师，我记得直到学校关闭的时候，上师身边也不过三四个老师而已。

那时学生是否有很多呢？

基本没多少，课程只向王室家族和一些有健康问题的人开放。参加瑜伽课程是当时王宫人员的一项特权，外人想要参加的话要提交申请，经王宫人员批准了才可以参加。所以瑜伽课基本上就是王室家族的私人课程。

那时的教学风格如何呢？课程、私教或者不管怎么称呼吧，是什么样的呢？

你们可以从1938年的影片中看到那时课程的样子。所有姿势都是经由跳跃完成的，也就是现在的流瑜伽（vinyāsa）。为了完成每一种最终体式，都要从山式（tādāsana）开始，做完最终体式之后再原路返回到山式。当年我的上师就是这样教的。我们以犁式为例，从山式开始，然后是背部凹陷的加强前屈伸展式——加强脊柱前屈伸展式（最终体式）——背部凹陷的加强前屈伸展式——四柱支撑

173

式（chaturanga daṇḍāsana）——下犬式——上犬式（urdhva mukha śvanāsana）——支撑摇摆式（lolāsana）——犁式——四柱支撑式——上犬式——下犬式——背部凹陷的加强前屈伸展式——山式，这样才算完成了一个完整的体式，这种练习形式持续了很长时间。人们不会在一个姿势中停留太久，因为瑜伽是动态的。我的上师那时强调瑜伽的体育层面，于是，很自然，当时的练习只限于身体层面。尽管我的上师是一位伟大的哲学家，但是他并不会给出超出瑜伽体育层面的教学，他一定觉得普通人不可能对吠檀多着迷。

他更多关注的是治疗课程，他开发出这些治疗课程也是因为跳跃对有些学生而言太困难了。但在瑜伽学校里，跳跃式的练习一直都在持续。今天我们听到的帕塔比·乔伊斯的阿斯汤加瑜伽（astānga yoga）在上师授课的时代还处于拓荒期。在那个时代，练习瑜伽的人都很年轻。另外，由于瑜伽的练习主要针对王室成员，也有必要融入一些动态因素。王室成员需要保持他们的尚武文化（kshatriya dharma），所以这些跳跃确实提供了必要的帮助。

在学校的教学也是这样的风格吗？

对，一点儿区别也没有。

既然他是一个大学问家，那么他是否在教学中教授哲学呢？

没有，就像我之前说过的，他曾经只让我们练习跳跃，我们早期的练习只有这样的安排。之后，我刚开始在普纳教课的时候，有不少摔跤手对瑜伽有了兴趣，那时的普纳因为这些摔跤手而声名大噪。这帮摔跤手每天练习数千遍的太阳致敬式（surya namaskār），那个地方非常推崇坚强的意志力的练习。他们开始探讨他们所练习的太阳致敬式和瑜伽中的太阳致敬式有何差别。我在练习中的内在观察给了我一些哲学上的领悟。我的上师在呼吸控制法上倾注的时间

肆　成为自己的医生

要多于在体式上的付出。他曾经每天只练习头倒立和肩倒立及其变体，而且他只在家里而不是在瑜伽学校做这些练习，我得以看到他的练习是因为我和他住在一起。

我与他真正的相遇开始于我入学考试的失败。我意识到我不得不继续和他一起生活。他曾经脾气大得很，而我们之间总是存在些小摩擦。他会在凌晨3点钟就叫醒我，让我去浇花。有一天我一定是睡过头了，他上来就给了我一巴掌。我也急了，说我受够了要去自杀，然后就跑出去了。到中午他们还没有我的消息，我的上师也开始紧张起来。他猜我一定是跑到附近的河边去跳河了，他就开着车出来找我，看到我在路边走着就把我带回了家，那时我16岁。

即便经历了这次事件，他对我的态度也没有太大的改变。有时，他会比较安静。我继续带着热情进行我的瑜伽练习，因为实在也没别的事儿可期待。后来，他对我客气了一些。1936年4月，大公要我的上师去胡布利—塔尔瓦传播瑜伽。上师带上了他的三四个高级弟子，还让我也陪着去。我们去了他的家乡奇特拉达加，在那儿住了三四天。到了胡布利—塔尔瓦我才弄明白他为什么要带着我，原来他们需要一个打杂的。我得给他们洗衣服、打洗澡水，还得干其他杂活儿。我背着上师告诉那几个人："你们的活儿得自己干。"于是他们就到上师那里告了我的状，上师勃然大怒。我告诉他我会非常欣喜地为他洗衣、打水，他的火气就消了一些。自此之后他就称我为代理专员（DC），巧的是在迈索尔也有一位名叫DC的人。

随后，我开始在各个学校做表演。当年我的酬劳是一场表演1安那，有些日子，我能挣到10派示，我的喜悦简直无法形容。在之后的几个月里我行走于不同地区，这期间有一位备受积液折磨的地方行政官向我寻求帮助。也不知什么原因，或许是蒙神的慈恩吧，他的积液因为瑜伽练习而消失了。

不久，我的上师收到戈卡莱医生的信。这位先生看到了我在贝

175

尔高姆的表演，于是邀请我去普纳进行几个月的教学。我就到了普纳，开始在学校和大学里授课，但是我遇到了几个对当时的我而言很难处理的情况，我曾经向我的上师寻求指导。戈卡莱医生介绍了一位湿疹患者给我，我当时向上师求救，他说："如果你不知道如何处理，可以把病人送到我这里。"但是我接受了挑战，因为我知道头倒立和肩倒立是净化体式，于是就用这些体式治疗这个学生。

他曾经教过您呼吸控制法吗？

没有，我是自学的呼吸控制法。他来普纳的时候稍微解释了一下成功式呼吸控制法。除此之外，他没有教过其他的。但是我曾经见过他练习呼吸控制法，那一场景我从没忘过。

您的教学什么时候从"快转"风格变成了现在的样子？

当我在几所学校和大学教课的时候，跟上课的学生们比起来，我还是比较年轻的。因为肺结核和其他疾病，我的身体在瑜伽练习中算是个糟糕的例子。更糟的是，我的英语也不怎么样，所以教学真的是个挑战。我坚持按照瑜伽学校的方式教学，并且在所有的课程中和所有学员一起跳跃，结果我的耐受力获得了大大的增强，学生们会累而我不会。这给了我信心，我告诉自己，别人能做的我也能。

1940年，他们结束了所有的课程。之后我尝试在普纳开设新的课程，但是没能成功。那时我所面临的问题就是：我是要到上师那里继续忍受艰辛的生活，还是回家接受家人为我安排的每月15卢比的工作——我之前已经拒绝了这份工作。最后我决定了，已知的魔鬼总强过未知的。我在普纳安了家，开始有人请我去上治疗课，那是我生命的转折点。因为来找我的病人不能做跳跃练习，我于是开始"向内渗透"，去探索我能碰触的每个体式的深度。

肆　成为自己的医生

当您的上师来探访您的时候，他一定注意到了您练习中的变化，他作何反应呢？

我的上师在 1938 年来普纳做了一次演讲示范。他的到来带给我很大的喜悦，他看了我上课，但是没做任何评论，只说让我继续。他再一次到普纳是 1940 年 5 月，那时人们已经认识我了，我为他安排了讲座。之后他让我陪他去孟买，我不得不谢绝，因为我必须偿还因姐姐的婚礼所欠下的债务，所以我不能就这样撇下普纳的课，并且我的服务是合同限制的，我那时签了一个 1940 年 8 月到期的合同。他很生气，就带着他的一个高级弟子摩诃提婆去了。他从孟买写了封言辞激烈的信给我。为了平缓他的情绪，我立刻回了信，并且询问他是否允许我去孟买拜访他。我告诉他，尽管在我离开的这段时间里不会有任何收入，但我还是愿意去表达我对他的敬意。

我在位于孟买堡垒的南印度酒店安排上师住宿，并且安排了一位电影明星朋友波拉达照顾他。上师的讲座是在孟买大学经济学系举办的，由时任孟买大学副校长的 R. P. 玛萨尼主持。上师要我去做演示，在演示之前他完全不和我讲话，然后在众人面前命令我一个接一个地做根茎式（kandāsana）、神猴哈奴曼式（hanumānāsana）和舞王式（natarājāsana）这几个我不知道的体式。因为他对我还有气，所以在讲座进行过程中他让我在鸽子式（kapotāsana）中保持了 20 分钟。然后他见我按照他的意愿表演了，他才说"很好"。

之后，因为听到大公辞世的消息，他不得不急着赶回迈索尔。我仍要负责他的行程安排。我订了一辆维多利亚（马车）把上师连同他的行李送去了车站，我因为要从酒店走路去车站，所以迟到了。上师因为我的迟到而大发雷霆，我的辩解也不能使他平静。他就这样生着气离开了孟买。

1940 年之后，他唯一一次来看我是在 1960 年，那时我已经结婚，有了自己的家庭。他和我们一起待了一个月的时间，那时的他已经全然不同了。

这种改变是因为您的成就，还是他的个性变了？

不是我在瑜伽领域的成就改变了他对我的态度，而是我的家庭生活和孩子们。

他当年的严苛只针对您，还是针对所有学生？

只对卡沙瓦穆提和我。

您为什么会获得"特别关照"呢？

因为我和他是亲戚，又处在他的控制下。如果他也这样对待外人，他们恐怕就不会回来和他学习了。1966 年，我们的关系破裂了，在之后的 7 年间他对我不理不睬。我的上师说我是一个背叛师门的人。我回答说，如果我是一个背叛师门者，我愿意接受惩罚。但我问他，如果一位上师背叛了他的学生，又会如何？在我 60 岁生日的时候，他起初拒绝来参加我的生日宴。但我请马杜大哥写信请他来，他最后还是接受了邀请。当他看到这里的学生和课程的时候，他的态度有了改变。1975 年之后，他从心底里知道我忠实地把瑜伽带向了世界。

您从什么时候起接受他为上师呢？

从他第一天教我起我就认定他是我的上师，尽管当时他的授课很随意。是他给了我机会，我才得以把瑜伽带给世界。虽然他教给我的不多，但我今天所取得的所有成就都归功于他。我没有跟随他学习哲学，哲学是我通过自己的练习获得的。但我深知他是伟大的哲人，我一生都会尊敬他。

肆　成为自己的医生

艾扬格在自己 60 岁生日之时向自己的上师献上贡品，表达敬意
我今日所获得的一切荣誉都要悉数归功于我的上师。

您是否还记得您上师的其他个性？

没有人能和他争论。没有任何一个专家学者能在辩论中与他对抗。他具备那样的性格，他身体强健，智慧非凡。只是到了晚年他才变得圆融。

（拉洁薇·H. 梅塔采访于 1996 年。）

02
关于拉玛玛尼艾扬格纪念瑜伽学院

是什么促使您在25年前成立了这个学院呢?

我1937年来到普纳,开始在这里教授瑜伽课程。当时,不管什么时间、什么地点,只要有课我就去上。于是,我持续地往来于不同的区域之间。命运把我的妻子从我身边带走,也是命运为我做出决定:以我妻子的名义建立一所瑜伽学院,她对我的瑜伽之路帮助良多。

我得知这块地在出售,于是开始了解情况。我获悉整块地有20000平方英尺,这超出了我的支付能力(我后来把一部分土地出让给了邻居),我就没了兴趣。后来见到这块地的时候我就想,如果在我的能力范围内,我会在这儿定居下来,建一栋像"Purna Kutir"的小房子。"Purna Kutir"在旧时就是一个大台子,上面用棕榈叶做成屋顶,四周是草坪。我觉得我应该把它建在自己的房子前边,用来做瑜伽教学之用。

当时是1968年,地的主人——古蒂诺(Gudino)先生和曾经做过普纳工程学院院长,同时也是我的老朋友的马斯克哈斯先生相识。CPS静修中心或者普纳主教(我记不清是谁了)联系他们说,他想建一个基督教的旅馆。古蒂诺先生完全不想让这块地成为商业用地,但他又需要一笔钱,当时格拉先生(我的学生兼朋友)也有兴趣购买。格拉先生是一位建筑商,他想在这里盖几栋公寓,也给出了很

肆　成为自己的医生

拉玛玛尼艾扬格纪念瑜伽学院
命运把我的妻子从我身边带走,也是命运为我做出决定:以我妻子的名义建立一所瑜伽学院,她对我的瑜伽之路帮助良多。该学院于1975年1月19日正式成立。

高的价格。我首先通过我的学生洛博神父告知古蒂诺先生,我想见一见他,但是他说他没有兴趣出售。之后我的个人所得税顾问,同时也是古蒂诺先生的顾问什罗普先生为我向古蒂诺先生的初级合伙人莫迪先生说了些好话。什罗普先生让我通过莫迪去联系古蒂诺,因为他已经向古蒂诺先生介绍了我们的情况。之后莫迪就与古蒂诺先生约好了我们见面的事宜。古蒂诺先生一看到我就说:"我在报上看到过你的名字,你是不是正在教世界著名小提琴家梅纽因瑜伽?"我回答说:"是的,我在教他。"他立刻就说:"我好高兴能和著名小提琴家的瑜伽老师见面。我很想找个好理由把这块地卖出去,我乐意卖给你。"然后我告诉他我买不起整块地,但是莫迪先生也想购买,我们可以共同购买。接下来就是关于土地价格的问题了,有人为了商业用途已经出了很高的价格。我看了下自己的银行存款，犹豫了：我到底应不应该买呢？我没有机会获得任何贷款。于是我和古蒂诺先生聊了一下，我说："我只会把它用来教授瑜伽，不会有任何商业活动。"希望他能够通融一下。他回答说他考虑一下再告诉我。当时土地的售价并不固定，地区之间会有差异，而他希望这块地能用来开展崇高的事业。我跟他讲："既然您带着高尚的心意出售此地，那么这是我能支付的费用。"因为格拉先生是第一个报价的，古蒂诺先生决定先和他谈谈。格拉先生马上说："既然我的上师艾扬格有兴趣，那么我绝不会耽误他。如果换作其他人，你应该首先考虑我的报价。"然后我出了每平方英尺 5.5 或 6.5 卢比（记不清是多少了）的价格，他觉得有些太低了，但最终还是答应将地卖给我和莫迪先生。他说道："因为你将只把它用于瑜伽教学，我的灵魂可以

拉玛玛尼艾扬格纪念瑜伽学院使用的部分辅具
我觉得治疗课上需要一些支持，于是让人做了些辅具，治疗课就开始了。

安歇了。"这就是这块地的整个故事。古蒂诺是一位性子直爽又很虔诚的先生，他甚至告诉我，如果不是有人在我之前找到他，他会按照他当年的购买价把整块地都卖给我。现在这样高尚的灵魂已经很罕见了。

因为我当时住在租来的房子里，所以买这块地也是为了有一天能拥有一栋属于自己的房子。我在1968年买下这块地之后直到1972年才开始打理它。在那个年代，哪怕有人在这片空地上搭个帐篷我都将失去这块土地。因为经济上的原因，我在这4年的时间里没有在这块地上建任何建筑，想要筹划任何建筑都需要花大笔的钱。1973年1月，我对妻子说："咱们盖一座有三四间屋的小房子吧。"当时30个南非的学生首次获得印度政府的批准，正在普纳学习，课程的最后一天，我们觉得应该安排一个土地祭拜仪式。于是我的妻子在1973年1月26日主持了该仪式，但28日她就去世了。她去世之后，我所有的学生都觉得我应该为纪念她建立一所瑜伽中心。在学生们和好心人的帮助下，这栋房子和瑜伽中心就建起来了。

拉玛在主持土地祭拜仪式之后突然离世，后来您就在这个地方建起一座学院，您当时有着怎样的想法呢？

仪式之后的第二天她就病了，我当时预感她就要走了。我是在周五把她送去医院的，那天刚好是吉祥天女日。我跟孩子们说吉祥天女就要离开我们家了，他们现在或许已经记不得了。我本不想在周五把她送去医院的，况且我又有那样的预感。遗憾的是送她去医院后的第二天我还要去孟买上课。我确实在周五晚上跟她讲，如果她愿意的话我可以把课程取消，留下来陪她。她说我应该去上课，这也是她的职责。在医院里她还能走路，几个小时里她的情况还是良好的，周六晚上她就离开了人世。

在孟买我并没有及时得到这一消息。山姆·莫提瓦拉、马杜·提加利瓦拉和巴左·塔拉普尔瓦拉在凌晨 3 点 30 分左右来到我住的铁路宾馆，告诉我拉玛玛尼病得很厉害，我必须马上回普纳。我说既然都来了，那就上完课再回去。他们坚持说她病得很厉害，我必须马上回去，而且他们会坐出租车陪我回去。我说如果她情况很严重，你们又都坚持让我回去那我就回去。其实普尚已经告诉他们我妻子的死讯，只是大家都还瞒着我。他们觉得我会崩溃或怎么样，所以一路上也没有人开口说话。直到车子开到德胡路时，他们几个才问我是去医院还是回家。我说如果她情况不好，那么自然会在医院，如果不是，她的遗体会在家里。他们这会儿才告诉我她已经不在了，我问他们为什么之前不告诉我。我心里面似乎知道我的孩子们会把她带回家，于是我们就回了家。家里也没有混乱不堪。她要承担她的职责，她完成后，神就把她带走了，对我来讲这并不艰难。我们曾经幸福地一起生活过，现在她走了。我告诉孩子们不要哭，因为在这栋房子里没有人哭过。"你们的妈妈从来不哭，为什么你们要哭？"

之后您就有了建立学院的想法。

还是花了些时间，不过当时我确实想过以她的名义在这里建个瑜伽中心，我绝不会在她死后再在此处给自己盖个房子住。于是我决定为了纪念她在这个地方做点什么。这就是学院的缘起。

是谁把所有这些有象征意义的符号设计到整个建筑结构中去的呢？

想法是我提出的。我觉得应该把《瑜伽经》中的一些内容以符号的方式融入建筑里。我想人是由身体、头脑和灵魂组合而成的，于是有了三层的构思。我本想把顶层作为图书馆，但是后来又改变了主意。因为如果那样的话，人们势必将频繁地经由中层进出图书

肆 成为自己的医生

馆，这样神圣的瑜伽区就被染污了，我想要保持这一区域的纯洁。所以我说，如果谁愿意到楼上去练习呼吸控制法，可以去楼上。直到我们开设新的课程为止，顶层一直空着。后来我想到应该把地下室作为图书馆，因为我不想超过三层（还是依着我心里的身体、头脑、灵魂的概念）。

因为瑜伽分为八步：制戒——yama、内制——niyama、体式——āsana、呼吸控制法——prāṇāyāma、制感——pratyāhāra、总持（专注）——dhāraṇa、冥想——dhyāna 和三摩地——samādhi，我想这栋建筑应该表达出当个体灵魂——jivatman 与宇宙灵魂——paramatman 相融时，二者合而为一，瑜伽的终点一直在我心里。于是，我想这栋建筑应该显示出当灵魂达到终极目的之时，练习者所执着的分别都消弭了。整个结构是由非常出色的建筑师基里特·沃拉设计的，他能够帮我把想法付诸实施，真好。我们一起对整个设计做了些修改，很多环节都逐一成形了。现如今，瓦斯塔—希尔帕建筑已经很受关注了。所有参与瓦斯塔—希尔帕建筑的人，都说这栋建筑真的是无与伦比、毫无瑕疵。我的上师也是一位瓦斯塔—希尔帕的权威大家，他都问我这么美的建筑是怎么构思出来的，这也超出了他的想象。

九根柱子代表的是九大行星。主梁高 71 英尺，插入地下 10~15 英尺以支撑整个建筑。那是"om namo narayanaya"，即八字真言。整栋建筑外围有八根柱子，中间有一根，所以这是一栋九行星建筑。另外整栋房子有 88 级台阶。八根外围梁柱代表瑜伽八支，88 级台阶分别表达了瑜伽的 8 个花瓣和三摩地的 8 个方面，这就是整个构思的形成。另外神也自然地点化我的头脑，最终整栋建筑就成了现在的模样。在 1975 年 1 月 19 日，学院落成的那一天，学生们从世界各地赶来，又给学院的建设捐了款。

最初您是从普通课程开始的，之后您又创立了特色课程——涉

及治疗、女性、儿童、体育……

　　我非常感恩在学院投入使用的第一天（1975年）出现在那里的80个学生。施工都还没有完成，我在头天晚上才拿到这张证书。上上下下都特别脏乱，学生们整晚都在打扫，就为了确保第二天学院第一节课的顺利进行。只有当时在场的人才能真的体会他们的爱与付出，这80个学生打扫了整个三层楼，觉都没睡，就为了在落成礼后的第二天我能够开始上课。我就按照惯常的授课方式开始了这里的课程，人们逐渐地开始过来咨询如何处理这样或那样的疾病。我曾经把治疗课和普通课放在一起，后来我觉得这样上课担子好重，于是决定单独开设治疗课程。我觉得治疗课上需要一些支持，于是让人做了些辅具，治疗课就开始了。

现在我们已经有了儿童瑜伽、儿童治疗、体育等课程，您是否还在期待开设其他特色课程呢？

　　如果人们有需求，我应该怎么做呢？瑜伽就好比宽阔的海洋，如果我们把它的作用局限化，那么我们就迷失了。因为瑜伽范围很广，我们的职责就是，"让我们试试看"。我在瑜伽的很多方面都取得了成功，谁知道还会冒出什么别的事情。我们必须找到有效的方法。记得在1984年以前，我是唯一一个在学院授课的老师。我的最后一期密集课程是在1991年。最初我让吉塔和普尚上课的时候，遇到了不少困难——学生们的反对意见很多。他们要求"只能由艾扬格上课"，很多学生因此而离开学院。我告诉吉塔和普尚不要担心，只管上课，我们要让学院成长起来，而不仅仅局限于个人的成长。现在，几乎所有人都认可他们是优秀的老师，而且还有一些经过训练的老师也在教授更多的课程，学习之门已经向更多人打开。

是什么让您不再教授常规课程了呢？

肆 成为自己的医生

我这一生中见过很多了不起的人，我也听过他们的讲座。他们都谈到弃欲、不执，但这些都仅是词汇。这些大人物们直到生命的尽头也没放弃什么，他们的野心还在，只不过没有在人前显露，于是人们称他们为圣人。在我的心底深处，因为我可以与他们近距离接触，所以我知道这些人执着于什么，尽管他们说"不要执着"。我对此进行了思考并且发下誓言：我此生一定要做出榜样！这对于一个取得一定成就的人而言需要决心和毅力。当然我并没有失去对这一学科的把控，时至今日，人们仍认可我在瑜伽界的地位，没有人会说"现在艾扬格不能教也不能做了，所以他该退休了"，我的学生中没人敢这样说。我在80岁生日时还在上课，在学院25周年庆的时候我还在上课。但是，其余时间我则拒绝上课，因为我想让年轻的老师去发光。神确实赋予我力量，但我要使用这股力量去学习放下我执。要不然，我也循着哲学家们的路子了。我不想让野心成为我下一世的种子。这些"伟大的"人物或许会说他们达到了大三摩地（mahasamādhi），但我知道情况并非如此，因为他们的欲望并未消除，这欲望将会在合宜之地发芽。所以，我说"不"。如果神再给我一次生命，我会去做事情，但我不会将野心的种子带到下一世，我不想让欲望染污我的下一世。所以我说，"别让我承受这担子"。早些时候，我曾经在吉塔和普尚教学之时指导他们，但后来也慢慢抽身了。他们也成熟了，需要自己去研究，去学习，再学习。如果我继续引导，他们势必会产生依赖——我也让世界各地的学生们都各自独立。在其他静修中心，人们被"大拇指"摁住了，而在这里我给了所有人自由。

综上所述，有一种说法叫"人在求，神在舍"，就我而言，我祈愿神指引我从名誉中解脱，但请守护我的练习，这样我才不会离开我的练习。

很自然，当有人建立一个机构时，他会带有某种期许或抱负，又或是目标什么的。

我一直没把这当成一个机构，我是一个个体。你要知道，一个组织机构的建立需要各种综合能力，不是只靠某一种能力。对我而言，我只是一个老师，正是因为我纯粹的教学才使得这么多学生跟随着我练习。即便是今天，你也会看到学生之间的争吵，他们之间可能会有摩擦，但我们还是说应该有自由。所以，让他们去吵，让他们自己去发现争吵是否有理有据。我又何必参与这些琐碎的事情呢？瑜伽是伟大的，他们应该看到瑜伽之"大"，而不是膨胀的自我。

如果哪一天这个学院难以为继了，我们将把它交给政府去建立一所瑜伽博物馆，这样还能够继续促进瑜伽的成长。

所以，您的中心观点就是要教尽可能多的人。

就是这样。如果学院可以继续运行，那就继续运行。我甚至告诉我的孩子们不要担忧，如果哪天在他们手中运行不下去了，就把它改成博物馆。博物馆随处可见，但还没有一家专门的瑜伽博物馆，所以我说可以把它改造成一个像样的瑜伽博物馆。

（笑声……）

世界上有那么多家艾扬格瑜伽学院，可能已经超过200所。人们看到一节瑜伽课、一个练习者或是一个大课堂的照片，立刻就能判断出那是一个艾扬格瑜伽练习者或艾扬格瑜伽课堂，它们有太多一致性。

是的，瑜伽就这样在世界各地自然发展起来了，它仍在进步，而且也必然继续前行。尤其是来自五湖四海的年青一代正在严谨、系统地练习瑜伽。而老一辈却在某处、某点停滞不前。他们的思维

肆 成为自己的医生

被框住了,缺乏生机。而年青一代的思维不受制约,他们心中也有与人为善的抱负。他们是否真的能一朝有所成就另当别论,但是因为思维中具有的广阔空间,他们能够以不同的方式思考。这也是为什么他们对我如此敬爱,他们觉得我通过瑜伽在他们心中播下了良善的种子。他们为现在、为新千年努力,是为了让身体获得健康,尤其是身体器官的健康。对身体健康泛泛而谈是毫无意义的,只有器官的健康才是真正的健康,因为器官控制一切。压力、紧张和恶性竞争已经在20世纪扎了根,对人性的理解也已丧失,技术的发展已经使人分化,这些从事瑜伽的年轻人将会修复破碎的人类关系。这是我在新千年中对瑜伽的期待,我相信我的学生们能做到。

(上文是拉洁薇·H. 梅塔采访于1999年、学院建院25周年庆典前期。)

03
关于瑜伽疗法（一）

古鲁，您是因为糟糕的健康状况开始练习瑜伽的，后来您的身体真的得到了改善，当时您是否想过有朝一日您能够把健康带给如此众多的人？那时您是否看到了瑜伽的这种力量或您自身的这种潜力？

那会儿我完全不知道自己会成为瑜伽老师。我是因为健康问题开始练习，但我想命运在将我带上这条路的过程中一定扮演了某个角色。我从未梦想过自己会成为瑜伽老师，那时的我就像一只无巢的鸟儿，对未来一无所知。一方面，我从未接受过相关的教育；另一方面，我对这一学科的理论所知甚少。当我被告知要去教课时，我极为困惑，我丝毫想不到我会将瑜伽这一信息传播到今天这种程度。即便现在回想起来，我还是觉得像一场梦，但现在梦已成真。我通过实践知晓瑜伽有帮助人类的力量。

回溯过去，您童年时期苦于多种疾病，后来又遭遇事故，这为您提供了大量第一手瑜伽疗法的实践知识。您现在是否觉得曾经的"足够不幸"也是一种幸运？

是的，我在童年时期确实受了不少苦。在很多故事中我们看到，圣人往往会在早年遇到极大的身体障碍。就像我之前说的，我很可能注定是一个瑜伽使者，但那时我对命运一无所知。是环境——幸或不幸，或许两者都有吧——推动着我在这一领域中行进，不幸的是，当时没有人支持我。所以，幸与不幸在整个过程中平衡了，但1946年以前我完全不知道自己的方向。所以说，一方面我的苦也是好事，在那些境遇中我真是无心教授瑜伽，但我的上师很坚持。于是我就肩负起了责任，而这责任成了我的明灯，引导我在这一领域作为老师，也作为学生开创一些东西。

在很多伟人的传记中，我们时常看到他们童年时期或青年时期的一些事件给了他们很多的触动和决心，让他们在生命中去找寻某条特殊的路。比如说甘地就曾在南非被人扔出火车。在您的早年是否也有类似的事件？从糟糕的健康中恢复是否是一种动力，或者这是否让您决心在瑜伽与健康领域有所成就？

其实，练习瑜伽的动力并不在我。糟糕的健康耗尽了我仅有的能量。我的姐夫、后来的上师给我的健康方面的诱惑是启发而非动力，动力是源自外在的。1937年我被要求在普纳上课，我的身体状况全无吸引力。早期的疾病让我看起来跟竹竿没什么区别，这种状况对瑜伽发展实在不利。无论是性格还是身体条件我都不足以吸引人。人们开始批评我，我简直成了大家的笑料。这就给了我动力——我决心证明瑜伽的好，也证明我自己。我下定决心，不管人们说什么我都听着，总有一天我将证明他们错了。这个决心成了动力，而这动力让我走到今天。

西方医学和科学已经就人体做出了深入的研究，但却是在客观层面上进行的，不像您在主观层面的研究。您是否或曾经参考过西方科学家有关人体介绍的书？比如说生理学或解剖学的书籍？

我那时因为经济上的窘境，没有时间阅读书籍，因为我要负责弟弟的学业和母亲的日常开销。我从没想过通过阅读提升自己的教育背景，瑜伽书籍并不吸引我，因为书中的理论和实践往往不相符。

尽管喜爱阅读是值得提倡的，但是早年我全无读书的兴趣。在上师指导下练习的那两年，我的身体状况不足以应对上师对我的身体要求和纪律要求。我曾经坐着或但凡有点儿空闲时间就打盹儿，我都不知道自己居然坐着就能睡着。所以早年我无福品尝阅读的乐趣。

尽管没能阅读各类书籍，但我有幸遇到了公共外科医生戈卡莱，他邀请我到普纳教授瑜伽。他曾经借着医学上的关系把我和瑜伽介绍给公众，而我也不得不表演给大家看。他的解说是我自学的唯一基础。当我开始练习的时候，就像你说的，主观性地，我学到了很多关于人体解剖学的知识。那时并没有什么书籍解释关节运动的幅度，关于重要器官的收缩和脏腑器官的环形运动问题也并无解释。人们只是在结构层面谈论环形运动和弯曲，但是在器官层面并没有可参考的文章。人们曾说，瑜伽不仅仅是身体上的学科，更是生理、心理、头脑和心灵学科。这点醒了我，让我不得不去练习，像弯曲肱二头肌一般弯曲肝脏，弯曲胃部，像伸展肱二头肌一般去伸展腑脏器官。我觉得那给了我很好的学习经验，让我明白解剖学是源自内在的。我在体式保持中通过有质量的、细微的调整，学习再学习，认识到这些变化不仅发生在外层身体和头脑上，更发生在内层身心上。

现在我确实会从书中找寻一些在实践中有所感悟的词汇。当我的主观知识不能在某个问题上指引我时，我会去参考一些文献。我会从书中查阅疾病的症状和起因，然后借由我的主观体会在自身做实验。如果这些是病因，那么，哪些体式能对治这些病因？我们又该如何保持那一处的健康，如何既刺激那些器官，又不会过度干扰它们？所以我开始通过研究这些相对应的方方面面，并在教学中学习那些激烈的、刺激性的动作。之后，我又开始去除那些不适合病人，以及不适合缓解他们病痛的动作。我会在一些激烈的动作之前给出一些稍缓和的动作，即便有了这样的过渡，那些较激烈的动作也要缓慢进行。我不会增加他们的压力，但还是会尝试，看看他们能否承受更多，然后我会立刻调整，以期让病人能够体验到那种温和的力。说到激烈的动作，我的意思不是指精神上的刺激，错误地施加压力会刺激身体和头脑。我一旦从他们的身体语言中获得信息，就会再次学习，并且再次努力调整，以使他们不会在某个器官，也不会在头脑中感受到错误的压力。这是让我学习成为一个优秀的、高标准的老师的方法。

古鲁，当一个病人找到您的时候通常会带着医生的诊断书或是病历，您是否会根据医生的诊断书决定您的治疗方案呢？您是根据病人的症状，还是主要根据您自己的观察呢？

当病人带着他们的诊断书来找我时，我会看一下他们的诊断书，从而判断一下病症的程度，以及疾病已经在多大程度上影响了病灶，仅此而已。之后我会试图探明这个病人的勇气，这个人是否有信心承受相应的压力。我也会观察病人身体的动作幅度。如果病人信心不足，我需要借助一些能带来喜悦的体式增强其信心。我不会立刻就开始治疗病症。

我首先会通过培育他们的身体和头脑来增强他们的耐受力，然后我会给出一些直接针对疾病的体式。到那时，再给他们一些时间来提升信心，这样，病人能够在心理上体验到该体式让病灶处获得的舒适。处于真空环境中的液体会承受巨大的压力，而真空环境一旦解除，压力也会随之消失。类似地，在一个病人身上，心理真空状态是非常非常强大的。所以，我必须解除他身体中的真空，使其头脑获得舒适感，这样，有节奏的能量流便能在纤维和神经系统中释放，其效果才能显现出来。我会先在病灶附近的区域做功，首先增强这些周边区域，然后等待回馈，在获得回馈之前我不会继续深入。我会不时地问他："你怎样了？还好吗？"有时他们说好，有时说不好，有时说不能忍受，有时说不懂。通过他们的反馈我会一个接一个地调整体式。

有一件事我很确定，那就是我能迅速获得这个病人的一张整体"图片"，我马上就会形成一个整体概念，知道如何针对特定的疾病或特定的行为模式进行治疗。有了这张"图"之后，我会规划一些体式，并且按序列尝试教学。我会先尝试那些能让病人的心灵舒缓下来的体式，但如果最简单的体式都没有舒缓效果，我会把这些体式进行拆分。我会要求病人做某些简单体式的基本步骤或是中级变体，找到适合病人身体和头脑状态的体式步骤，再力图做到最终体式。当他说"我觉得不错"时，我就有了线索。之后我会依照这个线索形成体式序列。我从不会问"你今天感觉如何"？我只过问关于某个特定姿势的感受，这就是医学界所说的心理行为。如果我持续提问，则会断开自己的思维链条。而且我会询问坏的影响，而非好的影响。如果我发现某个练习不适合那个人或那种病，我会告诉自己，再试试和这个体式类似的一些其他体式。之后，如果病人说"我觉得有些缓解了"，我才会继续向前。

当病人走进来时我也会观察——你问题中提及的。我要获得这个人的身体和心理状态框架，还要了解他的行为方式，了解他看事物的方式、听的模式以及他如何与别人讲话。这些都是这个人内在状态的信息，我会观察他一两天。几天之后，我会看他的肤色、眼中的生命力、呼吸流和很多其他因素。这些情况就是你们所说的体质，这些体质类型会给我启发。再过几天，我会观察他的变化——肤色、行为模式、速度、反应。我就是通过这样的主观观察了解这个病人是否在进步。

比如我向某人询问情况，他说"我觉得好些了，我觉得好些了"——我会被这样的答案干扰。而有些时候，即便他说没觉得有所好转，我还是能看到其中的变化。课堂中有很多助教，我会在上

肆　成为自己的医生

课之前让他们观察大家的脸。过一会儿，我再让他们观察大家的眼睛——没有来回转动，呼吸模式已经有了变化。病人可能会说没什么不同，那是因为改变尚未浮出水面。那时，我不会听病人的话，因为我知道转变正在发生，我会继续巩固以使这种变化尽快为病人所觉察。那一刻，我会对他更强硬一些，以使其智慧充沛。我就好比一枚大头针，在体式中让他的智慧更敏锐，让他整个人更加敏感。这样强劲的剂量会像针刺一般让病人瞬间有所反应，他们反应如此之快，我根本无须询问，就已经知道发生了什么。然后我会换一个体式，过一会儿再"刺"一下，这样他们就能敏感地体会到变化。之后我会问："你能否承受这样的强度？"当他说"能"时，我知道可以直接在病灶处"下药"了。

　　人们称这种能力为直觉，但我认为这是我通过观察千差万别、前来求助于我的病人所开发出来的能力。我不知道这种能力是否从一开始就在我体内潜伏着，好比科学家需要仪器的支持才能实现他们的想法一样，这种潜藏的知识在人们向我求助的过程中显露了出来。病人通过他们的抱怨，叩击了这隐藏的知识，于是我成为大家注目的焦点。我在帮助病人时反应很迅速，但至今没有弄伤过任何一个人。他们要么有提升，要么维持原样，但我从未允许自己让任何人的健康状况下滑。

　　古鲁，来尝试瑜伽疗法的病人往往已经尝试过常规的药物治疗，而这些药物治疗要么无效，要么仅仅消除了一些症状而已。瑜伽不能被当成速效疗法，因为它要求师生双方都付出大量努力。而且这些病人会需要更多的保证，因为他们进行过的其他治疗都没有成功。您对已经在教授治疗课程的学生有哪些建议呢？他们是否应该在言语上给病人宽心，给他们讲一些同类疾病被治愈的例子，还是直接告诉病人要努力练习一段时间才能明显感受到它的益处呢？

帕坦伽利讲出了痛苦的不同起因。你需要在不同的时间采取诱导或鼓励的措施。"krita，kārita anumodita"是他常用的词语。意思就是首先你要在自己身上实践，然后再去鼓励病人接受瑜伽。我接受这条瑜伽经文所要表达的含义，我在应用于病人身上之前，会先在自己身上尝试，通过我的努力，来看我是否能够鼓励或劝导病人也愿意尝试。今天的老师们则需要耗费更多的口舌，因为这个世界变了，人们现在更多地被言语影响而非实效。

在我这儿，不知道是不是我的出现就能带给病人信心，但他们来到我这里就会信心满满。人们会说："当我们看着你时，我们知道你就是那个能帮助我们的人。"他们会来到我的课上，他们看着我时会突然说："这个人有疗愈力。"我不知道为什么，不过人们确实这样说。我曾经遇到过这样的事情：有人不能弯曲手指，不能抬起手肘，不能走路。我迅速给他们一些缓解的方法，进而建立了他们的信心，然后我再着手给予他们进一步的指引。当人们攻击我的时候——我曾忍受很多批评，我从未辩解说："你们在胡说……瑜伽是这样或那样的……"

我曾经想：我很努力了，人们为什么还在不断抱怨呢？我会思索，进而决定改变序列——同样的体式，不同的顺序。而不是像在对抗疗法中，医生会问你的状况，然后不断地更换药物。当然，因为药物有很多种类，他们才可以不断尝试。

在瑜伽中你不能这样尝试，因为体式和呼吸控制法是固定的。你不能说试试这个，再试试那个，因为瑜伽是确定的科学，体式和呼吸控制法不是能够被替代的药片。瑜伽体式和呼吸控制法的范围虽小，但在小的框架内你却能将其扩展至广大。我看到了瑜伽体式和呼吸控制法有限的力量和有限的潜能，那么我要如何做才能打破病人的身体和心理极限呢？病人会在尚未尝试之时就说"我这个做不了，那个做不了"，这样的心理障碍也制造了身体障碍。我必须从

肆　成为自己的医生

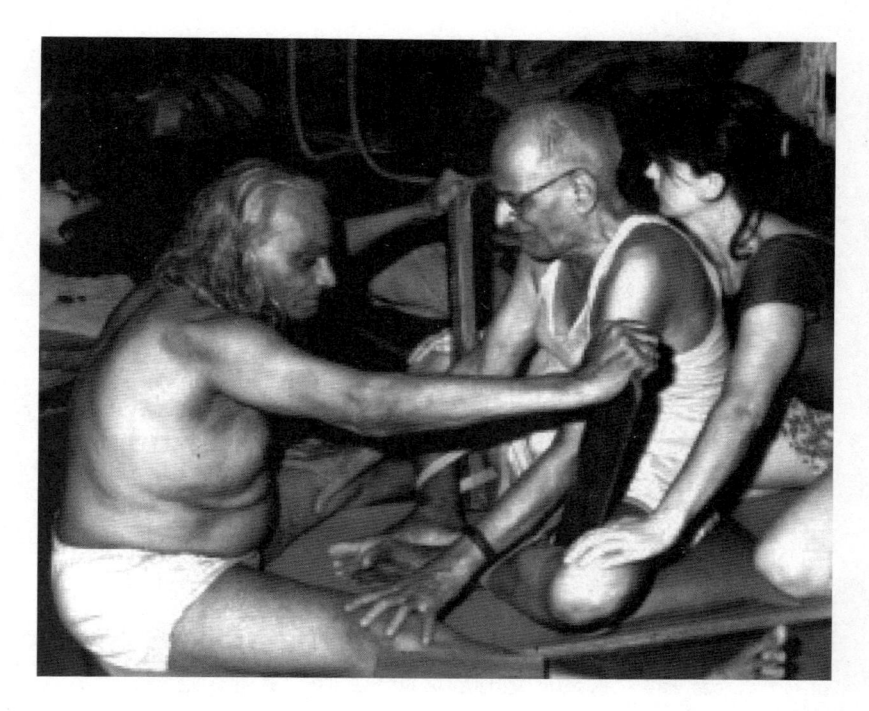

在治疗一个病人时，要将被动的力和主动的力结合起来。老师要准确区分出何时应该使用被动力，何时使用主动力，何时借助被动—主动力，又在何时选择主动—被动力。

身心两个方面双管齐下，才能让身体运行起来，以应对心理的变化。有时从身到心，有时则从心至身。我曾经这样问自己："我是应该从心理入手使身体运行起来，还是应该通过身体的动态打破心理的障碍呢？"我必须打破某种平衡。我曾经将这两方面结合在一起，这是我曾经的工作方式，成效还是颇为显著的。

今天的人们往往缺乏耐性，都想要快速有效的方法，所以老师就要非常迅速。我从1936年起就做老师了，当年是没有辅具的。那时的我，不知道如何才能让人做出现在物理疗法中所称的被动动作。在瑜伽中，其实没有什么被动动作。你独自一人，没有辅具的帮助，一切都要靠100%的力去完成。在治疗过程中，被动和主动的力要同时使用。老师需要做出判断，该于何时使用被动的力，又该在何时使用主动的力，何时使用被动—主动力，何时使用主动—被动力，这些东西没有人做过记录。即便做的是被动动作，你也要在其中留心是否有不良反应发生。比如我要调整某人的手肘，那么这个不良反应就是他的肩膀可能会出状况。物理疗愈师可能未察觉到肩膀的运动，因为他的心全在肘上。但是我需要同时关注手腕和肩膀这两个与肘相近的关节的反应，我要看它们是否出现干扰。如果想要作用于肘，那么一定还要在上下两个区域同时工作，我必须由远及近地一一照顾到。是病人开启了这潜藏于我体内的能力。

今天——我说过人们需要快速释放，你必须要在第一天就给他创造出这个信心。医学首先治疗病症，然后才在病因上下功夫。在瑜伽中也一样，我们需要确定病人所出现的症状究竟是病因还是病症，不管是身体层面的还是心理层面的。作为老师，这一点很容易理解，如果只是症状，那么老师能够轻松地找到缓解这些症状的体式。当真正的缓解发生时，内在身体不会有波动产生——这在心理学上被称为波动，但在物理学和生理学上则把它叫作痉挛。如果没有痉挛产生，你就知道，你已经对症状有了一定程度地控制了。当身体系统有了一些稳定性，你就可以去处理病因了。你那时可以在器官上做功，不论是肝脏、脾脏、肺，还是大脑，这些是你需要遵从的方法。如果有人抱怨说他觉得头有些沉重，那么你应该知道如何做体式才不会引起病人抱怨。所有这些方法，作为老师都应该熟知，如若不然就应该换一个高级老师做指导。你可以问一个高级老师："您是否处理过这样的病人？您用了哪些方法？"然后你把这些高级老师使用的方法和自己已经尝试过的方法进行比较，从中获得一种特殊的经验，进而继续调整对这个病人的治疗方式，以达到预期的疗效。如果了解了其中的关联性，老师就能够更好地帮助病人并治愈他们的疾病。

古鲁，当病人的疼痛得以消除时，他们会觉得亏欠了老师并且深怀感恩之情，而这会诱发老师的小我。一个不甚成熟的老师进入瑜伽疗法领域后可能会变得骄傲或自负，这是否会发生？

是的，发生过，而且很可能还会发生，因为人们总是想要在短时间内取得成就。

这要如何避免呢？

自我就好比门槛、断崖，即某种意义上的个人崇拜。我也让很多病人获得了极大的进步，很多人也会感激我。还有人过来跟我说："20年前我是您的学生，到了今天我还是很健康。"我会回答说："非常感谢。"但却不会因此而得意起来。哪怕我见到一个35年前教过的人，在一两天内我就能说出当年我教了他什么体式。这些信息我很快就能记起来，但这些事情不会干扰我。恰恰相反，我会自问：这个人用了多久才恢复，他的问题是表面的还是深入内在的？我会思量我让他做的体式（这些会印在我的脑海里，没有别的记录）。如果有着类似问题的病人找到我，我应该花费等量的时间治愈他吗？还是应该减少用时？我所教授的内容当中有哪些是多余的？我所教授的内容都有必要吗？我是应该使用同样的方法，还是哪些体式可以更深入一些，并直达病灶？我以这样的方式寻求进步但不会骄傲，我一直想的是怎样才能做得更好。

如果哪一个病人告诉我他好些了，但在我心底我知道这个人毫无进展，因为在我这里5%～10%的进步等于没进步。病人觉得挺开心，但我并不开心，因为我知道那只是表面的满足。这些病人对已经获得的进步很满意，但是却没有坚持练下去，于是10～12年之后他们回来说："先生，我在过去的12年里过得很愉快，但现在症状又复发了。"那个时候我的态度会很强硬，我会说："你当时离开就是个傻瓜，你如果多坚持一年，你的问题就能连根拔除了。"然后我会计划，如果再遇到相同的问题，我不会以对待前一个病人的方式开始，我要从前者结束的地方开始，前者结束的点正是对治后者的起点，如此病人才能更快地恢复。这是我收获的知识。

小我不能被迅速破除。这不是一个征服与否的问题，所以我用了"破除"这个词。"我"和"小我"是一枚硬币的两个面，一个老师，不论男女，如果被一面——小我，所牵绊，就不能在灵性上有所成长，他只会因名声而骄傲起来。这些人在求"bhoga karmas"。"bhoga"不仅指贪欲，还指一种商业态度：我很高兴我能幸福地生活，我有了更多的钱，这就是 bhoga kriyā。我要看硬币的另一面——我不仅要让一个人去练习瑜伽，还要力图使其向不贪婪的境界转变。对小我的控制并非源自大师，在驯化小我这个问题上，每个人都是自己的上师，任何人或是外在的指引都毫无用处。小我是一种主观性的自尊，主观而悦性的自尊，因为瑜伽老师不能有惰性的小我。你可以读一读《瑜伽经》第 2 章第 18 节：所观具有光明、活动、懒惰的特征，它由元素及知觉、行动和思维功能构成，它的目的是享受和解脱（Prakasha kriyā sthiti shilam bhutendriyatmakam bhogapavargārtham drśyam）。

帕坦伽利并没有使用悦性——sattva，激性——rajas 和惰性——tamas 这三个词，而是使用了光明——prakasha，行动——kriyā 和懒惰——sthiti。sthiti 是潜藏、怠惰，需要被 kriyā，即行动唤醒。通过这种行动，潜藏的事物就被光——prakasha 点燃。潜藏的智慧就通过行动——kriyā，通过元素——bhuta-s，形成纯善的智慧。然后，感官觉受力——indriyā-s 和个体的我就会自动发生改变。这可能会导致 bhoga 或自我主义，也可能是解脱，这便超越了自我主义，你可以选择 bhoga 或无常的喜悦，或者寻求解脱。如果一个人既能拥有非凡的智慧又能做到无我，那么他就是一位圣人了。如果这是一处悬崖，那么现在请告诉我，这是你的主观意识形成的还是外力形成的？这就是为什么每一个老师都要不断地净化其智慧，以使小我得以净化。如果有人赞扬我，我应该接受吗？这赞扬该归于我还是归于瑜伽？我可能是一个工具，但是谁给了我知识？这份荣誉是要归于知识的赋予者，还是我应该将其收入囊中？如果我接受了这份荣誉，那么就是在允许小我膨胀。如果一个人懂得了隐藏于瑜伽中的二元性是由他的老师启发出来的，那么这份荣誉自然就会归于老师，这样小我就不会继续成长。

古鲁，但这是源自练习的成熟呀。

是的，练习的成熟和与人交往的成熟。小我会毒害一个人，并使其失去平衡。如果这样，一个老师就不能以一颗平衡和谨慎的心对待病人。他被小我毒害又会导致漫不经心，"哦，我做了很多事呀"。想一想《瑜伽经》第1章第30节：疾病、愚钝、怀疑、漫不经心、懒惰、欲念、错误觉知、缺乏持久性、退步这些引起精神涣散的状态是练习的障碍。

疾病、愚钝、怀疑、漫不经心、懒惰，试问哪一个不让老师们汗颜。你不仅要学习，更要理解。当你对待一个病人时，你是信心满满还是心存疑惑？有时即便你有疑惑，病人还是有了进步。所有这些都值得谨慎学习。

古鲁，针对诸如特定的背部或膝盖问题、痛经、哮喘等病痛，您已经形成了一套让老师们极易教授的教学方法。

瑜伽不能从头到尾都保持主动和活跃，当病人找到我时，我必须使用被动—主动力使其有所缓解。如何在一个轻微的支撑下让他活动起来，以此缓冲相应的抵抗力？被动并不等于消极。当你尝试移动身体的某一处时,有些区域会在你不知情的情况下活跃起来,这不仅可能伤到病灶处,其他区域也可能因此而受伤。那么我就需要让那些区域保持被动,进而只对有需要的部位下功夫。我们用肩膀和肩胛骨做个例子。如果一个人肩膀痛,那么我不能让肩膀过度伸展,所以我需要给肩膀一个支撑,这样,通过活动肩胛骨会使肩膀完成更多的被动动作。但是如果我让肩膀和肩胛骨都保持被动,则不会有进步。就是这个知识促使我开发出辅具,如此就能借助被动的主动力而非被动的被动力。在物理疗法中,只允许完全的被动力,全无主动力。在瑜伽中,你将学习如何让特定区域保持间接被动而使该区域在被动中获得主动。

你知道,两周前我在做单腿内收直棍Ⅱ式时,左胳膊肘起来了,而右胳膊肘被卡在了墙和砖之间。因为动不了,所以我失去了平衡。后来的事情大家都知道了:我的肩膀脱臼了。今天,我练了一个小时的站立体式。谁能想象?如果说只是为了让那一处保持被动,我难道不能练别的地方吗?要让那一处保持被动,我理应套上吊腕

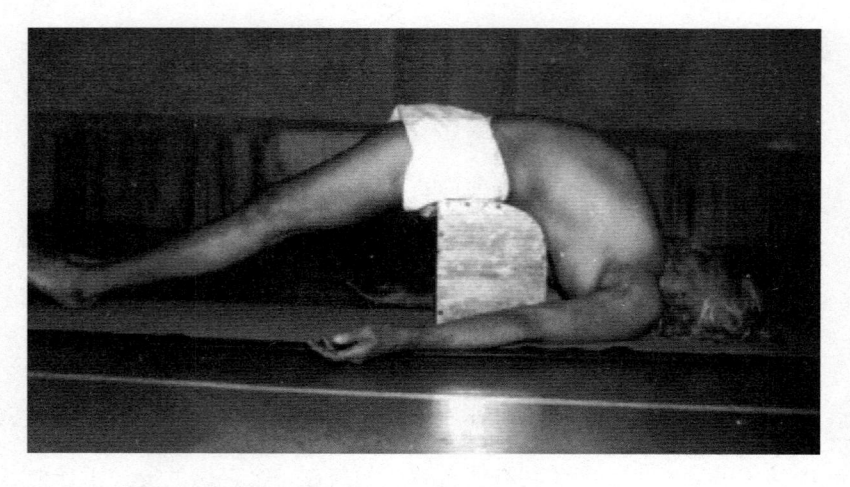

艾扬格示范如何使用辅具完成桥式肩倒立
在瑜伽中,你学习如何让特定区域保持间接被动而使该区域在被动中获得主动。

带。但你看我没有，我只是简单固定了一下，要不然练习时手可能会起来。我帮助学生时速度很快，其实固定只是为了保险起见，第一天我就把手放下去了。我在墙绳上做头倒立，单手做鸽子式。如果我没信心，现在能教课吗？现在我成了你们这些老师的典范。你可以说我的手动不了，但是我可以用一只手和凳子做轮式（ūrdhva dhanurāsana），今天我还做了单腿内收直棍Ⅱ式，我也可以一只手撑着做哈奴曼式。我只是不能把这只手抬起来。我尝试以某种方式去转动以确定我的肌肉是否各就各位，当然我也可以说："我手臂脱臼了，什么都做不了。"我只是保持了三天的安静，之后就一直在努力练习。尽管医生告诫我三周内什么都别做，他们告诉我别抬手。既然我可以做很多事情，我为什么要去问他们我能做什么呢？医生问我："你能做头倒立吗？"我说："我靠着墙做了无支撑头倒立。"我还能做无支撑肩倒立，因为我能把手放下面或者把背提起来倚着栏杆。这就是人们所说的常识，常识对瑜伽老师而言至关重要。对于粗心大意、漫不经心、欲念、错误觉知、缺乏持久性等因素，老师们要时时警醒，因为他们极有可能处在智慧被染污的状态中。如果说"我做得很多了"，那么跌倒就在所难免。这也是为什么我说这是一个个体净化的过程，个体净化是不能由他人来完成的，需要自己成就。所有拜见过圣贤的人就都成了圣贤吗？比如说，罗摩克里希那只教出了一个辨喜，只有他一个人真的成就了谦卑。小我会取代真我，所以人要非常谨慎、小心，还要无所畏惧。谨慎而又无畏，或无畏而又谨慎，是成就一名品格高尚的老师的关键所在。如若不然，疾病、怀疑、漫不经心、懒惰、欲念等就会乘虚而入，所有你已经获得的成就都会因这些毒素和自大而消失。

我对所有老师的建议是，不要被病人的话牵着走，但是你要去思考，去反思。他们虽然高兴了，但我得保持警醒：我的工作是清清楚楚，还是掺杂着疑惑？哪怕还有一丝疑惑，那也是瑜伽治愈了病人——尽管其中还掺杂着你的错误。如此你还怎敢邀功？让我们不要再重复这些错误。如果老师们能参照这些方法让自己成长起来，小我就完全不会升起。

人们现在把瑜伽看作一种速效疗法，一般把它当成对抗疗法的替代疗法。您不觉得对于特定的疾病，像是骨关节炎、颈椎病等，瑜伽应该成为主要疗法吗？

瑜伽可以轻易地成为一种替代疗法，而且作为一种自然疗法，它也日渐流行。但是目前来说，它还需要医学界的大力支持。医学界有自己的观点，学者们也执着于自己的学科，但是他们也不得不考虑或许还有其他方法可以治疗疾病。如果人们能够把这一切都融合在一起，那么这个世界的健康以及人类的健康都可能比现在得到更快的提升。

预防好过治疗。帕坦伽利在《瑜伽经》中说："未来的痛苦是可以避免的，从现在起关照自己以使未来的痛苦得以避免。"这一说法并未出现在其他文献中。今日的你可能还算健康，但是明日如何你未必知晓。这是圣哲在第2章第23节中给我们的忠告。所有的元素（bhūta-s）、感官（indriyā-s）、元素（tanmatra-s）和五感（manas）对应的五细微元素（色、声、香、味、触）、智慧或心智，都会使一个人得以在今日的基础上更精进（参考《瑜伽经》第3章，第44、45、47节）。

他清晰地表明瑜伽不仅是预防手段，更是关于治疗的学科。经文第4章第30节这样讲："这样痛苦与业就止息了（Tatah klesha karma nivrittih）。"

瑜伽理应消除引起痛苦的所有因，难道它不是一门既有预防性又具疗愈性的学科吗？来看看经文第3章第51节："当束缚的种子被破除，甚至超自然的力也舍离了，就能获得解脱（tadvairāgyat api doshbijaksaye kaivalyam）。"bija 是种子，是质（doshas）的种子，苦的种子。"dosha bija"这个词可以有无数含义。任何一种质都可以通过瑜伽练习来破除。就这个问题我可以告诉你，帕坦伽利不仅讲了哲学，更讲了心理、身体、精神、智慧、灵性健康，所有这些都可以通过瑜伽练习获得，而方法就是练习体式和呼吸控制法。

关于健康，你需要在两个方面进行提升。一个是 prajña，另一个是 prāna。你们将其称为意识能量和生物能量。专注不等于觉知，只有敏感而智慧的人才可能觉知一切，而体式就是为了开发出这种敏感和智慧。我们通过刺激身体器官去激发一个人，使其变得敏锐。这就是帕坦伽利说的敏锐——当（机体的）敏感度越来越强时，智慧就会变得越来越敏感，人的智慧就会显露出光的特质。这就是意识和生物能量的融合，这两者合和到一起，人们使用精神和躯体，或是"prāna śakti"和"prajña śakti"这样的词来表示。"prajña śakti"指精神能量，而"prāna śakti"则指躯体能量，它们要在体式和呼吸控制法的练习中融合起来共同运作，那时你才能快速治愈疾病。血液循环取决于生命能量的循环，而血液质量的提高取决于精神能量的循环。根据生理学对心脏功能的阐释，你即使不去关注，血液也会得到净化。但瑜伽士则将他的智慧和意识置于周身各处，于是当血液滋养有需求的身体部位时，这个过程是可以被感受到的。体式和细微的呼吸控制法的练习就是为了让空气和血液得以触碰那些区域。健康取决于精神能量和躯体能量两方面，如果这两者中的一个比另一个更强些，就会产生不平衡——躯体上的失衡或精神上的失衡。如果两者能够协调一致，就有了身体和头脑的平衡。瑜伽就是要成就此事，这就是为什么我说瑜伽在保证人的高质量健康上大有可为。就像普尚在讲座中说的，作为学生的我们，面对人们"瑜伽没什么价值"的言论时缺乏足够的勇气去反驳。人们认为一个搞医学的人简直就是从天堂来的，他们对身体无所不知。他真的对身体无所不知吗？那么试问又有多少医生在迷惑中死去呢？这个问题学生们又不敢问。

这就是为什么瑜伽会说：你应该成为自己的医生。你无须依赖任何人。现代社会中，克里亚瑜伽处于隐藏状态。没有克里亚就没有了明灯——存在着的一切都没有了明灯，无论身体、心理或智慧都一样。如果现代世界真的懂得这么多，我敢说瑜伽将会取代所有形式的治疗。

古鲁，您谈到如果不同类型的疗法能够相互协作，人们的生命质量将会得到提升。

通常来说，如果某些食物对你的健康无益，你会改变饮食习惯以保持身心的轻盈。我再告诉你一个不同的含义，很多人恐怕不认可这种说法，但其中确实有一定的真实性。帕坦伽利的《瑜伽经》第 1 章第 42 节："在这种状态中，名称、含义和知识结合在一起，就成了极为特别的知识（tatra shabda artha jñāna vikalpaih sankirna savitarka samāpattih）。"当你同时理解了名称及其含义的时候，意识就专注于这种新的知识。在不同的方法中加上锦上添花的一项，你敢说最终不能收获健康吗？但不幸的是，人们总是骄傲地宣称自己的方法比别人的强，小我真是让人头疼。如果人们能放下傲慢，为了人类更美好的前程把该做的事情完成，那么每个人都能赢得并保持健康，直至生命的尽头。

尽管很多医生都听说过瑜伽的益处，但他们还是会犹豫，不肯将瑜伽推荐给他们的病人，因为瑜伽并未如西方医药科学所要求的那样被客观实验证实过。我们是否应该一步步去证实它？

这个事情很关键，因为只有瑜伽还保持其主观科学的特性，而其他形式的医学都属于客观科学。比如，脚踝和膝盖的活动更符合

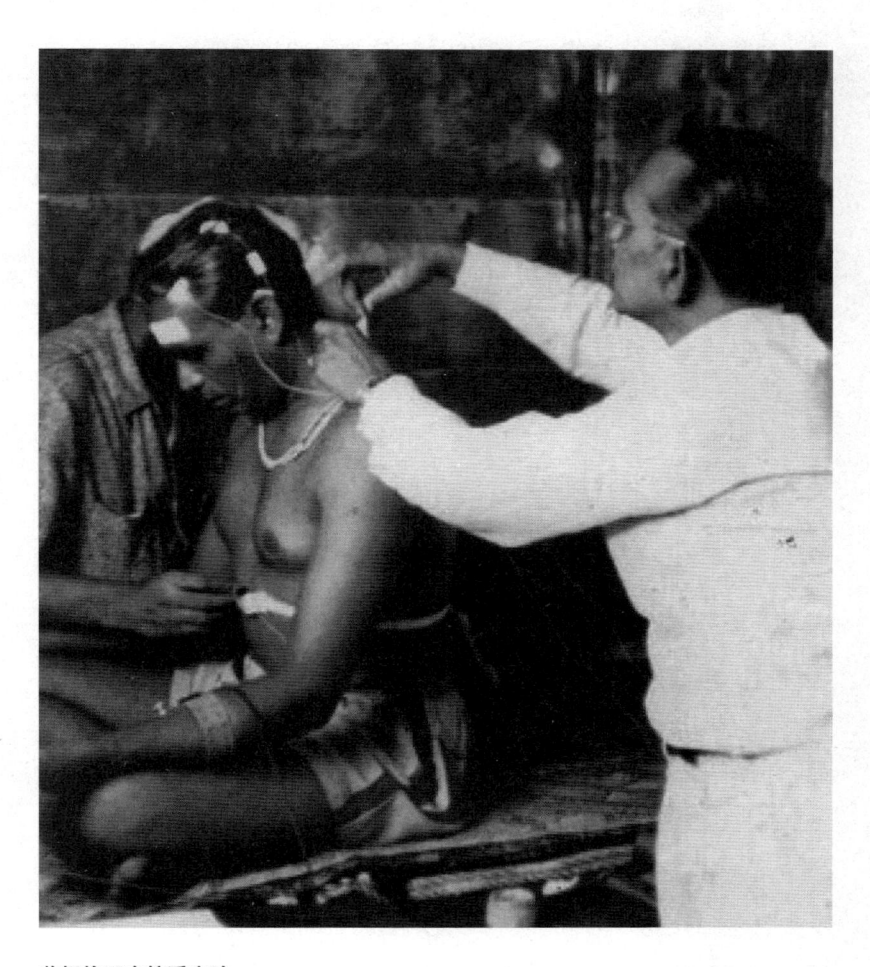

艾扬格正在接受实验

我们不得不借用当今的医学手段呈现我们的主观经验,还要通过书中的客观术语去呈现我们的主观经验。这些客观术语的使用意在帮助人们理解,这也是整合。

瑜伽的理解，而解剖学对它们的解释则是有局限性的。有些人因此把这种貌似超出医学解释范围的运动称为扭曲，这就不对了。有这种想法的人岂不是把智慧用错了地方？如果我是一个医生，我会想我为何不更深入地学习这些关节的相关知识，以便真正懂得它们的运动方式，而不是受困于已有的知识，无法深入。这也是一种小我的体现，他们不去探寻知识，无明依然存在。如果科学家们能在不同的体式中尝试学习人体解剖学，那么这个世界就有福气了。

来问我的话，我会说这个主观性学科应该以客观的方式呈现出来。多年以来瑜伽不为人知，而今它却具有了如此大的吸引力，很多医生甚至还对它赞誉有加。不过很多人还是持反对意见，还有许多人说他们不了解，而之前，所有人都对瑜伽说"不"。人们对待瑜伽的态度已经改变，而改变本身就已经是了不起的成就了。我们有必要去客观地展示瑜伽，但还是缺乏有效的方法。比如，在做头倒立时，该如何去查看大脑的工作状态。人们虽然不知道，但仍应当去尝试。我们何不用一些工具去客观地研究体式的功效呢？既然可以将导线接在一个睡眠者身上，那他在长凳上练习桥式肩倒立时，何不也用这个方法研究呢？在长凳或方凳上做双腿内收直棍式也可以。能否把导线接在练习者身上，研究主动练习鸽子式与被动练习鸽子式的差别？这样，我们会获得数据反馈。今日的瑜伽老师们需要去思考一下这个方向。既然可以在挺尸式中对练习者进行研究，何不把同样的方法用在桥式肩倒立中？不是有辅具吗？借助辅具，人们可以在更高的阶段中完成一些练习。当你知道如何使用这个方法时，就可以逐渐在主动的姿势中使用。总得有个开始。

古鲁，我们一直在传播瑜伽，现在有人认为瑜伽的益处已经广为人知。那么您又为何要用数据去证明呢？

确实，这个世界已经改变了。这倒不是一个需要证明的问题，而是一个让人们理解瑜伽功效的方式。不是证明。

证明也仅是记录而已。请理解你们现在所做的正是为了给新一代的老师们提供一个背景，使他们能够清楚地了解在不同的姿势中到底发生了什么。这不是证明而是研究，身体主观调整的客观呈现，迟早要让大家看到。

也是一种交融。

是的，是一种交融。我们不得不借用当今的医学手段呈现我们的主观经验，还要通过书中的客观术语去呈现我们的主观经验。这些客观术语的使用意在帮助人们理解，这也是整合。

您对教授治疗瑜伽的老师们有什么建议？尤其是那些教授身患绝症的人的老师们，比如癌症或艾滋病。

对于关节炎一类的问题，瑜伽的益处真的是说不尽。但是面对淋巴类疾病和癌症的时候，我们必须十分谨慎。医学和现代科学正在通过实验研究不同的疾病治疗方法，我们也应该在一些特定的疾病上有一些冒险精神。我们也在实验：在不加重病情的基础上，瑜伽能够提供多大的帮助？我来提出一个假设：假如有人正在经历肾脏疾病或肠道癌的折磨，他练习 108 次反转轮式（vipārītā chakrāsana），他的病是会扩散还是会得到控制？

会扩散。

你是否理解，科学家们在豚鼠身上做了实验，他们可以说："疾病在系统中扩散了，所以这个行不通。"但我们却不能这样做。他们有退路，但瑜伽科学没有。我们要实验，又要谨慎万分地避免伤害。我们有太多可实验的内容，在这个过程中，即便我们只是取得某种程度的成功，也会让很多人从中受益。很多人在癌症早期体会到瑜伽带来的帮助，瑜伽应该因此获得现代科学的赞扬，但事实上却没有。所以就像我说的，瑜伽可以使病症加剧，也能够使其得到减缓。即便如此，我们还是落下一个坏名声。很多病人在手术后病症再次扩散，医生可以说"我们已经尽力了"，我们又何尝不是在拼尽全力呢？我们也可以像医生一样说我们尽力了，尽管瑜伽提供了太多可能性，但有时也可能力所不及。

现代医学中的对抗疗法和瑜伽都是关于健康的科学。合和的健康疗法才重要，因此两种科学要携起手来，我们必须要有这样的理解。要尽可能地应用这两种方法，才能建立起"整体健康"——这已经是一个高频词汇了。把所有这些都融合起来，人们才会更快地获得健康。要不然，你不会拥有整体健康的，除非你真的把身体、感官、器官、纤维、筋腱、头脑、智慧、意识以及极细微的细胞在瑜伽练习中结合起来。所以在某种程度上，瑜伽是完整的。如果所有这些都结合起来了，那么我们才真的可以期待神圣的健康生活。

感谢您古鲁！

（拉洁薇·H. 梅塔采访于1999年3月。）

04
关于瑜伽疗法（二）

古鲁，您如何定义瑜伽疗法？

治疗疾病是一门学科，它以身体、头脑和自我为研究对象。于我而言，治疗就是我们如何形成一套方法，让身体、头脑和智慧在不同的身体结构和功能中得以有节律地运行。在人类从外在向内在的探索过程中，瑜伽扮演了重要的角色。而这个终极的内在，你可以称为"我"或"神我"。一切问题都源自这个"我"。

而今，普通人不懂得瑜伽知识的尽头，这尽头便是：在意识的支持下联结或构建身体、头脑和智性，消除彼此间的差异，使自己成为圆满的人。不背离，无分歧，才有可能联结。

身体、头脑、情感、智慧各执己见，无法协调。所有这些人人熟知的差异都会影响生命能量的和谐，即我们常说的健康。生命能量受到干扰则表明不健康。生命能量会因身体的、情感的和智慧的作用力与反作用力——发生于内在以及对外在环境的反应——而有所变化。保持有节律的、平衡的状态并非易事，但这是瑜伽的目标。瑜伽疗法是吠檀多疗法，并非如很多人理解的物理疗法。治疗意味着深入到疼痛的根源和引发疼痛的失衡之处，去碰触它，进而把握其运行节奏，此乃哲学疗法而非物理疗法。

就像您说的，古鲁，人们还是更容易把瑜伽疗法曲解为物理疗

法的一种延伸，因为我们的体式是作用于身体的。您是否要把这个错误概念澄清一下？

如果现代科学把做出特定动作命名为物理疗法，这并不意味着你非要把瑜伽这样的学科也命名为瑜伽疗法，但现如今接受知识分子们杜撰的词汇已成为人们的习惯。其实，治疗自出生起就开始了。如果你的生活中道德缺失，那么你要通过努力使生活变得有道德，符合常规，这难道不是一种治疗吗？是的。那么人们又怎能将瑜伽疗法和物理疗法进行比较？这些词只不过是愚弄大众的空话而已。

生命能量需要培育。铁如果长期不用会生锈，同样地，你的生理、情感、智慧和心理之身也会生锈。一旦生锈，生命就变得消极，若生命能量不能在整个系统中流动，生命之原料便不能获得补给。我不认为瑜伽的任何分支，比如体式、呼吸控制法、冥想属于某种疗法。它们能给个人带来灵性成长，进而获得生命的和谐。

我说过多次，健康是动态的，是一股鲜活的力量。健康不是静止的，如果它是静止的，那你也无须努力了。健康是运动，既然如此，那么头脑也是。如果头脑在运动，那么内在的身体细胞以及整个身体系统也在运动。所以于内于外，身体中除了运动，别无他物。如果运动是充满活力或充满变化的，那么生命也在运动。有了积极的生命能量，健康也就动起来了。所以不能通过约束健康使人免于疾病，健康不只局限于身心层面。生命能量属于神的创造，它无心亦无身。它是运动的，所以被称为活力。

既然健康是运动，那么我们就要不断地努力使我们的思维和行为不至于生锈。我们要引导能量的运行，当能量不动的时候，疾病就乘虚而入了。所以，我觉得把教授我们如何通过智慧去使用这股能量的整个瑜伽科学称作一个疗法不太准确。

我觉得这个已经存在的词汇是错误的，那么我们如何向大众阐释瑜伽科学就是个大问题了。比方说，你很安静，你的身体和头脑都没在工作，你的身体中难道不是有什么在动吗？这个不能再避而不谈了。这正是一股保护力，它能让内在的"我"即使处在情感或环境的重大变动中亦能保持愉悦。

帕坦伽利说："预防胜于治疗。"如果你能够通过瑜伽防止激进的因素侵入你的身体，你又如何只把它称之为治疗疾病的一种疗法呢？人们不能再受困于身体、血液循环、呼吸运动和能量循环的不协调了。我们还有其他系统：神经系统、呼吸系统和循环系统，这些都存在，而瑜伽能让它们在最大限度上发挥功能，你因此收获了最理想的功效，这才体验到身体、头脑和自我的健康。我用的是"小我"，没有谈论真我。我认为瑜伽是一个可以激活生物能量和宇宙能量的科学，瑜伽可以使生物能量和宇宙能量协调一致，这些能量本就存在但需要激活。如果做到了，它就好比是川流不息的恒河。如若不然，则只能像那雨季便水量充沛，旱季则干涸的区域性的河流了。瑜伽体系就是要避免"系统性干燥"的发生。

先进的技术使人类的物质生活越来越舒适。人们总是想要得到更多，于是整体健康、灵性生活和觉悟这样的表达也普遍起来。这些话说起来很容易，但您是如何做到从说辞到实践的转变的呢？

哲学中有这样一个说法：安即是危，危即是安。你是否见过生活在绝对安全感中的人？他们变得迟钝，没有什么动力促使他们努力。如果处于不安中，你会如何？你会工作，你会行动起来，因为你不安。不安是进步和成长的支柱，不要消极地认识不安。安全感是生命力的扼杀者，而不安则是创造者。

现代化的舒适将何去何从？动的欲念、懒惰、心不在焉和粗心大意是舒适感的表现，帕坦伽利早在3000多年前就说过。瑜伽让我们从内在而不仅仅从外在富有起来。物质上的舒适只是客观的富有，而内在可能是彻底的空虚。瑜伽科学说，不要因物质财富而变卖精神财富。现代发明让你客观上富有，而内里却是穷人一个。瑜伽帮你构建并且最终获得身、心、智上的富有，这种富有是崇高的。数百万卢比的银行存款不会让你真的富有，反而会使你贫穷。因为你没什么可以展现的，所以也只能搬出你的银行存款了。内在饱满的人会表现出他本身是一个什么样的人。如果你还认为瑜伽是一种疗法的话，那么瑜伽可以说是一种智慧疗法。

它能够从情感、智慧和心理层面改变一个人，促进其稳定性。而在那个稳定性上又生发出活力。稳定性不是终点，它可以让人积极地动起来，正如那川流不息的河流——从源头到终点——能量饱满。

古鲁，请您谈一谈对六种清洁法（shat kriya-s）的看法。

你要理解，这些治疗方法在帕坦伽利时代是没有的，之后才出现。帕坦伽利并未对它们做出解释，他只谈了体式和呼吸控制法，之后的瑜伽士才引入了清洁法。为什么呢？你刚刚提到现代的舒适生活也伴随着某些疾病。在过去那个年代，新的物质上的舒适也会带来一些疾病，但是当年是没有外科手术的，所以就引入了这些基本疗法。

就算是今天的对抗疗法，也存在常规疗法和非常规疗法。药物治疗为常规，而手术治疗则为非常规。《哈他瑜伽之光》就解释了这些基本疗法和适用人群。今天你也一定遇到过这样的情况：一个医生会建议你采用手术治疗，而另一个医生则不推崇手术，并建议药物治疗。很多内科医生都不太推崇立竿见影的手术治疗，而外科医生们则大都不愿意等待。今天，如果我有资格的话，我会说，知识已经成了赚钱的手段，而不是为了帮助人们获得更多知识。所以，有时是这种赚钱的动机导致了手术。《哈他瑜伽之光》也说："只有在使用其他方法都无效的情况下才可以使用这些清洁法。"今天这些方法却很重要，这能怪谁呢？如果你的肺里没有聚集大量黏液，洁胃术（dhauti）又何来用武之地呢？

所以请注意，哈他瑜伽书籍中的治疗方法也有常规和非常规之分。那些非常规的方法是在各种疾病开始加重的后期才出现的，在早期，是没有对净鼻术（neti）、洁胃术、结肠术（vasti）、净目术（一点凝视法）和前脑洁净法（kapālabhati，也称为圣光调息法）的需求的，而且研究还在继续。新事物不断出现，新的病痛的出现就要有新的治疗方法来应对。所以那个时代出现的这些清洁法，而今我们也不再需要了。

研究一直都在继续。我们需要继续练习，以期在这些古来就有的体式中寻找更深的力。我们要在体式和呼吸控制法体系中引入新的内容。

（拉洁薇·H. 梅塔采访于2002年。）

05
瑜伽对人格的塑造

我们都知道瑜伽对保持身体健康的重要作用，但是今晚我想就瑜伽中一个更迷人的因素与您进行讨论。主题就是"瑜伽能否推动人格的建立？"。

这个主题的确很妙。但是，您能否首先告诉我，您所说的人格是指什么？

我应该给您一个普遍的人格的概念。此处所说的人格是指能够给个人赢来关注和尊重的一种吸引力。这个人，无论男女，也许他既不英俊也不美丽，却能获得关注，也就是说，人格不一定指外在美。

谢谢！我理解了您所说的定义并不单指外在的样貌。如此说来，人格就是一个综合的整体。如果是这样的话，那么我可以充满信心地说，瑜伽在人格开发中意义非凡。这里我先要简单说一下瑜伽是什么。瑜伽之父帕坦伽利在《瑜伽经》中这样说："Yoga citta vritti nirodhah。"意为：控制所有的头脑活动，将其引向一个单一的方向。这就是瑜伽，它是一门涉及头脑问题的科学。头脑是灵魂的一面镜子，因为通过心（头脑）和身的行为，可以照见灵魂的样子。你不得不承认，控制心比控制身要难得多，因为心更细微，也很容易被外在的事物所吸引。我还可以这样说，把心向内在收摄的思维，以及这种向内在世界收摄本身就是瑜伽。

在进一步讨论之前,能否请您解释一下什么叫内在思维或内在世界?

说到内在世界,我是指"关于内在系统中发生着什么"的知识,也可以说是内在宇宙或知识空间。除了物质上的成就,人们的生活有着更高的意义。尽管科技取得了进步,但物质上的满足并没有带给我们真正的幸福和喜乐。心往往执着于感官的享受或痛苦,感官极易为外界所干扰。收摄是向内学习,学习我们对自身的念头、言语和行为的反应,也就是向内在世界学习。《奥义书》中有这样一则寓言:我们的感官就如同马,身体则是马车,心是缰绳,而灵魂就是车夫。如果缰绳松了马就会疯跑,那么灾难便在所难免。类似地,如果人在与外在世界的关系中缺乏自律,心就会摇摆不定。瑜伽就是教我们约束、控制心的科学。有了这样的自律,能量将得以保存,这保存的能量可以用来正确地生活,正确地思考,正确地理解自我。简而言之,瑜伽教给我们真正的生活艺术,这就是内在思维。

好的,我觉得我有一些理解了。但是瑜伽如何影响我们的心,而瑜伽又该如何介入人格问题呢?

身体是灵魂的庙宇。身体是果,而心是因。如果因走对了,果自然就处在正确的方向上。比如,如果身体是健康的,心也会健康;如果心不健康了,身体就不能正常运转。当一个人容易烦躁或易怒时,他的神经会因此受到干扰,那么他的身体活动自然也会被影响。举个病人的例子,病人往往易怒,所以他们就比健康人更难冷静下来。身体上的练习是约束心的方法,而身心的双重自律则帮助我们塑造人格。

您的意思是,假如我的心足够健康的话,我可以不用锻炼就能开发我的身体?

那是有可能的,不过只适用于极少数人,也就是那些能通过心控制身体的人。我们现在的兴趣是普通人应该开发他的身体，并借此开发其心和灵魂。普通人更多地具有动物本能，而其他本能（人性和神性）则处于含藏状态。正是因为认识到这一点，帕坦伽利——尽管把心的控制放在了开篇，后来又在第二章中为普通人详尽阐述了克里亚瑜伽。他把瑜伽的八支命名为：制戒、内制、体式、呼吸控制法、制感、专注、冥想和三摩地。

这八分支又可分为四大类：道德、身体、心理和灵性。一个普通人，要想抑制自己的动物本能，需要通过体式和呼吸控制法的练习搭建起健康的身体框架。有了健康的身体，才能保证生活中更高目标的实现。

另外，如果道德缺失，也不可能建立起健康的心的结构，所以制戒和内制就是不可或缺的。制戒的执行就是念头、言语和行为都不能伤害任何人，对自己要诚实、真实、贞洁和不贪婪，这些都是社会规范。内制则是个人的德行，包含内外洁净，为理想而全心地苦行，研读使生命更精进的典籍，所有行为都是为了敬献于神。

谢谢，但是您尚未提及如何开发头脑，或是能够成就此事的练习。

我现在就来说这一点。在瑜伽中我们称其为制感，也就是约束感官。我们应该了解让心痛苦的缘由。圣哲帕坦伽利分析了 vyādhi, styana, samshaya, pramāda, lasya, āvirati, bhranti darshana, alabhdabhumikatva, anavasthitattva 伴随着 dhukha, dourmanasya, angamejayatva, śavāsa-praavasa。翻译过来就是身心的虚弱、昏沉、不能做出决定、粗心、谬误、懒惰、不稳定、疼痛引发苦、疾病和缺乏信心，甚至呼吸本身都是使人分心的因素，心要出离所有的一切。所以修行者就要培养友善、慈悲、喜悦和淡然四种品质去应对邪恶、道德、愉悦和痛苦。当这种境界都达到了，他的心还能不平衡吗？如果没有伤口，你能觉知到你的耳尖或鼻尖吗？所以，心真的清净了，还会留下什么？"真

肆　成为自己的医生

我",难道不是吗?(釜底抽薪之后火焰何在?)于是,欲望(火)不在了,心就获得了光明和知识。当你达到这种境界时,就再没有更高的荣耀,也没有更大的喜悦了。这是一个身、心、灵合一的境界。此时的人格极具吸引力,而这无关乎外在美。当你觉知了这个境界,二元性也就不复存在了。

我现在明白了人如何通过保持健康的身体,培育出细腻且健康的心了。您说过心和灵魂可以通过人的身体映照出来,我也对此有了一些领会,而这正是一个人的人格。那现在我很想知道:一个人要通过多长时间的瑜伽练习才能培养出这样的人格呢?

这个疑问怕是自文明出现以来就一直存在,所有人都会有这个疑问。圣哲帕坦伽利这样解释:长期不间断地练习,加上虔诚而坚定的心,你就能获得成就。其实,进步取决于个人的能力、练习以及持之以恒。有些人可以很快就获得成就,有些人则因为心智不够成熟,所以进步就会慢一些。但是,如果有了正确的态度和充满热忱的练习,进步势必加快。有一点是肯定的:没有白下的功夫。无论你收获了什么,都将是实实在在的收获。

是否有可能在没有老师的前提下进行这些练习?

虽可能,却不可取。有一些特别的练习在没有指导的情况下是不能完成的,如果没有完全的认知就去做,则可能会伤及身心。孩子们也可以自己从书本中学习,但我们还不是要把他们送去学校?为什么?因为这样他们能够循着正确的方法。同样的道理也适用于其他领域。

我来讲讲这样会如何伤害整个身体系统。先来看看呼吸练习。呼吸是一个控制头脑的间接方法。如果呼吸有节有律,心就是安稳的。如果一个人脾气失控,他的呼吸也会急促。当他处于愉悦的状态中,呼吸自然良好而深长。我举这个例子就是为了说明二者如何密切关联。典籍中如此记录：当你试图驯化一头狮子、一头大象或一只老虎时，要非常缓慢地进行，要先去驯化其呼吸。典籍中又说：如果呼吸练习完成得精准正确，则疾病尽除，如若不然则是在"诚邀"疾病光临。仅靠阅读或者自己练习可能会让练习超出自己的能力范围，于是危险不期而至，所以有老师的指导岂不更好些？

瑜伽是一种特殊类型的练习，对于老师而言有没有可能一次教授多名学生？

我认为是可以的。我觉得老师是有可能教授大课堂的。其实我在不同的大学和学校里教授学生时就是面对多人的。

每日或每周应该花多少时间去练习才能获得这门知识呢？当一个人练到纯熟了，是否还要继续练习呢？

通过瑜伽练习，身心的杂质都得以消除，知识和智慧之光开始普照。那么知识和理解力是否有尽头呢？

年龄限制呢？什么年龄可以开始学习瑜伽？无论男女是否可以在任意年龄开始呢？这些练习是否有男女的差异呢？

瑜伽适合任意年龄的人练习，不分男女，不论强弱，不管老少。在我的经验中，我教过 80 岁的老人，也教过 5 岁的孩童。我最近还指导了 81 岁的比利时王后练习瑜伽。这就说明瑜伽适合所有人。当然所选的体式要适合练习者的年龄、所处环境和体质。瑜伽没有对女性差别对待，只是有几项练习不允许，仅此而已。

（波查先生采访于 1958 年，该采访于全印度广播电台播出。）

06
与 B. K. S. 艾扬格大师的一小时

有着科学头脑的西方世界已经了解了瑜伽的效用,而在印度,人们还是更多地迷恋其超自然属性,而非其疗愈性。瑜伽究竟是科学还是艺术呢?

两者都是。只要有技术,就有科学性。瑜伽有关于身体、心理和人类超精神层面的健康方面的技术,所以它是一门科学。就像音乐家用乐器演奏乐曲一样,瑜伽学生和娴熟的练习者用自己的身体演奏——描摹出自然界中不同生灵的形态。也像雕塑家雕刻雕像一样,瑜伽士雕刻他的身体和头脑,将其意识向整个宇宙展开。

如果你接受"任何艺术都具有哲学性"这一观点,练习者皈依其内在神庙中的神我,那确实是生活的艺术。瑜伽并没有对生活进行表达,但它确实是一种走向正确生活的方法。由此看来,瑜伽是科学,是艺术,还是哲学。瑜伽是一门塑造人格或正确行为的学科。

您是否认为在瑜伽中科学方法的使用能让人们对其有更好的理解?

科学,毫无疑问是人类的一大福祉,非凡的技术进步给人们带来了许许多多的利益。但是,相比较而言,在智慧、头脑和意识范畴里(心灵世界中)物质科学有其局限性。瑜伽的重要性就在此处。失和以及不信任属于心灵领域。所以,我觉得科学方法之于瑜

（对上一个问题中讨论的基本问题的推论）有着极大的贡献——更好地帮助人们理解瑜伽和这个世界。

但是，先生，在一个普通人的心里，瑜伽就是吞钉子、喝硫酸、把蛇吞下去、在水上行走等一类事情。您是否赞同这种将瑜伽等同于魔法或奇迹的观点？

像解剖学一样，瑜伽是一门着眼于人类发展的实践科学。一些神奇力量的出现也毋庸置疑。普通人眼里的奇迹可能只是自然王国中既定法则的呈现而已。奇迹自有其价值，那便是激发人们的兴趣。但是，瑜伽之父——圣哲帕坦伽利如此警告瑜伽学生：奇迹的力量自有其危险性。

在水面上行走、吞下铁钉以及其他的类似技艺都是有可能的。这些力量只是一些特定练习的结果。但是它们仅仅是人——作为一个完整的存在，在发展过程中所经历的一个阶段而已。要获得完美的意识，则身体、神经、情感和智性的成熟意义深远。

您是一位哈他瑜伽士还是一位王瑜伽士呢？

我两者都不是，我只是一个瑜伽练习者而已。除了理论研究的目的外，将瑜伽人为地划分为业瑜伽、奉爱瑜伽和智瑜伽等类别是不正确的。哈他——hatha，包含两个单词——ha 和 tha。ha 是太阳或者正电极，而 tha 则是月亮或负电极，这两者的结合会生成生物能量，这门科学便是哈他瑜伽。王瑜伽——raja yoga，中的 raja 的意思是国王或灵魂，王瑜伽能够带来自我实现。瑜伽这门科学使人获得整体的、平衡的人格，而智慧和情感在这样的人格中能够很好地相融。

您认为瑜伽练习最基本的要求有哪些？

帕坦伽利说，信念、勇气、记忆、冥想和不间断的觉知是瑜伽的基本要求。《哈他瑜伽之光》提到，关于自我的知识是成就瑜伽的关键。这很有可能是指想要了解自身的强烈欲望。我觉得"做的意愿"是瑜伽之至善。随着人们在瑜伽中的进步，性格也会改变。无论你要做成什么事情，基本要求都是有坚定的目标、付出努力的决心和对所做之事无比坚定的信念。

禁欲在瑜伽练习中有必要吗？

先生，我是一个已婚男人，也是 6 个孩子的父亲。这应该已经回答了你的问题吧。

那么饮食上的约束呢？

饮食和地理的关联很大。气候等因素会影响人们的饮食习惯，但是有一些基本原则需要注意：如果食物放到你面前，而你的口中并不分泌唾液的话，就不要吃。如果仅仅是大脑在盘算着吃什么的时候，就意味着你的身体其实并不需要食物。在那个时候，就算你吃了，食物也不会有滋养性，那只是食欲泛滥。

我们的头脑本就由一些精微的营养素组成。从这个观点出发的话，就瑜伽对灵性层面的开发而言，非素食的饮食可能不那么有益。

艾扬格先生，您练习瑜伽已超过 40 年。我们能否了解一下是哪些原因让您走上瑜伽之路呢？

就我与瑜伽的关系来看，当年有两个决定性因素：第一，我在 1933 年的糟糕的健康状况；第二，我是文卡德沙瓦拉神的信徒。后来在 1946 年，我和妻子同时做了预言性质的梦，这让我内心对瑜伽练习更加坚定。加之上师的祝福，我自 1935 年起每天练习 10 个小时瑜伽。现在瑜伽已经成为我生命的一部分了。

在您的瑜伽练习过程中，您必然治疗过各种身体疾病和精神疾病。您能否举几个例子，说明一下医治这些疾病的时长？通过瑜伽的练习，您又在您的学生身上看到了哪些心理方面的改善呢？

提几个我通过瑜伽练习医治过的病症：关节炎、椎间盘突出、脊髓灰质炎、战争损伤、意外事故中的损伤、失眠、腺体分泌不良、阑尾炎、心脏问题、精神崩溃、子宫下垂或异位、脊柱的病毒性感染和肾炎。

这些病症我在印度和其他国家都医治过。我上一次去毛里求斯的时候，有人向我咨询宫颈癌的问题。我给了些体式练习建议，后来她的手术就进行得十分顺利，医生们很惊讶。手术之后，医生们让病人坚持在我的指导下练习瑜伽，因为这些练习能帮助她恢复对膀胱的控制。我在伦敦也经手过一个类似的病例。

至于瑜伽练习的治疗周期是一个月还是一年，取决于几个因素，比如病人的体质以及病人在练习中的配合程度。

问题的最后一部分，你应该去问我的学生。不过，我还是看到了瑜伽体式给他们的身体和精神方面带来的影响。

那么就是说，您认为瑜伽有治疗价值，这一点医学界认识到了多少呢？

正如我已经告诉你的，西方的医生已经认识到了瑜伽的治疗价值，主要是因为那里的病人和医生都拥有热爱科学的头脑。不幸的是，在印度，人们还是更关注瑜伽超自然的一面，而非治疗层面。

瑜伽是一种使命还是一种职业？

都不是。我执着于瑜伽，而且我还处于实验阶段：精进体式，钻研呼吸控制法和冥想练习的最细微因素。拿头倒立举个例子。这样做是否能减轻其他区域的压力？我们能否保持体式的伸展又不给脑细胞以压力？能否放松大脑？放松到什么程度？或者在呼吸控制法中如何吸气，如何呼气？要去观察什么？我们要如何将手指放于鼻孔处才能收益最大？

请告诉我们超自然冥想的技巧吧。

冥想就是冥想。我认为，没有超自然冥想这回事儿。意识中的诸多条件（既定模式）会从一个层面上升到另一个层面，这属于冥想的客体，而当这些模式最终不再限制冥想者（主体）时，冥想者和冥想对象之间的分离就消失了。冥想的姿势很简单：要么是莲花坐（padmāsana），要么是简易坐（sukhāsana）。眼睛要沉向头脑之源（心脏中心），脊柱保持挺直，大脑保持安静。

您对于在学校和大学里进行瑜伽教学有什么看法？对于这一教学项目在国外的开展您又作何感想呢？

在学校进行瑜伽教学，包括理论学习和体式练习是一个非常棒的理想状态。不幸的是，在印度，我们总是颂扬过去而不顾当下；忽略了身体而一味地鼓励大脑，结果就是身心失衡和糟糕的健康状况。所以，为了培养快乐而健康的下一代，瑜伽应该成为教育的重要组成部分。

在此处，有必要区分一下瑜伽和其他身体训练项目。其实，到底又有多少学生真的喜欢这种身体训练呢？我有幸在1937年的时候将瑜伽介绍给了普纳的一些普通学校和高校，我也在位于卡达克瓦斯拉的国防学院把瑜伽当作一个实验课程来教授。

说到国外，伦敦市政议会的成人教育计划已将瑜伽纳入其中，我是这个项目的监督人。在这个项目里，自1967年起我每年都会训练一批瑜伽老师，除非手持我颁发的证书，否则该系统中的课程不会接受其他老师。1971年7月，我的学生在英国成立了B. K. S.艾扬格瑜伽学院，他们开始教授瑜伽并且为英国的瑜伽教育培训老师。

瑜伽已经进入了国际社会，难道瑜伽不是印度专属的吗？

先生，有任何一门科学可以接受如此狭隘的观点吗？难道还存在美国的电、俄罗斯癌症或者欧洲结核病吗？瑜伽源自印度，但它属于大家，不管你来自莫斯科、悉尼还是伦敦。

瑜伽属于所有成年男人、女人，还有孩子，不论种族、肤色、性别、语言以及信仰。瑜伽有着许多意义，但其最终目的是个体意识和宇宙意识的联结。从某种层面来讲，瑜伽确实是一种国际性的思维方式、感受方式和生活方式。在当今这个都已经登月的时代，仍把瑜伽局限于一个国度是在背弃宇宙常识。

（阿尔温德·穆拉采访于 1978 年。）

07
瑜伽在西方以及关于人类的病痛

艾扬格先生,您已经有超过 30 年与西方人共事的经验,您觉得从哪些方面讲西方人需要瑜伽呢?

原因很简单,那就是尽管他们创造了极为舒适的生活,但随之而来的却是他们的肢体活动越来越少。因为关节运动的减少,神经就被压缩,动脉血管的通道因而变窄,疾病就不可避免地产生了。其实,不仅是西方人,东方人也要接纳瑜伽。在曾经的岁月里,很多东方人也挣扎着要让身体的活动保持在一定程度内,这样才有起码的健康。在那个年代,这是营养不良造成的。但现在舒适的生活也来到了东方,人们的健康却敲响了警钟。所以瑜伽在我们的生活中真的极为重要,而且它不再局限于运动层面,它对我们身体系统的意义已经不亚于食物和睡眠了。当然,准确来说瑜伽本来也不是运动。但作为一个门外汉,你们必须首先弄清楚这些姿势,它们关照了每一个关节,让这些关节在姿势中行使其职责。

瑜伽是全方位的练习。我所说的全方位包含了身体、心理、智慧和精神层面。在瑜伽中,什么都不会落下。而在其他运动中,总是强调这一处或那一处。但是如果你选择了瑜伽,你真的可以为之冠以"整体"之名,因为它关照了从身体到心灵的所有领域。如此说来,它真是一个"十全大补"的练习——谁也没被忽略。随着科学的发展,瑜伽必将扮演重要角色。

您是否觉得西方人比印度人更冷漠或是更了无生机？

不是的，不是了无生机。你看，西方的不幸在于他们在客观知识领域有了极大的发展，却没能解决人类的痛苦。情感疾病——高血压、糖尿病、性无能或抑郁症等在西方都是用机械的手法去处理的，但那样你只是关照了人体的局部而已。连性生活都要用智力来解决，因为它不仅仅是脑袋的问题，还有心的问题。所以真的很有必要将智慧中心和情感中心融合起来、平衡起来，每一个人都不例外。智性的发展是纵向的，比如说人触碰到月亮，但是横向发展才是我们慈悲行为的体现，要对彼此慈悲。但当今的社会发展全都体现在机械性上，比如计算机和汽车，人的触摸、人的感受都不见了踪影。而瑜伽正是要把这仁慈的觉知找回来，瑜伽之美就在于此。

我们怕是情感波动的最大受害者了。瑜伽在这里扮演着重要角色，因为人需要从存在的最核心——意识之源开始修起，行为是从那里发芽的。练习体式和瑜伽教学能够碰触到情感中心。我们所说的情感中心其实指的是智慧这一个层面，我们要去开发这一层面。瑜伽是一把钥匙。科学还未曾测试一个瑜伽练习者的情感和谐状态，它测试了练习者的血压，发现了血压确实可以上升或下降，但是人的内在感受呢？

如果我的学生体验到了瑜伽带来的这种喜悦，并且决心要用慈悲心去通过瑜伽来帮助人类的时候，我确定这个发心本身就有着同样的喜悦。这样，这个世界上才有满足感。这个课题在西方已经遗失了，因为他们曾经只看到智慧的纵向发展层面，但现在他们开始尝试横向的发展，并且开始认识到瑜伽和冥想的价值了。

艾扬格先生，我经常听您说起帕坦伽利，说您想要重新来学习这位圣哲。能否请您谈谈对他的认识呢？

举个例子，很多人在谈论瑜伽的时候都把它当成哲学，说它与

肆　成为自己的医生

治疗毫不相关。但是请看一下帕坦伽利在《瑜伽经》中的第二条经文:"我将其称为'精神休克疗法'。"其实,他没有谈哲学问题,他说的是治疗,"瑜伽是心念波动的止息(yoga citta vrtti nirodha)"。vrtti 是分分秒秒都在变化的心念流,这正是我们要去攻克的。那么瑜伽到底是治疗还是哲学呢?

帕坦伽利又说,无论你将心(头脑)置于何处,它都会只安于那一处,不能进入心灵层面。那么心又乐于将自己置于何处呢?圣哲举出了例子:疾病、懈怠、幻觉、怀疑、贪婪、感官享乐;他还

艾扬格示范瑜伽拐杖式变体
当你到达了这种大脑、心识的纯净境界时,和平之流便流淌于内在,那就是生命中最美的甘露。

给了很多其他的例子，比如痛苦、沉重的呼吸，或者尝试达到某一目标却在中途停了下来，达到某一程度之后便满足于此。他告诉我们，这些其实都是病。是那些感受让你的心套在某个念头上了。"我有高血压""我患有心悸""我胃酸过多"等，你的心就这样和那个问题靠得很近，别的什么也看不到。为了医治这个问题，圣哲给出了不同的疗法：专注于特定的点，专注于吸引你的任何事物，或者练习呼吸控制法、练习瑜伽八支、专注于一束光或思维某个伟大的灵魂。他给出了多种不同的治疗法，其目的是让人们找到适合自己的方法。

通过练习瑜伽八支和其他圣哲给出的方法——友善、慈悲、喜悦——这便是他给的所有健康方法，一切便能有所收获。在使用这些健康方法的过程中，他说，你会体验到心如平静的湖水一般。尽管湖面之下暗流涌动，但在那个境界中，你的意识将在无波动的状态下包裹你身体这片田地。

当你到达了这种大脑、心识的纯净境界时，和平之流便流淌于内在，那就是生命中最美的甘露。体验每一个细胞中万能灵药般的平和，意识好像在无干扰状态中休息下来，就像水洒落于土地——每一滴都会找到自己的归处。在身体之中，意识也散至一切处。当它真的遍及一切处时，修行者便已摆脱了所有的苦痛、悲伤、偏见、聪明等所有诸如此类的事。和平之水在体内自由流淌，这便是瑜伽的功效。现在，对我来说这件事至关重要。因为身体和精神的不快已迫在眉睫，没有任何一个人敢说自己是百分之百快乐、百分之百健康。

您能否理解自己为什么要选择属于他人的担子吗？

不理解，我从未自愿选择这副担子，是环境以某种方式推动我接受了这个职责。无论生活给了我什么，我都要接住。这让我将自己的爱全部展现出来，这种表现在旁人眼里就是慈悲。我要把我的孩子们养育成人，我需要足够强大；我要搞清楚孩子们是否在努力，他们是否在成长。我们对孩子们的全部希望便是——每天可能有20个小时你都对此事念念不忘，他们能健康快乐，能够不断成长。在这种情况下，有时父母需要在爱与情中添加一些力量，我也是如此。我的学生们并不属于我，但是他们找到了我，我必须要走这一步，我的职责便是明白他们为何而来。为了获得一些快乐，或许也需要解决身体的一些问题，当然，也有可能是心灵层面的问题。总之，他们都是带着某种希望而来的。如果我用强硬或柔和的方法把希望呈现给他们——强硬的方法恐怕会更快奏效，只有那样我才会觉得我已经把自己的工作做好了，我就这样见到了神的面孔。

另外，你要懂得神存在于一切处，不论你能否见到他，每一个人都是这至高能量的一部分。所以，哪怕我发脾气，我也依然在服务于那居于学生内在的神。这就是为什么我会那么不顾一切，这点你也看见了，就是为了让我的学生们超越自己的极限，因为神也在他们的心中。

的确，通过提出那么多要求，您其实是在挑战我们，让我们做最好的自己，可能很多人一生都做不到这一点。

这也是为什么有一天我跟你们说，现如今的老师们已经没有饱满的情感了。他们很小气，他们眼光浅、心也小，却又总期待着大事情。要真的把事情做好，你要跳出自己的灵魂，跳出自己的小我。难道不是吗？一味保护自己的人，如何去服务他人？作为老师，我们要拿出自己的生命来。为了服务于你内在的神，先要跳出自我。如果每个人都能这样想，我们的社会将会不同，我们都会不同。

那么从某种层面来看，我们的疾病（弊病）基本是灵性上的？

不是，痛苦并非最初便是灵性上的。有很多不同类型的疾病，比如说，你认为什么是过敏？

过敏就是能引发一些反应，比如打喷嚏等。

但是，为什么人们会称其为过敏呢？因为找不到适合的名字，原因不明。他们就只能说你对这个过敏，对那个过敏。但是你为什么会对特定的事物过敏呢？我们的传统解释是："那是你的命，是你的过去生所带来的。"西方人未必会认同这一观点，但是东方人却相信，他们说这是我们过去生的恶业在这一世的果报。这是一种类型的病，其他疾病则基于外力，比如说源于五大元素的疾病——气旋，或者是打乱和谐进而制造出大规模的破坏性的东西。这些当然是超出个人力量的。但是源自每个人内在的东西，很多人认为是灵性，其实不是。这是我们的头脑在玩的伎俩，这也是帕坦伽利给我们的最初的经文：瑜伽是心念波动的止息。因为心在外面飘着，它渴望很多事情，并想要享受这些事情。那其实是人的行为造就的疾病，不是什么心灵疾病，而唯一可以对抗它的便是瑜伽。

我是怎么知道这些的呢？人有不同的疾病，不同的心理恐惧情结，我该如何帮助他们呢？我要从他们的身体着手，但我不能说："你的心智虚弱，来做这个吧。"因为当你有某种心理困境时，这种困境会让你忧心不安，你感觉心脏要炸开一般。这时你身体的虚弱处一定在对其进行煞费苦心的加工，当然这个加工过程是在很深的精神层面进行的。所以，我们说那里一定有一颗物质的种子。在瑜伽中，我们通过一些特定的姿势作用于这些身体的弱点之上，让学生们能够获得信心，西方人称之为反馈系统。我们是在让自己的血液、生命能量有力地流经那些急需关照的身体区域。如果某人身患肝脏疾病，作为瑜伽老师，你就有职责保证这个学生的练习方法能够直接让其肝脏获得能量供给。为了有效作用于某处，你需要封锁住其他区域，以使目标区域获得更多的关照，这需要极大的情感付出才能实现。

您是否在第一眼看到某人的时候就能"捕获"其身体问题呢？
是的。

瞬间地？
没错。

所以对于每一个走进这里的人，您都会对其特殊问题有一个明确的感受？

为什么帕坦伽利把疾病排在所有练习障碍的第一位呢？为何不是精神困扰？与现代科学家们相比，他其实是一个更高明的科学家。无论哪里有了问题，你的头脑会紧紧依附其上，所以你不可能再去考虑灵魂问题。问题解除了，头脑才能去关注更高明的体验，在此之前它是办不到的。

这就是为什么您会认为很多人不顾及身体而仅仅关照灵性是伪善的？

那是会失败的，而且是注定要失败的。冥想之于瑜伽就好比瑜伽中的大学学位，岂能没有基础？如果没有基础，你究竟能获得什么呢？感官的宁静？但是感官的宁静并不能根除疾病。感官必须去贯穿身体的每一个细胞，如果它们不能贯穿每一个细胞，人就不可能健康。就像我在课上说的，每一个细胞都应该体验喜悦和满足感，因为每一个细胞都做了自己的那一份工作。只有那样才会有全然的快乐，而不是说"我是快乐的，尽管我有便秘"。如果你真的快乐，又何必使用"尽管"这个词？那其实是在说你的内在有根刺扎着你。

"我确实能睡着,但是我眼睛疼。"你是否听到过有人这样说?那一定是眼睛有什么问题了,所以那就是不快乐,这就是瑜伽心理学所关注的。当一个人说完一句话之后,又用了什么词?这对我们而言就是一个线索——这位先生有某种身体问题,而我们要去解决它。

所以您对问题的"捕获"来自各个层面?

病人甚至都没有意识到那一点。其实他在说出那个词的时候往往是无意识的,而恰恰就是这个词给了我们一个线索。沿着这个线索,我们可以做出假设,进而着手处理问题,无须再多提问。其实,我一追问,他便会改变初衷,而在他刚走进来的时候,无意中已经透露了信息——那就是问题所在。就好像树枝会向着不同的方向延伸,人的智力也会向着不同的方向发展,但是最初的几个词已经给出了问题的症结,我们从此处着手就对了。

我记得您有一次将自己比喻成一个园丁。所以您心里应该有一个形象——您是把自己看成一个园丁、一个制陶匠还是一名医生呢?

是的,就像一个农民会谨慎地照料那些树木:如何剪枝,如何令其保持健康,做什么、不做什么。难道不是吗?他要除去杂草,以免心爱的农作物被毁。同样的道理,疾病就是身体里的杂草。所以每一个个体都是自己这座神性花园的园丁:他需要去培育花朵,去施肥。当然这些都是我们今天使用的词。我们使用这些词是为了帮助人们调动全部的专注力,进而越来越多地看向内在身体。一旦了解了身体的内在,他的病症必定会被连根拔除。那时,就像我说的,那喜悦之河、那了悟之河便可以流淌无碍了。

您是否背对着学生都能感受(到学生的练习)?

在教学中,我就是火!而瑜伽之火是要燃除杂质的。于是,我在课堂上的职责便是看大家的身体有没有被净化。所以我体内的火要比你们体内的燃烧得更旺才行。

但是我觉得这是您的一种特殊的本能……

你不能把它叫作本能,它是直觉,是经历了变化的。本能更像是动物属性,我没有那种感受了,因为我已经征服了那种本能,并把它转变成一种直觉。这就是为什么人可以在背后长眼睛,而通过本能,你是看不到的。

(卡琳·斯蒂芬于1983年1月所做采访的节选,全文刊登在1984年6月的《艾扬格瑜伽学院院刊》之上。)

08
拜访 B. K. S. 艾扬格

请谈一下我们练习中正位的重要性。

我第一次使用辅具是在 1948 年,当时我的束角式(baddha konāsana)完全不像样子。我就开始使用砖头或者马路上随处可见的很有分量的大石头。但是辅具的真正成形是在学院成立的 1975 年,我当时计划着要把什么东西安置到教室里。

直到那时,我才意识到正位是最重要的事情。瑜伽即正位,这个理论是本来就存在的,但是没有人解释过它究竟是什么意思。另外,每个人都在说体式只是身体层面的,与灵性毫不相关。这个观点一直在我的脑子里,同时也是指引我的一个方法。我曾经接受人们扔给我的所有愚蠢的或是聪明的见解,然后我坐在家里把它们翻来覆去地掂量。我会问自己:什么是对,什么是错?我是该听这个人的,还是那个人的?我开始仔细观察人们的体式照,在他们的体式上勾勾画画,试图找出我们的体式之间的差别。我比较着我们的胸腔、手、手肘等,体式虽然做出来了,但是正位还未实现。在头倒立中,头在一处,鼻子在另一处,胸腔也自有主张,而一条腿还拧巴着。我思索着为何会存在这样的差别。瑜伽说一个人必须平衡,那么正位究竟在哪儿呢?

为了搞清楚什么是正位,我们首先要意识到身体每一个部分都存在一个中心(中心面),这一点至关重要。我们拿一根手指为例:

将其从中线纵切的话，你就有了一个中心面。当我们伸展的时候，中心面两侧的伸展是否均等？还是一侧伸展过度，而另一侧伸展不够？如果哪里存在伸展过度，那么一定有什么地方伸展不足。在这个意义上，中心面就是神，它给你带来精准的艺术。你要从内、外、前、后去测量躯体在伸展中与中心面的关系。任何一处都没有过度伸展，你才实现了居中的精确平衡。

关于皮肤的重要性

在我早年练习瑜伽的时候，因为少年时期的疾病从未得到过治疗，我会大量排汗，而汗液的味道简直让人难以忍受。我内心深处明白，我真的不健康，要不然汗液怎么会如此难闻呢？我并没有遵照传统的理论，因为我觉得一个人如果出汗的话，就一定应该出汗。当我意识到排出的汗液逐渐发生改变的时候，我就开始关注皮肤。我自问，在体式练习中，皮肤的职责是什么？它只是解剖学意义上的一层身体覆盖物吗，还是一个认知器官？皮肤一定是在表达着什么内在的东西，要不然它本身怎会制造出这样的味道呢？我思考着皮肤，我觉察到在体式练习中，它是没有反应、没有作为的。我推敲着原因，我的皮肤是与身体形成某种连接，还是在身体之外？如果存在连接，那么它也应该动起来。那么就让我来学习皮肤的运动。当我开始去移动皮肤的时候，我才终于认识到为何古人会说皮肤是认知器官了。我很快意识到难闻的气味开始消失了。我能感受到一片一片的皮肤，觉察到这一片比较厚——为什么会如此？当我开始在这一处做功的时候，它变薄了。我意识到，皮肤的质量能告诉你它下面的器官的质量。这就是为什么时至今日，我还在强调皮肤的重要性。

您在课上曾经说过肌肉是解剖意义上的存在，而皮肤是智性器官。

是的，根据数论派哲学，五大感官——认知器官是具有五大元素特质的：土、水、火、风、空。这五个感官就是要去感受身体的温度、体式的反应；感受哪里创造了热量、哪里没有，哪一刻在运动；每一个关节是否创造了空间。当我练习体式的时候，我把这五大元素的特质当成我的理解之源，我就是这样逐渐成长起来的。

《薄伽梵歌》上说，理论上来讲，皮肤是田地，而智慧便是那个耕田人。耕田人细心培育田地来获得收成。于我而言，我的身体便是田地，而智慧就是耕田人，我要找到身体和智慧在何处会面。我开始在身体上让智慧平衡。肌肉属于解剖意义上的，而皮肤则是一个认知器官。它和肌肉不同，它非常敏感。如果你的身体出现化脓或任何其他情况，皮肤就会将其表达出来。要不然，疾病就处于隐性状态。

关于膈膜的角色

您说的话中，我最喜欢的一句就是，膈膜是物质身体和灵性自我之间的传递者。这个角色是如何扮演的呢？

膈膜让我们在身体和精神间获得平衡。当人们经历生活中的突变、抑郁、忧伤或痛苦之时，他们会有揪心的感觉。为什么呢？我们存在的媒介是什么呢？就是膈膜。如果把膈膜切除，人还能活吗？尽管它是一个身体器官，但是我们需要理解它在精神层面上承载着极大的压力。膈膜是唯一一块能汲取生命能量的肌肉。当我们出现恐惧或痛苦时，呼吸会变得沉重，那是因为膈膜在呼吸的动作间失去了正位，我们就会气喘吁吁。一切都会首先影响膈膜。有人跑过来对你狂吼："我要砍你！"你会立刻收紧膈膜。而在另一些情况下——看到美丽的落日或遇见多年未见的老友，想象一下你是如何展开膈膜的。在瑜伽中，我们学习如何增强膈膜的弹性。

和体式一样，呼吸控制法也扮演了重要角色。在古时候，人们受困于一些精神疾病，今天则出现了与压力相关的疾病。人们的痛苦是一样的，为什么？因为膈膜缺乏弹性。紧张和压力让膈膜变得更硬。"我应该是那个样子""在生活中必须要有竞争力""我要接受所有的挑战"等，的确是大脑接受了这些挑战，但什么地方会因此而揪紧呢？这种揪紧一定是从膈膜开始的，膈膜是灵魂之窗。既然如此，那么你越紧张，这扇窗便关得越紧。如果膈膜是展开的，它就可以承载很多——不论是智性的、情感的，还是身体的。可如果你缩紧它，让它变硬，又哪里会有空间呢？

关于瑜伽的医学因素

我想问您几个关于瑜伽医学因素的问题。如果身体的某部分受伤了，那么大多数医生会说避免活动那一区域，而您的方法却是想方设法在那一区域做功。

确实如此。假如你的脚跟受伤了。在瑜伽中，有两个体系——激励性的方法和刺激性的方法。其他的运动系统中没有激励性方法能让受伤的部位放松。如果一个人跑步把一处肌肉拉伤了，那么他暂时就不能跑步，如果他坚持跑步，恐怕就只能进医院了。在瑜伽中，有一些动作可以激励受伤部位，使其复原。那是一种疗愈性的碰触。我让他们大胆去做，因为那些体式会给伤处供给更多血液，帮助其更快复原。西医采用紫外线辐射来增进血液循环，瑜伽在用不同的方法做同一件事。这些姿势通过伸展和挤压其他区域，给伤处提供更多血液。我们以三角伸展式为例详细说一下。当你做右侧的时候——因为右侧需要收缩，左侧需要伸展——本来流到左侧的血流到了右侧并且被挤压。那么当你去做左侧的时候，左侧被挤压，而右侧有了自由，右侧的血液就可以畅通无阻了。这就是我们为什么要强调做这个、做那个。一个举重运动员需要强化他的肱二头肌和肱三头肌，他在练习自己的肌肉层面的身体。但是很多人又问，我们该如何强健肝脏或胰脏呢？我们在让肌肉越来越结实的同时又该如何保持肝脏的健康呢？瑜伽体式是具有引力的，能令血液涌向特定区域，使其更为健康，这样的引力具有强大的影响力。无论我在哪里上课，我都会让大家专注于最大限度地增强血液循环。因为只有循环增强了，相应的器官才能健康。血液将能量输送到不同区域，细胞便拥有了健康。

是否有什么问题是瑜伽不能治愈的？

我要如何回答？努力是必须要付出的。哪怕只有5%的进步，也是一种成功。你见过我如何教授那些有先天缺陷的孩子，哪怕他们的进步只有1%，我也将其视为了不起的成绩。瑜伽，作为行为的艺术，势必会产生积极影响，这种影响未必会达到最大值。有时种子只需两天便可发芽，而有时则可能需要一两年的时间。坚持是核心。

我们常常听到瑜伽界的人说起强化神经这一西方医学不太讨论的概念。您能否就此谈一谈？

不是强化神经，应该是强化神经的耐力，神经的耐力有赖于神经细胞。神经携带着生物能量，而这种能量由血液供给，就像电流一般。如果神经细胞有一个生物能量仓库，那么这个人就有无比的耐心。一个人的神经坚固，便可以承载更大的压力。如果只有紧张和压力的话，那么这个人就好比明明无存款，却要大把花钱一般。生物能量系统会被智力思维、沉思等活动蚕食。如果你支取了仓库中所有的能量储备，你整个人便垮了。每一个体式中的伸展动作，使血液得以循环至身体的每一处。无论需要怎样的能量，血液都能

肆　成为自己的医生

提供足够的供给，这也是为什么呼吸控制法如此重要。如果没有呼吸器官的参与，血液就不能为身体系统供给能量。

瑜伽不是蚕食，而是施与，它的美就体现在此。当你练习头倒立的时候，血液充分流经头部。从体式中出来之后，整个人感觉神清气爽。完成椅子上的倒手杖式之后，血液在胸腔有了充分的循环，自然地，你便会处于一种平和、安稳的状态中。

关于瑜伽和精神健康

您觉得如果没有瑜伽，人们能达到平衡的精神状态吗？

会很困难，原因就在于我刚刚提及的神经系统。神经是无意识的头脑，我们的大脑和头脑属于有意识的智慧。当有意识的智慧变得虚弱的时候，精神方面的医生可以指导这个人；但是如果一个人的精神崩溃了，那么医生们便不能为其提供能量，这时他们就会建议使用电击疗法或镇静剂。在瑜伽中，神经系统能获得充分的供给，让能量得以储存，哪里还会出现精神崩溃呢？

我见过人们在对冥想缺乏了解的情况下开始冥想，那样会产生不平衡。当人们觉得不平衡、不稳定的时候，西方国家的人们便用药物或冥想来治疗，因为药物或冥想是他们所知道的仅有的方法。冥想是内向的艺术，但病人已经处于消极状态了，我们应该让他们更外向，所以外向型艺术——体式和呼吸控制法才是他们需要的。如果一个内向的人进行冥想的话，他只会病得越来越厉害，这就是为什么治疗总会失败。瑜伽说外向应该用内向来调节，而内向则由外向来对治。当一个人明了何为外向、何为内向的时候，他才完整。对于一个消极的人来说，冥想是消极的办法，所以他只会垮得越来越厉害。这就是为什么我们要学习瑜伽——懂得什么时候进行正确的调整。瑜伽甚至可能会带来病痛。错误的练习、错误的方法和错误的时间，都会引发不同的并发症，即便是正确的练习，但是选错时间，也会给练习者制造麻烦。

关于瑜伽的心理因素

我们知道瑜伽的错误练习会给身体带来麻烦。那么它是否也会引起心理层面的问题呢？

是的，首先便是易怒。有人读了几本书就敢说："我的瑜伽有长进，我易怒原来是因为我不喜欢世俗的东西。"他们既没有意识到自己的错误，也没有真的去解决问题。我会自问缘由，我昨天没有暴躁，今天为什么会暴躁？这样的事情是如何发生的？一定是哪儿出错了，我的神经受到了干扰。当我的神经被干扰时，内部就会变得不稳定，这种不稳定正是易怒的元凶。

所以我要下功夫，我说："让我来观察，检省自己昨天是怎样做的，昨日之事是否还会重复。"如果我还是会暴躁，那么就说明我的练习出错了。就好比台阶要一级一级往上爬，在瑜伽中你要根据自己的能力、体质、力量和柔韧性向上攀爬。这个过程中你是足够清晰，还是心存疑惑？如果心存疑惑，你怎能急着奔跑？所以要放慢脚步，获得信心。你要考虑所有这些事，如此，瑜伽才能成为你的朋友，不然它便是敌人。

瑜伽是如何改变您的心理境界的？

我有极大的抗疼痛能力，对享乐也如此。在练习体式的时候，我曾经走进疼痛的深层，我不得不在其中挣扎，但是在挣扎中我发现了我所经历的疼痛的范围，我会把所有这些都吸收了。吸收之后，我就懂得了何为对、何为错。如果只是一点点疼痛，我绝不会逃开。我会问，这个疼痛为何会出现？另一侧也存在吗？如果另一侧不痛，

肆　成为自己的医生

……我会自问是否有可能让这些学生花费比我当年更少的时间达到我的水平……他们又何必要像我早年那般浪费时间——我当年是不懂何为正位，何为节奏。

那么为什么这一侧会痛？我的逻辑会在那一刻参与进来。当我懂得自身的时候，也就能理解别人身上发生的事了。这就是为什么如果有人说他哪里出现了刺痛，我会很迅速地说："你的手放错位置了。"我能立刻纠正这个问题，如果我没有经历过同样的困惑，我如何能得知此事呢？

关于老师这个角色

您如何看待老师的这个角色？当您走进教室看到面前的学生的时候，您会设定怎样的目标呢？

不，不，不，其中的一桩好事便是我完全不设目标。但当我开始上课之后，我会自问是否有可能让这些学生花费比我当年更少的

243

时间达到我的水平——这其实是我在课堂上很强悍的唯一原因，当然这一点在有些人眼中是种侵犯。可是他们又何必要像我早年那般浪费时间——我当年不懂得何为正位，何为节奏。我的大脑在思考而身体却在遗忘，或者身体在记忆而大脑却在想别的，我在早年不得不面对所有这些问题。这是每个人都必须要经历的吗？为何不给出一条直接的路，让他们走下去。

您认为一个瑜伽学生什么时候可以开始教课？在一个人开始教学之前是否应该开发出某些特质呢？

信心、清晰和慈悲——这三条便足够了。如果我要授课，那么对于我所知的，我应该清清楚楚。哪怕我只知道十个体式，那对这十个体式我应该十分清楚，这样我才敢说我知道这十个体式。如果有人能更好地教你二十个体式，那你最好去找那个人。对于新的东西，我不会在别人身上尝试，我会先在自己身上试验，自己承担后果，绝不会让别人去冒险。这就是为什么我能够自信地讲解，自信地给予。我知道一个初学者的身体能做到什么程度，我便能立刻盘算出该特定动作会带给这样或那样的一个人怎样的感受。因为我的身体非常敏感、非常有弹性，所以我需要过度伸展才能获得额外的感受。我需要比其他人经历更多挣扎，我必须深入地向内渗透。因为自己首先要获得清晰的认识，然后才能教给别人。

您对西方人的教学方法是否有别于教授给东方人的？

不会，完全不会，那是一个错误的认识。但是，当然对于你们这些智性发展太多的人来说，我要去敲打那个智性，将其用在情感中。我们东方人往往缺乏生气，对他们，我要表现得像个奴隶监工头一样。如果我也和懒惰的印度人一般无二，那么恐怕也达不到今天的水平。真的努力过，我才知道要体验如今的境界需要怎样的付出。在印度，人们有着丰富的情感，他们能够承受疼痛。尽管他们会一再说我这里疼、那里痛，但他们不会哭，只会抱怨。西方人想用智慧解决一切问题，包括体式。情感疾病需要用情感去体验。面对情感疾病我要用我的情感去思索应该给这个人怎样的练习，我不能依靠智力。我可以用智去思维，但却要用情去行动。这里的情就是慈悲、友善和冷静。我必须去思考哪些区域会对他有影响，会有怎样的感受，他的头脑会做出何种行为，我要去滋养这些领域。

关于创造觉知

有一次您在课上解释过为什么会打学生，这如何带来觉知？您能否再重复一遍？

其实不能用"打"这个词。身体的迟钝区域是极不敏感的，尽管已经调动了自己所有的智慧，有的学生可能还是不能觉察那个虚弱的区域。我会根据皮肤、肋骨或是肌肉的需要给他一个动作。如果学生太迟钝、虚弱的区域太宽的话，那么我的手指也得变宽才行。根据这样的直觉，我立刻做出调整，给他们提供相应的体验。在那个体验中，我创造出力量，而他们便做出了应有的姿势。你们是否能跟上我的思路？

是的，我是您的这一方法的直接体验者。（双方的笑声）

一个人可能很聪明，但却不懂得如何应用这才智，因为他不能穿透到那个区域。为何要浪费四五十年的时间？你可以快速学会如何观察这些事情。但是如果我允许的话，也可能花费很长时间，我在你的内在创造出智慧。之前我都是让大家去做，但那不是创造智慧，只是表明我能做得更多，我有更多的东西要教给你。我在我的教学法中做出了一个建设性的改变，这样你学会在练习中成为一个有创见的人。这个方法我已经用了两三年了。我给出一个链条中的一环，让你懂得知识如何主观地获得，而不是客观地被授予。我让每一个人都越来越敏感。以前，我要像头驴一样工作，去建立一个基础，去激发每一个人的兴趣。而今，兴趣已经有了，那我的工作又是什么呢？我已无须激发更多的兴趣了，只需要把你们心中的火点燃，方法其实就是让你们了解自己，而不是一次次地把体式展示给你们看。我小小的碰触创造了智慧，你开始从那一点下功夫，你会记得艾扬格先生触碰过那个地方。

您是否还有别的什么想要和我们说？

瑜伽是一盏灯，一旦点燃便不会熄灭。你做得越多，火焰在你体内就燃得越明亮。瑜伽是世间万物的源泉。我们有幸得到它，却不懂如何使用。当我们懂得的时候，整个世界将会改变。

（节选自卡罗尔·卡瓦诺之"B. K. S. 艾扬格访谈"，经《瑜伽杂志》授权再版于此。原文刊登于《瑜伽杂志》1982年7/8月刊。）

09
联合采访

关于西方的瑜伽教学

印度是一个热带国家,冬天也很温暖。所以在这边,课程中途休息一下不会干扰身体,血液还是可以触及身体的末梢,所以我们可以给出更多的解释。很多西方国家非常寒冷,如果课程中解释太多了,体内的热就消散了,而重新让身体恢复状态需要时间。这一点需要在东西方的教学中注意。

在西方,老师一定要谨慎地观察,让学生保持住身体的热量。如果身体很冷的话,哪怕是正确的技巧,身体也是不能接受的,这样,所有的解释也就失去了魅力。你必须清晰地知道在学生们的体热得以保持的前提下能给出多少解释,而下一次可以从停顿处继续。但是我看到有的老师尝试给出太多的解释,把自己和学生都弄得疲惫不堪。老师要尽量把句子截断,观察学生们是否已经消化了给出的信息,还要关注身体系统是否已经吸收了已有的指令。要给大家留出足够的时间,然后再增加几个新词。

老师们对于新手和练习数年的学生并不会区别对待。大家都听着同样的指令,但是对于未经训练的身体,老师应该及时说:"停下来——因为你是个初学者,以下的练习你还暂时不能接受。"请大家一定要明确这一点。

当我们在上密集课程的时候，我们也不会无差别地对待所有学员。我们的课程安排往往有一个假设，那便是学员已经有了充分的练习，足以接受我们所给出的要点。但实际上很多人才刚刚开始练习，经验还远远不够。老学员、新学员——我们需要多久才能看到他们之间的差异呢？密集课程对有些人来讲强度太大了。所以我们也存在一些问题，但是通过观察我们能明确知晓哪些应该教给初学者，哪些是针对有效练习瑜伽多年的人。

老师要观察学生能够接受多少，如果学生不能接受，那么教学便毫无意义。在课堂中，我们给出技术上的要点并做出相应的示范，因为我们了解这个学科，但同时也要关注学生练习中的错误，这就是反馈。西方的老师一定要充分利用这些反馈，"捕获"学生的弱点，以此作为教学的起点。这样他才能成长为一名好老师，对学生也会大有帮助——双方的互相理解就会慢慢建立起来。只有老师成熟了，学生们才会成熟起来。这一点正是很多老师当前所缺乏的，如果他们在这一点上能有所发展，我会说"很好！"。

我们像解剖学家一般教授体式。尽管很多西方人对解剖学和身心方面都有一些智性层面的知识，他们对身体部位的名称有认识，但他们并不真的了解各个身体部位的功能。只有体式能教会你这些。他的腿长，你的腿短——我们的教学不能仅仅依赖解剖学，因为那样你不能获得整体印象。

分析和体验一定要并行。教学首先是一种分析，分析学生们的精神层次、身体状况，然后发现如何能让他们有不完美的身体和头脑联结起来，或者让他们的头脑和部分身体产生关联。有时一个无知的人会比一个聪明人做得更好。为什么这个脑子不太好使的人会做得这么好呢？为什么一个领悟力如此之高的人会犯错误呢？你要去比较不同的身体，这样你才能开发出真实的智慧，才能从中获得教学方法。

那就是瑜伽的科学。

是的,那就是瑜伽的科学。我知道这个体式,我知道这个体式中的技巧,但是我还必须知道这个技巧如何能帮助每一个学员。

关于节奏和循环(小序列)

在密集课程中,吉塔的解释非常清晰,我领会了其中对每一步的关注,并欣喜于所获得的进步。她一再强调正确的练习顺序的意义,您是否能够再强调一下这一点?

正确的顺序意味着体内的良好节奏,若失去了顺序,节奏也就不存在了。拿音乐做个例子,如果你要弹奏一个高音,你会突然跳到这个高音上,还是要逐渐升高?

逐渐升高。

对了,现在你就懂了。当你循着一个上升顺序的时候,是不是要一阶段一阶段地进行?当我们完成了一个课程,我们会欢欢喜喜地把学生送走,因为我们让他们恢复了正常。你能否让他们立刻进行后弯练习?

不能。

你要逐渐地过渡到后弯。后弯之后你又能否马上让他们做前屈?这些便是所谓的循环,我们可以来汇总一下这些循环。但是对一些特殊的学员,这些循环可能完全不起作用,所以我们还要根据他们的身体情况,用不同的方式进行示范。你知道汽车上一般都有四五个挡,不回到空挡你是否能换挡呢?

不行,这会使装置磨损。

在瑜伽中道理是一样的。一旦看到人们进入教室就立刻开始练习后弯，或者到吊绳上练习后弯，我会大发脾气。如果没有中间的过渡，会发生什么？

受伤。

我们示范了这个循环。你必须要让不同的人去体验，然后明确它们可能产生的负面影响。这也是我们为什么能够在紧急情况下立刻做出改变的原因。

比如说，你们团里那个从小就饱受咳嗽和感冒折磨的女孩，我为她修改了整个序列。昨天她才终于说："我觉得生命力开始回来了。"我告诉她至少要在学院待上6个月的时间，生命力才会真的回来。但是她只能参加这个为期三周的密集课程，于是我告诫她："6个月的时间里不要去听从任何人的建议，老老实实练习我教给你的东西。不要做任何修改，记得这个循环，在同样的循环里，逐渐延长时间，这样耐力就会增加。哪怕你觉得缺乏新鲜感，但是必须要坚持，不能冒险。"这个就是节奏，瑜伽当中应该有节奏。如果音乐中没有音色和曲调，你还会去听吗？身体究竟是什么？就是一件乐器吗？那其中的振动就是声音，就是曲调吗？身体的振动必须与动作合拍。这就是为什么体式的练习要遵循某个特定的顺序。

比如，我们最近在楼上开了一个初级班，在伦敦期间，我给了他们一个教学大纲（体式序列）。老师首先应该示范体式两三遍，然后站着教授。如果学生没懂，再示范两次，然后第三遍跟大家一起做，同时加上一些指令："看着我，看我的腿，看我的手，看另一条腿。"在最初，老师需要做30分钟，而学生做20分钟。一个月之后，老师做20分钟，学生做30分钟。教了四五个体式之后，把第一个体式再示范一次，并且让大家再做一次。

当我和学生们一起做体式的时候，我的练习也会进步，我就知

肆　成为自己的医生

道下一步要教什么。我在解释的时候会仔细观察大家，看看遗漏了什么。捕捉到一两个错误之后，我会在第二天教授同一个体式时只给出一两点建议——重要的点。粗糙的问题未解决之前不要去碰那些精微的问题，粗糙的问题很重要，你要让身体的表层成为修正深层问题的根基。然后，这些精微的点才能让你领会到节奏和循环的妙处。

现在来说说，什么是中立（过渡）。如果你做了一个后弯，你不能立刻就去做前屈。巴拉德瓦伽（bharadvajāsana）便是一个空挡。多少人懂得这些空挡？三四个站立体式之间要做一个前屈伸展式（uttānāsana），那就是一个空挡。我一再告诉人们要去遵循这个空挡原则。如果他们犯了错误，我会把他们拉回到这个循环中来。我还要去衡量这个循环是否练得过度或是不足，这样才能避免给身体造成伤害。

有人说我是一个霸道的老师，我要说的是，我是一个很强硬的老师，但并不是霸道。如果我真的霸道，又怎会有那么多学生愿意跟随我学习呢？这是一些人玩的政治游戏，我只是优雅地拿来应用，仅此而已。没有人像我一样练习过，我从未改变过自己的方法：试验，然后修正。如果我错了，我一定已经进行修正了。我见过我老师的错，也见过其他人的错，所以他们都是我的老师，因为我说过，（他们）让我不要再重复他们犯过的错。

有一次，我的上师指导一位很杰出的律师，这位律师年龄很大了，而且有很严重的健康问题。他曾经对我说："你从普纳来，有着青春的血液。我知道你能做得比你的上师更好，你能否给我做示范？"我说："可以，但是我必须先得到上师的许可，要不然我不会参与。我的上师在教您，我怎么可以同时教授？"我看到了上师所教授的内容，我很清楚我要增加哪些内容。全是因为我一直在练习，我彼时在练习，此时还在练习。我一旦停下自己的练习，就将失去教学的强度和密度，而那时就只剩下"别做这个了，别做那个了"，恐惧情绪就会出现。我之所以没有恐惧，是因为我还在不停地练习。

这是一个老师的师德。在教学中稍做解释，然后在自己身上做出来。比如，当你说"腿伸直"的时候，自己去做，看看自己的腿是否真的直了。看到自己没做到，你可能会很惊讶，然后才会真的去学习少用语言，多去实践。

节奏是精髓，有了节奏就不会有伤痛。如果有人抱怨，问问他们做了什么，然后在自己身上试验，直到搞清楚他是怎么做的，这样才能明白如何纠正错误。然后你就获得了一个循环，循环很重要。

一个老师可能告诉学生脚要保持正直，但说话的时候却盯着学生的脸。如果我说胸腔，我会看着胸腔。老师的眼睛要和自己的语汇协调一致。你在手倒立当中不断地解释双手，但是腿已经垮下来了。你双腿快不行了，怎么还能不停地解释双手？我必须要上上下下地全面观察，不能这边儿的动作都忘了，却还在说着同一个点。

如果你能把所有这些汇总在一起，那么你就会明白该如何减轻，进而解除病痛。循环是必需的，一个环节的缺失就能把整个链条毁掉。我们的身体中有上百个环节：约300个关节，600块大肌肉，还有很多围绕这些大肌肉并辅助其发挥功能的其他肌肉。肌肉之间互相连接，我们需要深入到肌肉的最末端去弄清楚它究竟与什么连接着。这样你才能成为一个好老师，你的瑜伽艺术才会有坚实的根基，这个根基才不会动摇，因为你真的对这门艺术有了了解，这才是我想要的。

从智性上看，大家都很好，但是情感上呢？人类90%的生活都处于情感中。你能否单独待在喜马拉雅山区一个偏僻的地方一天的时间？这是一个已知的事实——我们做不到。因为我们都感性地活着。头脑与情感密切关联，但大脑是理性的。一个平衡的人格的情感和理智应该相互关联，而这二者还要与身体相和谐。我们必须借

肆　成为自己的医生

助体式，否则头脑就是空虚的。

关于冥想

体式和冥想之间差别何在？在一个漂亮的头倒立式中你是不是也能体验到平静和安宁？当你很好地处于肩倒立、犁式或有辅具支撑的桥式肩倒立中的时候，那种祥和感不也是实实在在的吗？那样你就是在冥想中。在体式中你处于联结中，同时也处于出离中。

冥想，正如最初所教授的那样，引领你进入空无。身体与头脑形成分离，它们之间的空间便是空无。但是当你处于犁式中的时候，头脑没有与身体或灵魂失去联结——这被称为饱满。

情感不稳定的人不能立刻进行冥想，但是他们可以练习瑜伽。你难道没见过有人在挺尸式中流泪吗？那些人完全不能进行冥想。他们会变得空虚，进而恐惧，因为他们与自己身处的环境失去了联系。他们悬在空中，像悬空的桥梁一般，无依无靠。

当情感失衡的时候，他们不能冥想。

是的，他们不能冥想——体式会更有效。帕坦伽利说，通过让行为动作放松以及冥想于无限，就掌握了体式（Prayatna saithilya ananta samāpattibhyām）。在那（体式的掌握）之后，二元对立性的干扰就不存在了（Tato dvandva anabhighātah，《瑜伽经》第2章，第47、48节）。

如果帕坦伽利的意思是体式只是身体层面的瑜伽，那他岂不成了傻瓜了吗？"dvandva"有"分开"的意思，在体式中，二元性消失了。在冥想中，二元性的人格会显现，它会制造出恐惧情结——我不能面对它，我做不到！而在瑜伽中没有寂寞，只有独存性。独存、饱满——一直与你随行。你处于联结中，但同时又是独自一人。瑜伽中没有怨恨，"噢，我级别太高了""我不想要家庭""我不想要孩子"，诸如此类的感受不应该出现在瑜伽中。在我的方法中，体式让头脑越来越接近"我"，但却不会失去与外在世界的联系。而在冥想中，人们彻底迷失了。他们触摸不到内在世界，又不能回到外在世界，问题就在此。

这就是为什么帕坦伽利把冥想放在第七支，但是今天人们却直接从冥想开始，因为那样做很容易。帕坦伽利清清楚楚地说过，不受情感干扰的、不间断的意识流叫作冥想。他从未说过闭上眼睛坐于角落就是冥想。

《薄伽梵歌》说，你的身体要坚如岩石。从肛门中心到喉咙，你要画一条垂直的线。你的坐姿应该让肛门、喉咙以及身体的前后左右处于对等状态。这才是冥想或呼吸控制法坐立的艺术。在呼吸控制法中，头是低下来的；而在冥想中，头要保持在喉咙的正上方，这样它就不会前倾或后仰。不使用身体，你要如何冥想？《薄伽梵歌》把坐姿解释得很清楚。可今天的人们怎么说呢？他们说："使用任意舒适的姿势，冥想。"5分钟之后这个人就开始向前探身，于是这便成了新的舒适的姿势——冥想于此。（笑声）难道这不是一种波动吗？你必须要去学习你为什么会向前探身，要仔细慎重地学习。当我坐下来的时候，我在观察我的细胞的行为，我在研究我的情感状态，我在考察我的智慧的运行。体式带来饱满，平静中的饱满，不是平静中的虚无，这是有差别的。

关于教师培训

我们应该如何培训老师呢？

培训老师一事要用完全不同的方法来考虑。我已经给了你们线索了——成熟的老师应该一起过来当学徒。灵魂都是一样的，所以无须大力强调个性的重要意义了。

肆　成为自己的医生

不要说"我比他强",而要说"让我看看我能学到什么"。我不相信那些类似教育学术机构所设立的学位课程,比如像学士学位一般的教师培训课程。他们开个班,然后就给学员打分。你不能以同样的方式进行瑜伽教学,因为瑜伽是主观性的,你是在和人打交道。你在教学中要和学员接触,所以在学徒性质的课程中,老师们应该聚在一起。你要去记录:哪些遗漏了,哪些考虑到了。你要思考如何将你的教学和别人的教学联系起来,然后形成一个统一的方法,并用这个方法去指导那些来参加培训的未来的老师们。对于瑜伽,你不能只是办个师资培训班,然后就说:"我培训过你了,现在去教课吧。"他们的根基在哪里?你必须建立一个根基,然后在这个基础上进行训练。这个根基要有自由度,可以采用任意角度,但是总是要再回到这个根基上来,训练他们看谁能最终成为精英。

首先,有经验的老师应该一起过来,在自己身上下功夫;之后把初级教师召集起来上工作坊,他们会被要求在工作坊中授课。"我给了你一个根基,你能否在这个基础上授课?"然后你来考量他们的教学有没有超出你给出的这个基础。如果超出了,把他们拉回来并且提醒他们:"不行,你走得太远了。我告诉过你要在这个基础上。"当一个音乐家教学的时候,他会说:"不行,你不能跳到那里去。回来,回到音阶上来。"你必须要明确他们是否在"音阶"上。如此,当他们离开的时候,带走的是清晰而不是恐惧。

这是一个高级老师聚在一起指导初级老师的学徒式课程。指导之后让他们来演练课程,观察他们的演练,然后耐心地等待。在西方,人们都想要迅速成为老师。你必须告诉他们,如果尚未学到这些东西便太快做老师的话,将会面临各种陷阱。一年之后他们会成为好老师,这远远好于现在马上就授课。

我对于人们为何要开始瑜伽之旅很感兴趣。

因为其他方法对于他们的问题于事无补。人类健康的大门是呼吸系统和循环系统。当你练习桥式肩倒立的时候，两肺会自动展开。我的方法会让呼吸过程间接得到加强，甚至无须呼吸控制法的教授，这就是为什么学生们可以体验到释放感。血液中会发生化学变化，这种变化会带来健康。

任何事情都需要一个动机。所以原因就在那儿——以疼痛形式存在的原因，这种疼痛让人们找到瑜伽，虔诚的练习要到后来才能发生。首先我们要帮助他们找到安慰，然后再去鼓励他们靠近真正的瑜伽艺术和科学，并且要活在这种艺术中。99%的人都是为了摆脱病痛才来练习瑜伽的，我们就是要关注这件事。别伤着他们——哪怕你不能给他们带来即刻的舒缓，还是要保证安全，因为当他们可以忍受这疼痛的时候，这忍受本身已属进步。先让他们尝尝甜头，然后他们就欲罢不能了。

体式既是预防又是准备，您说过要把您的教学当作预防。

它百分之百具有预防性，先生！这里面没有任何疑问，百分之百的预防性——身体的、精神的、灵性的。假如蒙神眷顾，灵性之光向你洒落，如果你的身体不能承接这光芒会如何？跟我说说吧。

这将是毁灭性的！

哦，毁灭！我必须确保自己的神经足够强健，强健得足以轻松接纳这光明，这灵性之光。

（1985年的访谈节选，该访谈是在澳大利亚的维多利亚瑜伽中心进行的，艾扬格先生当时面对着来自维多利亚瑜伽中心、加拿大和悉尼瑜伽中心的学生们说的这一番话。原文发表在维多利亚瑜伽中心1986年的《实事通讯》上。）

伍

他所成就的自己

对大师的评论性文章

01
艾扬格和比利时王后

——S. B. 塔拉普尔瓦拉夫人

1956年,梅纽因将艾扬格介绍给了时年80岁的比利时王后伊丽莎白,王后要求艾扬格教她头倒立体式。

"我当时有点儿紧张",艾扬格承认,"她看起来是那么脆弱。"但她心意已决:"如果你不能教我站在头顶上,你现在可以离开了。"这位王族的女士如此说。艾扬格说:"从她的表达方式中,我能觉察到这位女士有着坚强的意志力和了不起的自信。"他别无选择,只好谨遵其命。于是他开始指导她练习,没过多久,这位比利时的国母便完成了完美的头倒立体式。

在王后面前进行瑜伽演示之前,艾扬格以双手合十的方式向其致敬,并解释这是印度的问候方式。她犹豫着做出合十的动作回礼,但还是询问艾扬格西方惯用的握手礼有何不妥。艾扬格解释说:"那是一种小我的表达——我是一个了不起的人,你是一个了不起的人。通过合十的双手,我们是带着谦卑的心,让彼此内在的神性相互致敬。"她思索了片刻,然后笑着说:"我们还是两者都采纳吧。"

王后还是一位极富天赋的雕塑家,她塑了一尊艾扬格的铜质头像。今天,作为艾扬格最珍贵的藏品之一,这尊头像被安放在位于普纳的学院当中。

艾扬格第一次教授 80 岁的比利时王后头倒立

1956 年，梅纽因将艾扬格介绍给了时年 80 岁的比利时王后伊丽莎白，王后要求艾扬格教她头倒立体式。

与女王的道别

1965年,艾扬格在瑞士的格斯塔德收到伊丽莎白王后的消息。她正饱受瘫痪性中风的折磨,急需他的帮助。他即刻飞到她的身边,经过几天的努力,王后有了一些活动能力,又能用右手握叉子了。她很高兴,说:"很好,但是真够笨拙的。"

当艾扬格要离开的时候,她探出自己的右侧脸颊说:"吻我。"他便亲吻了她的脸,她又将左侧探出来说:"这边也要。"当艾扬格亲吻她的左侧脸颊的时候,泪水沿着89岁的王后的脸颊滑落而下。她是用真心在和自己的印度上师道别。

他们话别不久,王后便辞世了。

拉玛玛尼夫人和80岁的比利时王后创作的艾扬格铜像
出自已逝的比利时国王之母——伊丽莎白之手的古鲁的半身铜像安放在楼梯间。

02
一位阿查尔雅的演化

——B. I. 塔拉普尔瓦拉

evolution（进化、演化）有多重含义。它意味着形成或生长的任意过程，发展以及该发展所得的结果——发展了的事物。在生物学中，这个词意味着有机体或物种在应对环境时所做的持续的基因顺应，其方式为整合一系列的选择、杂交、近亲繁殖和变异。这个词还意味着一个本身不完整的动作通过结合其他协调性的动作而形成一股单一的力——好比在一部机器中。它表示的是由一系列动作形成的某种模式。它还表示气体、热或其他能量形式的形成或释放。它还有一种已经弃用的数学含义——开方。

evolution 和 evolve 还要与另外两个词联合考量：involution 和 involute。

involution 的意思是退化，纠缠的行为或某种实例，牵连，参与其中以及复杂的事物。在生物学中，其含义为自身卷起来或折叠起来，逆行发展，退化以及年龄引起的身体老化。在数学中，该词意味着数量的增加或某种力所引起的表达。作为一个形容词，involute 的含义为复杂的、缠结的、错综复杂的，以及向内或螺旋式卷曲或弯曲。在植物学中，这个词表示从边缘向内卷起，比如一片叶子。在动物学中，这个词用来描述贝类紧紧缠绕的螺纹（内旋壳）。用作动词时，其意思是卷起来或盘绕起来，成为内卷状，同时还意味着恢复到正常的形状、尺寸或状态。

谁能称得上是一位阿查尔雅？标准的梵文字典为我们详述了一位阿查尔雅所具备的德行。根据字典释义，阿查尔雅是一位 guru、shikshaka 和 mata prachāraka。

guru 具有形容词和名词的双重属性。作为形容词，guru 的意思是沉重的、伟大的、困难的、长的、重要（重大）的、最好的、杰出的、可敬的、高傲的或强有力的。而作为名词，guru 意为父亲、祖先、长者、老师、头、领导者，guru 也是众神之父布里哈斯帕提。一位 guru 是驱散无名之黑暗并带来光明的人。shikshaka 既是学习者也是老师。而 mata 这个词则指一个想法、观点或目标，这个词还表示漫步于一条路上、一种表现形式、行为或习惯的模式。mata prachāraka 是指一位传道者，他的生活就是穿越千山万水，用热忱传播其理想和启示。

融合所有该词梵文字典上的含义，你终于得以窥见何为一位阿查尔雅。

让我们试着理解瑜伽阿查尔雅 B. K. S. 艾扬格的教学方法，这种方法何以让如此多的人对其产生如此巨大的兴趣、热情，进而接受它呢？而这些人的信仰和文化背景又有着极大的差异。那是因为他传播的瑜伽具有普世性。瑜伽可以关照人性的所有层面——身体、情感、心理、智慧、信仰或道德以及灵性。瑜伽的范围囊括艺术、科学和历经时间考验之哲理。常年的苦修、敏锐的观察、分析、人体知识的极细微的应用、在对治病人各类身心疾病过程中所积累的无与伦比的经验和纪律是其方法根基。

瑜伽是几种不同种类的艺术之母。艺术是一种美，是超出事物原初特性的质量、产品或领域的表达。所有艺术的根基都是掌握某种手艺、技巧或学习分支的原则或方法。艺术是执行任意人类活动的技巧，或者像《薄伽梵歌》所说的"行为之技巧（karmasu kauśalyam）"。艺术是花费最少的能量收获最多成果的方法，是懂得如何分配能量的技巧，并知道如何保存能量而避免浪费。艺术是理解事物或生命体的含藏的能力，并懂得如何将其表达出来进而让世人得以欣赏，以及如何通过高度特殊化的知识和耐心，将隐藏的或被锁住的能量释放出来。

音乐是对声音世界的调控，通过对音调、共鸣、韵律、旋律、和声、主调、复调、平衡、细微差别、变奏曲即兴创作等因素的掌握和调控，最终创作出悦耳的和谐之声。瑜伽就好比音乐，正是瑜伽阿查尔雅艾扬格对自己的身体的掌控震惊了他的学生和全世界的观众，他在难以置信的姿势中展现出的平衡感、优雅及动作的流动性让人们深深折服。更重要的是，他向全球弟子传递其无与伦比、高度特殊化的知识和经验及方法与技巧。无明、无始可以被终结，知识有起点却无终点。阿查尔雅艾扬格的知识还在持续增长。每一次课程，他的学生总会学到新的东西——某种东西会首度展现，隐藏的事物会显现出来，他们会学到一些新的技巧、新的原则或力的根源。就如他自己所说的，"好像有一千只眼睛遍布你的周身。睁开所有这些眼睛去观察每一个动作的细微差别，重复，进而巩固新获得的技巧。要对整个身体拥有全然的觉知——从脚底的每一个毛孔到头顶皮肤的毛孔。对身体的一切处保持全然的专注，之后身体便不再摇摆。于是就有了稳固和平衡，安定和优雅，你就成了体式的化身——与时空融合，融于精准"。难怪他和他的音乐家弟子们一起被列入世界顶级"音乐家"行列。

每个体式都有其自身的结构并遵循其构建原理。三角形是几何结构中最轻也是最稳固的结构，四个三角形构成一个四边形，五个三角形构成一个五边形，六个便构成六边形，以此类推。穹顶结构则由无数的三角形构成。而三角伸展式则是最基础的站立体式之一。阿查尔雅艾扬格探索了这一基础体式的深度，并制作了一组幻灯片来解释该体式的基调及其功效。该幻灯片从前、后、左、右四个角

艾扬格示范头倒立
要对整个身体拥有全然的觉知——从脚底的每一个毛孔到头顶皮肤的毛孔。对身体的一切处保持全然的专注,之后身体便不再摇摆。

度展现身体的形态，呈现出每一个细小的因素如何影响整个姿势。你可以亲眼见证伸展的皮肤与皮肤之下的肌肉，再到关节的因果关系；你可以看到错误的动作，如面部扭曲、喉咙或舌头的收紧，如何引起能量的外泄和浪费；你可以看到眼睛的动作如何影响整个身体；你会看到精准的体式如何使能量得以保存和提升；你还会看到皮肤的方向及其下肌肉的反方向运动如何改善该体式并带来体式上的精准。

哥特式建筑的飞扶壁和尖塔造型在战士 I 式中得到体现。弯曲的前腿的精确位置，脚踝内外侧的均等伸展，小腿胫骨与地面的垂直，弯曲腿的大腿与地面的完美平行，后腿从腹股沟到脚跟的伸展，带来了该体式的轻盈和平衡。手臂的伸展——从骨盆开始直到指尖——使呼吸得以舒展，体式中喉咙和舌头的放松则让练习者获得耐受力。

在体式中最难调整的身体部位便是头部，原因就是耳朵的位置会影响身体的平衡，而眼睛的动作又能调节身体的紧张度。阿查尔雅艾扬格确信站立体式为其他体式打下了坚实的基础，因为它们教会学生如何使用膝盖和脚踝。正是对膝盖和脚踝的完美控制决定了头倒立、肩倒立及其他倒立体式的正确性。头倒立是一个腹部练习，也是平衡练习，而该平衡正是通过控制膝盖和脚踝的伸展而获得的。"首先在双脚根植于大地时学会平衡自身，之后再学习如何能在头着地、双脚悬空中找到平衡。"阿查尔雅如是说。他相信学生应该先学会控制自己可见、可触、可感的身体，再去探究难以捉摸的头脑、智慧和灵魂。

体式的修炼让身体遵守纪律，之后你要逐步学习如何驯化你的呼吸、情感、头脑，进而是智慧。观察一下初学者的课堂，头脑和觉知的五种状态都会有所体现。有些学生很困惑，不能理解老师的指令，他们的头脑在课堂以外的某处游荡。还有些学生能准确做好一个指令，但会忘记其他指令，于是他会很迷惑。他们不能区分身体的左右，也不能理解何为向上的动作，何为向下的动作。当身体的常规层次发生改变的时候，他们不能辨别方向。还有人会理解部分指令，但却因屏息所引起的剧烈反应制造出不必要的紧张，于是他们很快就会疲劳，而且意志消沉。通过持续、重复而充满热忱的练习，过程中不分心也不被干扰，一些学生得以掌握少数几个体式。而随着练习的深入，他们的理解力和专注力也得到提升。他们逐渐对自身以及周围世界所发生的一切有了觉知。他们吸收课堂指令，学到了全然的觉知。他们的身体自动自发地便能做出正确的姿势，他们变得更有纪律性，他们还发现自己在较短的时间内能够完成大量工作。通过持续的接触和吸收阿查尔雅艾扬格的教学经验，他们体悟了《薄伽梵歌》给瑜伽所下的定义："行为之技巧。"得遇像阿查尔雅艾扬格、其长女吉塔和儿子普尚这样的老师难之又难，他们能够在一定时间内让学生获得更大的进步。对身体动作的掌控会带来呼吸之成熟，这又让人获得对情感的控制，尔后便是对情感之王——头脑的控制。于是思维和智慧变得清明，清明便意味着彻底的辨别力。学生逐步从漫不经心的头脑状态开始成长、成熟，进入无忧的头脑状态中。他们学会如何全身心地投入所选择的工作中，又懂得如何放松。

  刚刚入伍的新兵要逐步经历各种训练模式，直到他们成长为行动整齐划一、团结一致、深受好评的精锐部队。阿查尔雅艾扬格的学生们也凭借自身实力收获了自律及为人师表的美誉。阿查尔雅艾扬格相信，尽管人类的身体具有同一性，但每个人的身体都彼此不同，有其独有的模式。他学习个体解剖学，并使体式适应周围环境，其方式是使用墙壁、门廊、椅子、重物、木砖、绳子或伸展带等工具和辅助物改变体式的练习。这是一个对体式选择或改变的过程，为的是让身患某种疾病或几种疾病的人能够得到最大的缓解。一个学生可能同时被高血压和糖尿病所折磨，这就好比火与冰的组合。

伍　他所成就的自己

　　如果用常规方法对治一种疾病，另外一种便会恶化。阿查尔雅艾扬格设计出一些体式，这些体式自身虽不完整，但通过其他动作的协调便能够形成一股单一的力量，我们可以给这股单一力量取个名字：疾病消除或健康回归。他把疾病连根拔除，让学生的身体释放掉积存的毒物，于是健康便重新回到肢体和器官中。他带来了一种"与疼痛和忧伤分离"的状态，这也正是《薄伽梵歌》中瑜伽的另一个定义。他是通过退化（回归）过程的应用，帮助一些饱受苦痛的学生恢复健康状态。

　　正是精准和平衡感使得阿查尔雅艾扬格的教学独树一帜。这两个特质——精准和平衡让学生们获得对身体的全然的觉知，而这身体不正是我们最亲密的所有物吗？他将自己的一部分信念植入了学生的心间，他把自己的部分热情和勇气传递给了他的学生。他像训练军队一般去训练自己的学生，直到体式的所有因素燃进学生的记忆中。他让学生们沉浸在体式和呼吸控制法中，忘却自己，进而与体式和自己的呼吸融为一体（samādhi）。其结果就不局限于知识的获得，他们获得了光明（prajña）。而为别人带来光明的人，自己也会闪光。

　　阿查尔雅艾扬格成就自我的过程横跨了一段非常漫长的时期。他的故事给我们提供了一个经典的战胜苦难、泪水和汗水的实例。在《普拉纳奥义书》中，有这样一句反复出现的句子："他满怀热忱，修习苦行（Sa tapa tapyata）。"这一句话恰如其分地描述了阿查尔雅艾扬格。他是一位精力充沛的老师，也是一名最虔诚的学生。他总有新方法、新实验、新技巧、新工具，就好像他的灵感自然生发，可以随时应对未知的挑战。他的学习和教学就好比一条永不枯竭的河流，不会停滞，不会腐化，只是持续地成长。他的第一本书《瑜伽之光》被誉为"瑜伽体式圣经"，并成为该学科经典的工具书，原因便是他在解剖学领域有了更精微的发现。其《呼吸控制法》也是如此，当然这本书的阅读和理解会更艰难一些。而今他又在准备

267

艾扬格示范舞王式
他有着不可思议的洞察力，而他特有的心理学方法则帮助他理解他人。

关于帕坦伽利《瑜伽经》的新书了。学习和教学过程就这样在每一个更宽广的层面不断成长。如此，瑜伽才算得上是完整的教育，阿查尔雅艾扬格才是一位普世之师。

让我们向大师致敬。他就像创造神梵天——创造出全然的觉知；又像守护神毗湿奴——帮助我们维护身体、心理、道德和灵性的健康和平衡；还像毁灭神湿婆——击毁学生的无明以及我见（认为自己很重要）。

03
行动和完美主义

——马杜·提贾瑞瓦拉

每个周六,无论天气如何,如果你想找到一个乘坐从普纳开往孟买的德干皇后号早班火车的人,那个人一定是 B. K. S. 艾扬格先生。他在孟买的课程安排在周六下午和周日早上。他会在周日下午乘坐曼马德快车返回普纳,那是一段极为沉闷而漫长的旅程。旅途的疲劳与教授两节相对紧凑的课程都很辛苦,但他心意已决,不容动摇。

一次,一个学生问他,随着普纳学院的建立并渐渐成为所有瑜伽活动的中心,他是否会放弃孟买的课程。他没有任何迟疑地回答:"只要我还有力气,我绝不会停止教授这里的课程。我爱孟买的学生们,很多人已经诚敬地跟随我练习了多年,尽管来回的路程并不轻松,但是我非常喜爱见到这儿的学生。"

而他近来的时间安排尤其紧张。到达孟买之后他会和三四个学生坐下来,用两个小时的时间为《调息之光》定稿,之后会教授下午的课程。茶歇之后,他和几个学生继续之前的工作,然后回到宾馆继续工作。

周日早上的课结束之后,有一个小的茶歇,然后在短暂的挺尸式和少量午餐之后,他坐下来继续写书,然后出发去赶下午 5 点返回普纳的火车。

他是一个一旦下定决心就绝不会改变初衷的人。

古鲁 B. K. S. 艾扬格在瑜伽界和生活中的成功秘诀何在呢？那便是他认定了意愿必须要战胜客观事物。他拥有勇气和信念，并将其一点一点传递给他的学生。他有着不可思议的洞察力，而他特有的心理学方法则帮助他理解他人。他足智多谋，总能让环境和手边的事物老老实实地服务于他的目的。《薄伽梵歌》上说："瑜伽是行动中的机敏。"古鲁 B. K. S. 艾扬格用行动证实了这一说法，他可以从忙碌至极的作息中抽出有限的时间，有效地完成大量的工作。

爱不存在于任何形式的财富积累中。无论他获得了什么——他都会布施出去。他做了太多为人所知或不为人所知的善举，做得自由且不带丝毫眷恋。然而所有这些善举中最值得一提的便是他将知识传递给所有前来求学的人。如果按照此种标准来衡量，那么你恐怕找不到比古鲁更慷慨的人了。据《白净识者奥义书》所言，瑜伽练习最初的果实便是：健康、极少的排泄物、轻盈的身体、愉悦的味道和贪欲的净除。所有这些特质都能在古鲁身上找到。

瑜伽是平衡，它能让人的头脑保持在平衡状态中。那就意味着要去规范身体、智慧、头脑、情感和意愿。安稳的灵魂让人们得以清净地观察生活中所有的方方面面。常年的瑜伽纪律让古鲁具足勇气和坚韧。《薄伽梵歌》告诉我们，人有生就有死，有死就有重生，因此人们不应该为不可避免的事而悲痛。这一教导融入了古鲁的血液中，使他能够勇敢地面对家人的离世。

1958 年，孟买的学生为古鲁和他专门从普纳赶来的妻子拉玛在埃勒凡塔安排了一次野餐。大部分学生不知道的是，在从普纳出发之前，他接到消息称，他身在班加罗尔的母亲已经处于弥留之际，但他却选择不让学生们失望。埃勒凡塔之行以后，他和拉玛赶去班加罗尔见母亲，他们只在老人家辞世之前陪伴了她几个小时。

1973 年 1 月的最后一个周末，古鲁在把拉玛送去医院之后便

伍　他所成就的自己

去了孟买。他的一个学生接到普纳打来的电话：拉玛已经去世。三个学生劝说古鲁即刻返回普纳，不要再去上周日的早课，他们告诉他拉玛情况危急。当他们快到普纳的时候，古鲁才得知妻子的死讯。他的眼中泪光闪烁，但是只用了片刻时间，他便平静和镇定下来。他安慰了几个哭泣的孩子，自此之后他便既是父亲又是母亲了。

在1978年8月15日，又有一次类似的事件发生。那一次正赶上孟买和普纳的学生在学院聚会，一位从孟买赶来的专业摄影师要为大家照相，用来制作计划中的宣传册。时间安排得很紧凑，活动完成之后，他坚持要大家喝点饮料并且留下来午餐。当孟买的学生准备离开的时候，他向一位高级学员提起当天凌晨他接到一个电话，电话中得知他身在班加罗尔的哥哥去世了，那天全家人谁也没能再入睡。他之所以要守着这个秘密，全是因为他不想给从百忙之中抽出时间，又从孟买专程赶来的专家级摄影师和为此次活动专程从孟买赶来普纳的学生们造成不便。整个活动结束之后他才赶去班加罗尔。突然接到哥哥的死讯，却要继续手头的工作，需要怎样的勇气、坚韧和镇定！尽管失去了至亲的人，古鲁仍然保持镇定，还周到地为他人考虑。这为他的孩子们和学生们上了一节终生难忘的课。

古鲁身体上的勇气还伴随着平衡感和均衡感。他曾经在《生活》（*LIFE*）杂志的摄像师面前，在纽约一座摩天大楼的楼顶边缘处做头倒立。还有一次，他在加州的优胜美地山谷，在一座瀑布的水雾中做头倒立。1973年他访问马哈巴斯瓦尔的时候，在凯特峰的山脊上做了头倒立，还有其他高难度平衡体式，比如舞王式（natarājāsana）和孔雀式（mayurāsana），整个过程中风力很强，而他的身后就是4000英尺高的陡峭悬崖。

在课堂中，他是一位纪律严明的老师。一个人如果不能承受他强有力的教学方式，恐怕不能接受他为老师，但是如果你一旦认定他是你的上师，那么除了用高效率和诚敬心来学习外，别无他法。当他遇到挑战的时候，勇气会被发挥到极致。当身患某种遍寻名医却不得而治的病人找到他的时候，他的最佳状态随之而出，大师会倾尽其生命之血，教导、治愈他的学生。他的给予，就算学生尽其想象也难以偿还。一旦一个严谨的学生真正进入这一体系，他便会在其中探索一生。

多少次我们心中升起这样的疑问：我们为什么要费尽心力进行如此辛苦的训练？这一训练究竟能带来哪些好处？这些问题可以由跟随他练习的学生们来回答。首先这个学生会增加耐受力，收获信心，获得更强的专注力。他的思维会更加清晰，能快速有效地完成工作。他会表现得更加平静而镇定，更坚韧的神经使他能够更好地面对生活中的挑战。如果自己因为意志软弱而难以成就，那么大师的强大意愿会帮他达成所愿。古鲁的生活法则是积极的，他不能容忍消极或失败主义者的心态。

古鲁的平衡感使其举止异常优雅，这就引发了体育界和艺术界对瑜伽的浓厚兴趣。他教授过世界知名的艺术家和运动员，而他们又都因为瑜伽练习而在各自的领域里有了更出色的表现。在青年时代，古鲁曾经联系过著名舞蹈家乌代·香卡，提议教授他和他的团队瑜伽，而作为交换，古鲁跟随他学习舞蹈。该提议没有被对方采纳，真是瑜伽界的幸事。

课堂里的上师和课堂外的上师俨然是两个不同的人，或者可以理解为一个人的生命里完全相反的两种表象。

在课堂以外，一个陌生人很难认识到古鲁的非凡之处。他衣着简朴，与周围的人打成一片，却不告知对方自己的身份。当他乘坐飞机往返于印度各地时，如果有人问他是做什么的，他会快速简短

伍　他所成就的自己

地回答说自己是个瑜伽老师。没有人能猜到他就是当世瑜伽领域最为人称赞、追随者众多的老师，而他几乎每年都进行大范围的国际教学，且已经进行了 30 年。

在课堂上，他有着狮吼般的教学特点，而课下，他则温顺、谦恭如羔羊。见识过他指导课堂的人，根本想象不到他在课下能有多么温和。课程一旦结束，人们会发现他极具娱乐精神，喜悦满怀，对生活充满热情，而且随时准备进行新的探险。

有人能在课上对他有所欺瞒吗？不可能！但是课下呢？不仅可能，还很有可能！

他的天真和善良体现在他由心而发的欢笑声中。前一刻他或许还在因为体式练习不够到位而向某个学生表达他的不满，下一刻他可能会说些让整个课堂包括他自己迸发出一片笑声的话。

他又如何处理家庭问题呢？他对待家庭成员会像在课堂中对待学生那样严苛吗？当然不是，他给每个人以自由。那么家人们如果犯错呢？他的解决办法是让犯错者扪心自问：他是否有悖于自己的良知。这样每个家庭成员都能按照自己的良知行事，他甚至无须对任何一个家庭成员出言不逊，他与家人亲密无间。

他 60 岁生日时，来自世界各地的学生、朋友还有他的仰慕者决定要庆祝一番。当他得知这一安排的时候，他的第一反应是无须任何庆祝，因为他信奉简单生活法则。当人们指出这一举动将有益于瑜伽的推广时，他才答应这一提议。

古鲁没有恐惧，他有着一颗纯洁而天真的心。他很慷慨，他可以控制自己的热情，他练习灵性纪律，他直接而又真实，他不伤害任何人，他的心里已经不执于这世间的事物，他的慈悲面向所有人。他摒弃了无用的活动，他对于精进自身所做的挣扎充满信念，他可以宽恕也能忍耐，他的行为和思想干干净净。所有这些特质本就是他的天性。于是他几乎具足了《薄伽梵歌》第 16 章中所描述的所有神性品质，他对一切人友善而又慈悲。他已经超脱了"我"和"我所"的迷惑。他可以平等地对待喜悦和悲伤。他不再执着，他对于所获得的一切都能满足。他是一位如上所述的虔诚信徒，他让神欢喜。

考虑到他一生中丰富多彩的方方面面，我们真的可以如此说：一个人身上怎会体现出如此多的差异面？那简直就是全人类的缩影。

04
艾扬格老师

——B. I. 塔拉普尔瓦拉

　　艾扬格是当今世界最具启发性的老师之一,他知道如何开发出学生最好的一面,也懂得如何将其知识的精华传递给学生们。

　　艾扬格的瑜伽教学——不论体式教学还是呼吸控制法以及冥想,从来都不仅仅是身体塑造,也不是学习人类身体弹性的一次体验,而是一次邀请,邀请你进入扩展的意识中。其方法便是让心灵与身体完全合一,而身体正是我们最亲密的所有物。

　　在瑜伽教学中,艾扬格让学生练习与自己的身体为友。学生通过艾扬格的指引和支持,在清晰、自信和勇气中探索自己潜藏的能力。一股威严的纪律性弥漫在艾扬格的周身,呈现出略微的残酷,亦表现出和蔼、宽容。他在操控僵硬的关节,尝试将其从钙化的魔掌中解救出来的时候经常说:"没有疼痛哪来收获,没有荆棘又哪会有玫瑰。"

　　艾扬格的课程从不遵循这样的模式——只让学生做些缓慢、简单的体式,只在舒适无压的前提下保持某个姿势。以机械、散漫、不假思索的方式做体式与艾扬格的本性是不相容的。他给出如此忠告:"诚挚和愚蠢焉能并行?"在教学中他表现得强大甚至残酷,把学生带至其身体和心理的极限。在这一点上,他很像电影《窈窕淑女》中的希金斯教授教导伊莉莎·杜利特尔如何正确讲话一般,艾扬格期待他的学生用全部的觉知和意识练习体式。学生应该睁大双眼,打开双耳,随时保持当下的警醒,在体式练习中不惜发挥自己的每一滴能量。一个从未被要求去挑战自己极限的学生,永远都不会用尽全力。一个南非的学生乔伊斯·斯图尔特这样说:"他会以多种不可思议的方式把觉知传递给学生。在绝对精准的位置和绝对精确的时间给出锋利一击,这会带来忘不掉也丢不了的觉知,让僵死的区域重获新生。而整个过程再伴随着具有穿透力的双眼的盯视,这眼神有时像激光射线一般,有时又温柔如小鹿的双眸。还有那真的会讲话的眉毛,这样信息就完整了。"正是那电光石火般的敲击送来一股生命力,流经你的全身。

在体式或呼吸控制法的课堂中,艾扬格经常会让学生去专注于某个姿势的美与丑,如此是为了表明他的意图:做什么,不做什么。这样的方法远比书面的或言语的规则、指令更能让人印象深刻。艾扬格还是一个出色的喜剧模仿家,他会非常滑稽地模仿错误的做法,之后还会展示如何避免该错误。他会同时给学生展示出欺骗体式和完美体式,展现体式中经典的简洁和美。他要求学生们付出全部努力,而同时他也会给予——将自己艰难获得的知识和丰富的经验倾囊相授。

艾扬格以教授站立体式而闻名于世,他相信站立体式能为身体的优雅、灵活和耐力的建立打下坚不可摧的稳固根基。他让学生日复一日地练习站立体式,并为他们指出身体不同区域的关联:脚趾、趾甲和皮肤的伸展如何产生不同的影响,如何让体式变得坚实稳固。他认为不当的站立体式会引起能量的外泄,人会因此而疲惫,而正确练习站立体式,能量就在身体的边界内循环,于是人就精神饱满。他会演示体式如何能够更精进、完善,如何在体式练习中使用墙壁、窗框,直至学生可以独立练习。他会指引学生试验不同的方法,并让其反复思索这些方法,直至这些法门成长为某种体系,永远根植于学生体内,就如同他们的所有物一般。

伍　他所成就的自己

　　艾扬格把自己的身体当成实验室，以此获得了关于人体解剖学的不可思议的见解，他简直就是自己实验的小白鼠。他看得多，经受的疼痛多，也学得多，这也正是他学习的三根支柱。他现在依然是自己课堂中最好的学生，从不会耻于学得更多。如果哪个学生因为自己的成就骄傲起来，很快就会被他修理一番，并立即认识到自己的无知。这个倒霉的家伙会觉得自己失了颜面，但实际上这却是一堂关于谦卑的课程，他恐怕不会轻易忘记。如果他能咽下自己的骄傲，那么他将学到在其他地方学不到的东西。这是上师净化弟子的方法，因为在学习上骄傲乃是最大的无知。艾扬格认为，我们已有的知识与尚未学到的相比实乃九牛一毛。

　　越多地练习自己已知的，就越知道自己接下来要练什么。他系统而有效地练习体式和呼吸控制法，他不厌其烦地重复这些练习以及所有差别极细微的变体，直到他从该练习中获得力量和滋养。他的学习仔细而详尽，他会分析其间涉及的每一个学科（因素），然后将其谨慎、安全地存放于自己的记忆中。正因为如此，他的知识才广博、精确又实用。

　　当身体伸展的时候，会跨越路途中的障碍，这在最初经常伴随着疼痛。人可以学会与自己的身体为友，让肢体随心所欲地做出相应动作，在头脑中构建结构。初级者在体式和呼吸控制法中总是让大脑和心（头脑）去支配身体。在艾扬格指导下练习几个月之后，他们会发现，在课上他时常讲到的——身体拥有脱离大脑的智慧，身体也可以按照自己的意愿去支配大脑和情感中心——头脑。人必须学会品味痛苦，因为痛苦是位出色的老师，它教人们去完善自己的姿势，让人们感受身体中的某些新的事物，渐渐地，肢体学会按照人们期待的方式运作，此种体验历久弥新。人们学会用柔滑来对治粗糙，用精细来对治粗略。人的恐惧逐渐被破除，有了更好的方向性。在头倒立中，初学者感觉非常没有安全感。他们不知道哪边是左哪边是右，也不能分辨上下。就好像音乐剧中的女主角悲痛地哭号："别离开我，要不然我会倒下来摔断脖子！"艾扬格相信，要想在练习中有所成，关键在于信念，没有信念终会一无是处。

尽管艾扬格对自己的要求精细异常，并且坚持强调姿势的准确性，但他对那些肌肉还没有强韧到能达到其要求的学生却很温柔。他的一个学生——78岁的罗伊斯如此描述："我记得我在努力尝试做出某个特定的姿势，但是没有成功。我失去了平衡，很丢人地摔在了垫子上。我起身，几乎快流眼泪了，并准备接受一顿痛批。但我的老师却安慰我说：'别失望，你有了一次很好的尝试。'接着他转身面对其他同学补充道：'那就是正确的摔倒方式。'失败的刺痛感立刻就消失了。我到底还是做了些正确的事——我正确地摔倒了。这是他俘获学生的心的方式之一。我们怕他、绝对服从他、无比信任他，也因为他对人性的理解而爱他。"古鲁如此，传承也自然如此。

正是因为深具慈悲和能够站在学生的角度对其进行指导和引领，艾扬格才成为如此杰出的老师。因为深知贫困的滋味，他从没拒绝过任何一个交不起学费的学生。对这样的学生，他只看重他们热切的学习欲望，他已经免费教授了许多学生。

艾扬格相信学习的成效必须靠刻苦钻研来赢得。他对瑜伽艺术拥有完美的知识体系，但是他不会在一开始就将其全部交给学生，因为他们也不可能完全领会。他其实是在让课堂中的每一个学生达到他们自己当下的最高水平。（美国作家）爱默生曾说："教育成功的秘诀在于尊重学生。"对那些崇尚如机器制造般精确的教学方法的人要尊敬。尊敬则需要想象、友善和温暖，尚未取得真实成绩或能力尚不足的人尤其需要想象力。艾扬格采用对方的语言与学生谈话，并在交流中描绘一些该学生可以捕捉的意象。尽管讲到最细微之处，规则还是会从大部分人的记忆中溜出去。艾扬格会抓住所有的机会让学生们练习，在学生们的头脑处于最佳状态或最糟状态时，他会让他们练习艰难而费力的姿势，比如太阳致敬式，再配合强烈的跳跃和平衡式。在最佳状态中，该方法会让学生们向前迈进很大一步，而在最糟的状态中则能解开他们的心结。这能让学生养成一些习惯，而这些习惯一旦养成，便会轻松自然地展现，无须记忆的帮助。

艾扬格能抓住并保持学生的注意力，让他们在能力允许的范围内尽快成长。他要求学生一定要领会其教授的内容及其作用，他接下来会帮助学生看到他们自己在已有练习的基础上能做到哪些以前做不到的东西。

教授学生体式技巧的时候，艾扬格会告诉他们，安稳的身体会带来头脑的平和与稳定。首先要学会净化身体，然后再来学习净化心灵。他激励学生要"有道德"地做体式，而不要机械为之。体式的道德纪律便是你正确地将身体伸展至能力的最大值。

因为生活是动态的，于是体式的展现也应该是动态的。对于那些本可以做得更好，却于体式中心不在焉的学生，他如是说："如果身体可以做得更多，但你却没有按照应有的方式去做，这便是不道德的练习，因为你是在自我欺骗。"如果一个学生用力过猛而喊出"啊（ah）"时，他会引人发笑："刚才那声是从口中发出的'ah'，不是从灵魂发出的'aum'。"他会激励学生："今天的'最大'应该是明天的'最小'。"他要求精准。因为对他而言，哪怕是一个体式的错误练习都是瑜伽进步路上的障碍。他经常会通过一个小小的调整就巧妙地让一个学生做出他从来不能做出的某个姿势。

瑜伽的目标是个体灵魂和宇宙灵魂的联结。艾扬格相信，训练身体和头脑，进而将二者整合能带来对灵魂的觉知，而耐心和专注会带来发现。知识能教给我们的最好的东西便是让我们认清：已知在哪里止步，未知从何处开始；身体止于何处，头脑从何处发端；头脑停在何处，理性之源的智慧从何处开启。无明无始，但却有终点；知识虽有起点，但却没有尽头。人走得越高，知识的边界就展

1993年，艾扬格在欧洲瑜伽大会上授课

在艾扬格大师的一节瑜伽课上，练习者会体验到这样的召唤：在与自己的身体合一的过程中，意识获得了展开。

现得越宽阔。人必须要观察、寻找，要努力去求知。那种极致的不满足一直存在着，除非未知成为已知。艾扬格的知识，像火一般一直在增长。他说："对那些双眼紧闭的人来说，我是一个老师，但其实我仍然是一个学生。"

艾扬格诚敬地使用自己的天赋，所以天赋便更多了。他通过对已知的练习收获更高的知识，从世间的知识（avidya）到灵性的知识（vidya）。vidya 是能够带来解脱的知识。在探寻永恒和真善美的过程中，身体是我们拥有的唯一工具。忽视身体在艾扬格的行为法典中被认为是首要罪过。他认为对身体的妥善照料能确保人获得稳定性：脊柱带来身体的稳定，头脑带来精神和情感的稳定，而大脑则带来智性的稳定。体式的练习能保持脊柱的健康，呼吸和呼吸控制法可以控制情感。自我培养之所以失败是因为智性被污染和小我的膨胀。人们可以通过冥想、通过将其与永恒联结来驯服智性。

艾扬格将自己的眼睛凝注于永恒之上，他的智性便得以成长。他虽未上过大学，但是几所教育学院反倒来求助于他。在英国，伦敦城市教育局，伦敦管理局，一些地方教育局和体育委员会均将瑜伽纳入他们的课程体系中，经艾扬格系统培养的老师正在训练那些人数还在持续增长的热情高涨的学生们。今天，英国拥有全世界最多的瑜伽练习者。瑜伽艺术已经成为艾克赛特大学英语系戏剧学生的必修课，在表演艺术培训中，瑜伽也要作为一门课程接受评估。在达林顿艺术学院，戏剧和舞蹈领域的艺术家们越来越认识到他们的艺术和瑜伽艺术之间的密切关系。

艾扬格的训练体系也被纳入美国费城艺术大学的表演艺术系和美国音乐大剧院。该剧院的董事长这样写道："教育部已经授权 A. C. T. I. 对完成三年综合课程的学生授予艺术硕士学位。而该学位的其中一门课程便是艾扬格瑜伽。瑜伽对于我们表演系的学生是一项非常重要且必要的课程，因为它能开发出多种多样的才能和技巧。瑜伽课程帮助学生塑造形体，使其身体姿态更加正位，同时也让学生的心理、精神更加放松和平衡，如此才能开发出更具深度的创造力。"

艾扬格也教授了一些西方的芭蕾舞者，比如由哈尼斯夫人赞助的乔弗瑞芭蕾舞团，还有一些印度的传统舞蹈演员。舞蹈的最终姿态和诸多动作都从瑜伽中借用了大量元素。瑜伽练习对于舞者意义非凡。瑜伽姿态的完美让身体和头脑获得一种放松状态，而这正是一名舞蹈家所需要的。

印度前副总理 G. S. 帕塔克对于艾扬格教给他的简单呼吸控制法有着特殊的兴趣。他写道："我深信艾扬格大师所授的简单的体式和呼吸控制法意义非凡，这些练习能够帮助练习者获得精神的宁静和身体的康健。"

声名卓著的哲学家 J. 克里希那穆提曾经在艾扬格的指导下练习

瑜伽将近20年。他写道："只要有人问我谁是最好的老师，我总会把你介绍给他。"

艾扬格是一部活的瑜伽百科全书。他一直致力于消除曾经流行于瑜伽中的神秘怪诞的因素，将其带到一个科学和艺术的水平之上，如此瑜伽才能获得上自王宫贵族下至平民百姓的普遍尊重。大部分人仅仅会使用自己天赋中的一两种能力，而艾扬格却懂得如何使用自己的全部能力。他知道如何让自己的每一种能力成为有效的工具，如何开发它，如何使其保持锋利，以及如何将其应用于所有的练习意图。他教导他的学生要勇于自我挑战，突破自身的极限。他指导下的瑜伽练习给学生们带来新的觉知和自身所有层面的自由。他尝试给学生带来身、心的整合，他寻找身、心、灵的完美正位，他由内而外地了解自己的学生。正是这种结合身体同时又关乎头脑的知识，使他的教学在每一个方面都如此富有成效。他们的境界从无明上升到光明。

通过引用帕坦伽利《瑜伽经》中的话，艾扬格告诉学生们，在瑜伽之路上的所有障碍中，圣哲只列举出两条关于身体的障碍——疾病和呼吸困难，而其他障碍都具有心理特性。教授体式的时候，艾扬格会在背后重击某个学生并对他大吼，放松僵硬的肩膀或展开肋腔等。这些指令除了带来当下的影响外，还具有深远的心理上的影响——消除神经紧张，让信心高涨、斗志上扬，摆脱恐惧的桎梏。学生们在持续的努力中发现自己存在的全部，随着柔韧性的增强，他们真实的转变和自由在每一个层面发生。随着时间的推移，他的学生觉知到上师的帮助——身体上的、心理上的以及情感上的，他们经由他的瑜伽体系接受了这一帮助。

艾扬格不知疲倦地告诉他的学生："只有当我们超越极限的时候，头脑之门才会打开。"对他而言，瑜伽是需要绝对虔诚付出的精确科学和艺术，他对于练习的价值没有一丝一毫的怀疑。身体是头

伍 他所成就的自己

脑的外壳，保持身体和头脑的洁净是练习者的职责。

在教学中，他会表现出激励性的一面，就是为了避免学生呈现出惰性的一面，而在练习中他则是悦性的。每日清晨他都会虔诚地练习呼吸控制法和体式，他的练习包括每周两次 108 轮的反转轮式。体式练习是自我探索的一种方式，你要对自己的练习忠实到残忍的程度。他坚信自己的这个说法："我停止练习的那一天，我便丧失了心的纯净。你可以离开我了，因为我应该不能再帮助你了。"主观的知识只能源自正确的练习。他说，一个练习者应该永远具备谦卑和悦性的本性。如果你停止练习，那些哪怕已经达到了三摩地的人都会退转。

艾扬格认为生活中的简洁和纯净至关重要。他对冥想的定义是："将复杂的头脑带到简洁的状态中，这样我们就是内外洁净的。"正是这样的练习给了艾扬格清晰的"眼光"，这"眼光"帮助他确认那些常规的治疗模式没能给出有效疗法的病例。有一种说法，如果你的学习对象是人，那么你就只能获得知识的"体"而失其"魂"；如果你只学习书本，则得其"魂"而失其"体"。只有那些时时观察、又不忘阅读和思考的人才会走在正确的求知路上。仔细审视他人的心尚能有所顾及，对于自身又岂会疏忽？

天赋的背后掩藏着智慧。艾扬格没有像使用一盏油灯那样使用自己的智慧，即只为照亮自己，而是将其智慧当作一座灯塔，灯塔巧用其内的油灯，这样大海深处的远方旅人就能看到光亮，寻到自己的路。

对于艾扬格而言，包裹整个身体的皮肤是非常重要的身体部分，它是极其敏感的器官，也是全身分量最重要的器官。大脑的平均重量约为 1400 克，而皮肤则重达 2100 克。他会去观察皮肤的颜色、肌理、干涩程度以及那些未经训练的眼睛难以觉察的细微动作。颜色和肌理显示了压力或肿胀点，干涩则体现出内在能量分配不均匀。

做体式时在特定点发生的皮肤移动和张力为学生创造出新的维度。

琴弦的松紧是弹奏出悠扬的乐曲或刺耳的噪音的关键所在，皮肤的张力也对身体的健康有重大影响。根据艾扬格的观点，皮肤是外层智慧，而"我"则是内层智慧，这两层之间应该在做着不可思议的交流。为了实现最大的伸展和身体的正位以及让相应的能量于内在的均匀分布，艾扬格时常使用一些辅助工具：墙、门、窗框、椅子、桌子、凳子、绳子、毛毯等。在学院里，为了帮助患有心脏病和呼吸疾病的学员缓解病痛，他还特别设计了一些工具。

艾扬格认为在体式的练习中调整头脑（情感之源）和大脑（智慧之源）是核心要素。每一个体式都包含三个阶段，体式演练的第一阶段可以被命名为动作，动作让学生准备好发出力量进入体式，这种力量可被视为第二阶段。接下来就是第三阶段——体式的保持，让学生在其中开发出稳定性。只有当体式能够在稳定和舒适中保持的时候，这一体式才称得上是完成了，这是圣哲帕坦伽利在《瑜伽经》中的话。大脑要学会在每一个体式阶段中放松，不然就会造成能量的极大浪费。肌肉是伸展的，呼吸是放松的，而神经处于恰当的张力中，身体居于良好的平衡中。没有了怨恨和激情，也就没有了妄想和贪爱，骄傲和嫉妒也不能发挥其作用。这样头脑便是寂静的，大脑也因为不再于过去和未来来回变换而安住于当下。于是学生终于进入了当下的永恒中，超越了肢体的疼痛和躁动的呼吸，妄念不再攻占其头脑。为了战胜恐惧，他走过了如此漫长的路，终于成就了这一冥想的境界——动作、力量和稳定得到了整合。当他对极微小的细节都有着全然的觉知和专注时，他便学会了展现体式经典的、如雕塑般的美感。他认识到小事可以成就完美，而完美却绝非小事一桩。他还会领悟到艾扬格常常重复的"神性源自精准"。

有一种说法，缺乏常识让人显得愚蠢，而缺乏方法则会造成浪

伍　他所成就的自己

费；没有善良便是狂热，而少了宗教般的信仰则是僵死。艾扬格在应用常识的前提下应用其知识，于是知识成了智慧。他开创出方法，于是知识就获得了传遍世界的力量。他将自己的力量用于行善，于是世人从中获益。他又将自己的知识融入瑜伽——所有宗教的根，知识便带来美德、生命与和平。

05
艺术家艾扬格

——B. I. 塔拉普尔瓦拉

通过演讲示范、电视、录像和电影等形式，B. K. S. 艾扬格——作为一位艺术家，已经在全球四大洲展示过瑜伽体式。他的足迹遍及世界多个国家和城市：纽约、华盛顿、伦敦、巴黎、日内瓦、伯尔尼、苏黎世、慕尼黑、布鲁塞尔、梵蒂冈、罗马、威尼斯、内罗毕、斯威士兰、莱索托、科伦坡、毛里求斯等。而他的观众也是名流云集。他也在印度的新德里、孟买、普纳、海得拉巴等城市表演其艺术。

他对这一纯净而独特的艺术的展示总是那样特别，他的展示本身就深具启发性。在展示他的艺术的过程中，他会用流畅的解说给体式锦上添花。看到他在最严苛的体式中呈现出匪夷所思的轻松和浑然天成的优雅，简直让人震惊到极点。他的体式包含了让人忘不掉的精准、美和安稳，像是蕴藏于某种荒野中的大气、速度和力量，同时又兼具圣人的清净。他所展现出的水流般的动作让观众如痴如醉，让人仿佛看到经典雕塑作品在他的身体上活了起来。观众席中寂静无声，一声轻轻的耳语就足以打破这份寂静。

作为一名文化使者，艾扬格用自己的表现和优雅的礼节带给人们极佳的印象，这使得印度大使们很为自己的国家和人民而骄傲。这些外国观众看了他的表演之后告诉这些外交家，他们做梦都不会想到他能做出这样的技巧。他们为他对这门艺术的圆满展示所震慑，欣赏时不敢有丝毫分神。

艾扬格的瑜伽练习方法不仅仅是身体层面的。前任印度驻英国高级专员阿帕·P. 潘特说："瑜伽联结有限和无限，当人类的意识被境界局限住的时候就会充满矛盾、疑惑和痛苦，而将人类意识从其中解脱出来便是瑜伽的任务。没人做得比艾扬格先生更好了。"

他还将自己高超的艺术服务于慈善事业，他在印度以及国际上筹集了大量善款用于教育、健康、医药救济、赈灾以及其他类型的慈善事业。他出现在一部时长 45 分钟的电视片中，该片是世界文化系列节目的一个组成部分，该节目在 1972 年慕尼黑奥运会上播放过。他很有可能是将古老的印度瑜伽体式以演讲示范的形式在联合国国际组织展示的第一人。

他还出现在好几个 BBC（英国广播公司）的电视节目中，包括名为"梅纽因和他的上师"的长达半个小时的访谈节目。随后 BBC 便将艾扬格描述为"瑜伽界的米开朗琪罗"。1976 年，美国密歇根州安阿伯市的基督教青年会录制了一部名为《终极事实》的录像，片中艾扬格做了一个小时的体式展示。青年会副总干事托马斯·P. 亨特扎克评价该片时说："该领域中的所有作品无出其右者。"

1977 年，印度电影电视学院制作了一部关于艾扬格和他的学院的名为《三摩地》的影片，该片为导演约翰·商卡拉蔓格拉姆赢得了最佳实验电影的全国性奖项。那是一部有着极高艺术价值的纪录片。印度信息和广播部部长 L. K. 阿德瓦尼先生确信《三摩地》这部纪录片必将把瑜伽之于人类的贡献在印度乃至全世界广泛传播。

1957 年，在位于普纳的国防学院观看了艾扬格所做的表演之后，尼基塔·赫鲁晓夫对此极为满意。他说他见识到了印度的民族气质——身心和谐发展，在这一领域，其他国家都不能同印度相媲美。

艾扬格在英国的一场表演让法国艺术家特蕾莎震撼不已，她写道："我对一位圣人的表演是如此仰慕和欣赏。尤其精彩的是他身上

1996 年，艾扬格在埃菲尔铁塔前
他对这一纯净而独特的艺术的展示总是那样特别，他的展示本身就深具启发性。

的简单和实实在在的灵性的正直,他给人留下了不可磨灭的印象。他的动作和姿势对于我们的心灵、我们的双眼而言是纯粹的音乐。在如此彻底的宁静背后隐藏了多少艰辛。他正是言行相应的真实典范——这正是我们贫瘠的西方世界所急需的。"

伦敦的《瑜伽与健康》杂志这样评价他的工作:"因为艾扬格是当仁不让的'体式之王',人们反倒常常忽略了他的信息和意图中的灵性。"

曼彻斯特的彭德雷尔·里德在看完 BBC 播出的一个展示艾扬格的体式的节目之后说,瑜伽向她开启了一个崭新的维度,她意识到自己面前的事物到底有着怎样的深度。

对于佩林·卡宾尼特梅克医生而言,有机会观看艾扬格的表演实在是一次罕有的经历。每一个姿势都呈现出如雕像般的完美。她觉得做体式的不是艾扬格本人,而是他身体里某种深藏的力量在借着他的身体进行某种表达。

耶胡迪·梅纽因如此称呼艾扬格:"印度最具价值的艺术之一,哈他瑜伽的至高代表。"在他与艾扬格的一堂课中,艾扬格曾将人体比作一件乐器,琴头就好比我们的大脑,琴颈就像我们的脊柱,弦轴则是我们一节节的椎骨,琴弦就好比我们的神经。既然乐器能够经由琴头、琴颈、弦轴和琴弦的协助演奏出乐曲,那么人类的身体也能够奏出乐曲——通过大脑、脊柱、椎骨和神经的适当练习。我们的身体必须像经充分调音的乐器一般运转顺滑,只有如此,生活中才有和谐。

"他是一个非常热心而友好的人,但一旦涉及他的艺术,他便表现出所有艺术家必备的苛求、固执和狂热。"巴拉迪·坎萨拉在一篇关于艾扬格在伦敦的一次演讲示范的文章中将他描述成一位"神圣的体操家"。"他如此轻松地用身体塑造出各种体式,就好像他在捏橡皮泥一般。"她还写道:"仅用他穿着少量衣衫的身体,通过瑜伽体式他向我们展现其对身体和头脑的完美控制，展现出身、心、灵的融合中所流淌出的惊人的和谐和优雅动作……在将交盘的双腿安置于双臂之上或是其他看似匪夷所思、于他而言却好比舒适的椅子一般的身体部位之上时，他还用欢快的话语在每一个体式中解释瑜伽哲学和相关的神话故事。他的教学清晰而深刻，又有连珠的妙语点缀其间。"

1976年5月，艾扬格在美国宾夕法尼亚州的哈沃福特学院做了一次演讲示范。观众中包括美国著名的雕塑家罗伯特·恩格曼、美国顶级建筑师阿兰·L.菲什曼、作曲家乔治·洛克伯格和摄影师·E.西蒙斯。

表演结束后，恩格曼写信给艾扬格："那是我这一生中见证过的最难以置信，也最触动心弦的身体和心智表达，绝无仅有。我从未见过任何人能够像您这般彻底地掌控身体和头脑。而这一切又有丰富的智慧和对生命的温柔关照做支撑，这一点正是我的一生所求。"身为宾夕法尼亚大学艺术学院研究生院主席的恩格曼被艺术大师的表演深深震撼，他因此塑造了一尊15英尺高的名为"艾扬格之后"的雕塑作品，这尊雕像目前仍位于宾大的校园中。

菲什曼在写给艾扬格的信中这样说："我为您表演中的艺术造型而感染。您在瑜伽中所展现的形态和动作触动了我的建筑灵感。您的瑜伽是真正的艺术，而您是一位才华横溢的艺术家。""我在您的瑜伽方法和我的建筑设计方法之间发现了某种共通性。在两种艺术形式中，物理动作和形态在与观察者和使用者（于您，我猜可能是参与者）做着有意义的交流，在这个过程中大脑和心灵就与身体经验产生了紧密的联系。"

洛克伯格——宾夕法尼亚大学的常驻作曲家，在写给艾扬格的一封信中写道："自从5月在哈沃福特学院观看了您惊人的瑜伽展示之后，我就一直想写信表达我对您的至诚钦佩，将身体和心灵整合成活泼的人性表达是一项非凡的艺术,您便是这样的一位艺术家。""我清晰地记得在倾听您关于瑜伽是什么的讨论时,我情难自禁地将您讲的每一点都'翻译'成我自己的音乐解读。音乐代表了什么——灵性世界在人类物质身体的真实性这一幕布之上所做的表达。在我心里,瑜伽和音乐在生活纪律和生活体验中结合——两者彼此穿透,创造出活泼的艺术形式,无论是身体的还是灵魂的。""您的成就是如此罕见,如果哪一天我再次获得见证您的艺术,并且和您交换关于瑜伽和音乐的见解之机会,我将会无比喜悦。"

西蒙斯认为,艾扬格之于瑜伽就好比勒努瓦之于绘画,罗丹之于雕塑,史泰钦之于摄影——都是各自艺术领域中的大师。在哈沃福特学院拍摄此次表演,对于西蒙斯而言是"见证顶级艺术家在其艺术创作过程中,使用唯有大师才有的创造性的方法和技巧,如此机缘一生难求"。

唐纳德·莫耶两次从美国来到普纳的学院参加艾扬格指导的专题练习。在一篇他的学习体会中,莫耶这样说:"艾扬格先生是当今最伟大、最具创造性的艺术家之一,他无与伦比的课程就是卓越的诗歌,不可复制。我觉得他可以和另一位脾气火暴的射手座神秘主义者相媲美,那就是威廉·布雷克。艾扬格和布雷克一样,用自己强烈的内在洞察力'折磨'自己。当我看到布雷克画作中火焰般的节奏时,我感觉在灵性上他与艾扬格同出一门。于他们而言,身体是变化不息、闪烁不止的光芒。"

"艾扬格用他近乎残酷的专心在不间断地追寻着其艺术的完美。他拥有创造性的特殊能力,这让瑜伽成为精进不止的方法,让人们得以在意识领域中不断地向上攀升。瑜伽是一门科学,也是关注人性进化的艺术,它有着灿烂的未来,而艾扬格对瑜伽发展做出了巨大的贡献。"甘地和平基金主席 R. R. 迪瓦卡尔如是说。

技巧的精进就是瑜伽艺术(kala)。随着艾扬格对技巧打磨得更为精进，身体形态的纯粹工艺性就被打破。瑜伽艺术就从科学（sastra）转变成了信仰（法，dharma）——真我的文化。

安东尼·洛博神父——艾扬格的一位年长弟子，这样描述上师的工作："虽然没有一间装满闪亮测量仪的庞大实验室，他却用事实告诉我们——对'我'最敏感的测量仪便是源自每一个神经末梢的人类意识，因此瑜伽便具有了科学性。不是通过巫术般有魔力的体式，而是通过开发人体形态之美和人类意识之美的技巧，他让瑜伽成为艺术。他终于在世人的见证下用纯真本性展现了生与死的融合，这样他到达了至高的境界——这就是他的成就。"

06
两手空空的音乐家

——耶胡迪·梅纽因

艾扬格先生今天的表演是为了帮助百勒尔村的孩子们,该村庄位于印度的迈索尔。这体现了艾扬格先生对这座印度村庄——他的出生地的信念和热爱。他从来没有忘记过他的家乡,那儿的人们越是需要他,他便越想念他们。

这座小村庄原来没有学校,那里至少有60个孩子不能读书、写字。这座即将建立的学校将会满足小村庄的需求,也将实现艾扬格先生对他的同胞的信念。

可能我们现在对于读书、写字以及其他事物都有这样一层疑虑:人们可以从善,也可以作恶,从而影响周围的事物。幸运的是,印度社会尚葆有足够的纯真,人们相信读书和写字真的只是善,也只能是善。在印度,人们至今已知的用来书写的文字,在过去的数千年里都是神圣的文字、典籍中的文字。他们对文学被滥用之事知之甚少。

这场景如此壮观,这种不用乐器的惊人表演仍然让我备受鼓舞。我需要一把小提琴来表达自己,其他人或许需要各式各样的乐器、介绍性的文字等,但他连那些都不需要。他什么都不需要——除了他所成就的自己、他的真实身份。通过他的身体、通过他的纪律、通过他的思维、通过他的艺术、通过他的纯粹,以及最恰如其分的表达,他获得了身体和灵魂的完整,平衡的完整,与他的同胞之关

艾扬格示范单腿头碰膝扭转

通过他的身体、通过他的纪律、通过他的思维、通过他的艺术、通过他的纯粹，以及最恰如其分的表达，他获得了身体和灵魂完整，平衡的完整，与他的同胞之关系的完整——除此之外，人还能渴望什么呢？

系的完整——除此之外，人还能渴望什么呢？我们所有人见到他都会觉得我们见到了一个好人、一个朋友、一个善良的人，美好和善良不会无缘无故地获得。缺乏内在的准备，你永远不会真的善良；缺乏对自己的真正了解，你也不会真的将自己变得有价值。因为如果我们不能善待自身，还不如干脆不来人世走这一遭。所以，艾扬格先生真的能善待自己和他人，我想对于他这种为人处世的方式在座的恐怕没人真的做到过。我们中或许有些人在某种普遍意义上会有所成就，还有些人在某种特别的工艺或艺术上建立了非凡的纪律性，但是恐怕没人遵守得了对自身的纪律。对于艾扬格先生的艺术，这是我能做得最好的说明。我把余下的时间留给艾扬格先生的表演。

你们将要见到的这个人，与我们音乐人及其他类型的艺术家一样全然地奉献于自己的艺术。但是他的艺术却是一项减法艺术，减到至简，但是在某个层面，又复杂到极致，因为它无须任何器具，它需要的是你生来就有的工具——你的身体。没有正式的编舞，没

伍　他所成就的自己

有剧本，没有使某物成型的规则，但是所有编舞者、艺术家或作家需要的规则都在身体中本来具足。为让此项艺术达到完美，需要的是一生的耐心和持续不断的努力——让我们本来拥有的这个器具日臻完美。

艾扬格先生和我们大家一样，在印度有着自己的家庭。他忠诚于他的祖国和人民，他也是个年轻人。他和那些旧时的、现在也能在印度寻到踪迹的圣人们不同的是，他没有长长的花白络腮胡，他不穿橙色的长袍，也没有手拿念珠——那些人往往有些让人心生畏惧。他是一个非常热心肠而且友善的人，但一旦涉及他的艺术，他便表现出所有艺术家必有的苛刻、固执和狂热。从他身上我们可以学到很多，他的艺术可以教给我们很多，因为身处西方的我们大多时候都丧失了他所展现给我们的——对自我的控制，将我们本来便拥有的开发到极致，保持健康、喜乐和平衡，直到生命的尽头。

（在艾扬格的一次瑜伽表演之前，梅纽因所做的介绍性演讲。萨那安，瑞士，1966年。）

07
艾扬格——一个难解之谜

——D. I. M. 罗宾斯上校

瑜伽界对艾扬格有着极为复杂的情结：每个人，至少英国瑜伽之轮的成员都知道这一点。担任瑜伽之轮秘书长期间，我时常需要努力应对关于他的瑜伽体系的矛盾观点——身体或精神上的严苛与无与伦比的身体和精神体验。

1976年6月，他访问伦敦时，我也被邀请参与他的高级课程，但只是作为旁观者。我当时发现我根本不可能对他进行评价，尽管他热情地与我讨论他的风格，但我没有可以参考的充足背景对他进行评价。我看着他用手、用脚毫不留情地击打犯错的学生，我不认为自己能与他保持任何和睦的关系，而他的学生们却似乎乐在其中。整个事件透着古怪，我离开的时候内心非常不平静，对"艾扬格主义"颇有些不满。

1976年12月，我作为国际瑜伽教师大会的代表在印度的潘齐加尼再次遇到了艾扬格，有很多出色的瑜伽大师参与了此次大会。这次我决心要让自己听从于他的教导。他以一种近乎残忍的方式欢迎我加入他的课堂，于我而言这似乎不是一个好兆头，很快我就获得了他的特殊关照。一个富有同情心的、长期跟随他的印度学生嘟囔着说，我应该把此事当成一个恭维！给我的批评和嘲弄起初让我觉得很迷惑，因为尽管我可以骄傲地说自己在德国和伦敦教瑜伽，但其实我还只是一个业余选手。我简直被系统地肢解了，而且有时颇为"残暴",但奇怪的是我发现自己竟然赞同他所做的一切。我在这个班上的一个同学是来自罗纳瓦拉的博乐医生,他也遭遇了几乎同等的"残暴"待遇。但是艾扬格所做出的每个调整都显露出专家水准,挑不出一点儿毛病。我们都坚持到了最后,尽管很多代表在紧张的第一阶段之后就放弃了。我发现我对他的方法完全没有不满,这些方法既让我发笑又深具启发性。每天两小时高强度的身体和精神努力之后,我发现走出教室的自己更有觉知、更轻盈。我认识一位保尔·杜克斯先生,他是一位纪律严明的瑜伽大师,也是艾扬格的老同事。我不得不承认艾扬格是我在25年正规的瑜伽学习中认识的最有成就的老师。他的上师是他的亲戚——备受尊重的克里希那玛查雅,德斯卡查尔的父亲,但是艾扬格发展出了不同于这二人的方式。我现在看到了,也懂得了原因,我们应该反思——有很多条通往终极目标的道路。

艾扬格不认为自己很霸道,反而陶醉于自己的高度专注性。他是一个相信命运的人,他自己从一无所有成长为一代瑜伽大师,堪称缔造命运的典范。他用自己的直觉和理解力去解读帕坦伽利的《瑜伽经》,他其实活在其中。瑜伽纪律是他的生活和教学的最高准则,每一个体式的成就他都付出了自己全部的心力和智慧。机械地、潦草而不假思索地做体式对他而言简直就是犯了可以逐出师门的大错,被当场抓获的倒霉学生很快就会受到惩罚。他相信不费丝毫力气或是毫无压力地做体式会让身体陷入停滞状态。每一天他都会诱导身体能量发挥得更多一些,然后煞费苦心地将这些细微的变化放置于头脑这架显微镜下。瑜伽体式的练习应该带来谦卑,这一点他用自己独到的"接地气"的方式给出了精彩的解读。哪个学生级别越高,他就越有办法让其认识到自己究竟有几斤几两,这对每一个人而言都算得上是惨痛的教训。艾扬格可能不怎么圆滑,但他绝对真实。

仅有一次,我们做头倒立的时候,他从我身边走过时嘟囔了一句:"做得不错,先生!"我瞬间有了成就感,我一下子明白了当一个新兵被他的团长夸赞靴子很干净时是个什么心情了。后来,当此次大会结束的时候,艾扬格和我道别,他忍不住重重地给了我一下,紧接着说,他认为我是一个诚挚的学生。他又是如何从这些"不合宜"的行为中全身而退的?他的魅力究竟何在?我相信那一定是源自他对真正的瑜伽一生的奉献。尽管很多人认为只重视体式却忽视了其他方面,但他们错了。艾扬格深信整体瑜伽,他懂得冥想的目的和人们对冥想的需要。他尊崇身、心、灵联合的终极目标。他真的是一个好人。我非常感恩与他一起学习的机会,这让我更加谦卑,让我对头脑、智慧和意愿有了更细微的领悟。他知道呼吸控制法对一个瑜伽士的价值以及它如何巩固生命力量。当你能够像念诵曼陀罗一般呈现每一个体式的时候,你就已经相信每一个体式都成了一个灵性的姿势。

要怎样才能不失公允地概括这个人和他的瑜伽呢?艾扬格颇具争议性是因为"他太强调身体了"。但他却狂热地相信身体在显现出神性之前必须要被征服——"他忽略灵性",但证据何在呢?"他有着强大的自我",哪怕是他本人也必定是经历了无尽的艰辛。"他很凶,又很霸道",是的,他确实对学生动粗,但他从来没有给任何人带来过伤害。上师净化自己的弟子,却带着慈悲和理解。

那么,我们要何去何从呢?在"艾扬格主义"中,我看到的唯一危险便是他的学生尝试着去模仿他,而不是循着他的脚步。盲目地模仿古鲁的言行是趋炎附势之举,这些人会给瑜伽、给他们的学生、给艾扬格本人带来伤害。

于我而言,艾扬格——无论有着怎样的自我,却对整体瑜伽有着正确的态度。他有着非常可靠的直觉。他永远是艾扬格——这本身就是难解之谜吧。

08
狮子和羔羊

——伊丽莎白·肯特

5月一个周一的早晨，伯克利，加州，一群人聚在一处准备开启B.K.S.艾扬格为期一周的工作坊。每个阶段都有大概100人参与，学员大都身着紧身上衣和短裤，其余的站或坐在教室四周观察。

艾扬格先生双手叉腰，身着栗色短裤站在教室前端。象征婆罗门身份的棉线绳缠绕于肩颈处，这是婆罗门年轻成员在开始学习祈祷词和曼陀罗时被授予的。一条象征宗教信仰的红线从发际延伸至鼻梁。与《瑜伽之光》中的照片相比，他并没有多少变化。他比我想象中的要矮一些，头发愈加灰白，腰部或许更粗了一些。但是那坚毅的、棱角分明的脸、浓密的双眉、因能量展开而充分拓展的胸腔以及长而柔韧的双腿对于我们这些阅读他的书籍的学生而言是那么的熟悉。

"让我们看看，"他手叉着腰，笑着开始上课，"哪些是新手，哪些是老将。"他大手一挥，把学生分成了两组，新学员（针对艾扬格的练习方法而言）在一边，另一边是有经验的学员。然后他开始按自己的意愿把学生们安排到精确的位置。"你站这儿，"他指挥着，把某人猛地推拉到某处。"不对，不是那儿，我说这儿！"一个一个地，他逐行连推带拉，把大家像棋盘上的小卒子一般放置到他想要的位置上。他的方式看来唐突、直率却又明确，就好像一个厉害的军队指挥官，又像一位严厉的禅宗古鲁，他分毫不差地知道自己想要什么，这个过程中没有一个人敢反抗。

所有人就位之后，他手叉着腰，大步流星地在教室里穿梭，这里调整一下，那边纠正一番，再吼出一连串儿让人颇为费解的指令。"这个绝不该伸展，"他吼着，"如果你们都不明白我在说什么，让我怎么教？"我坐在角落里看着他，这时我的女权主义情结开始苏醒，我心里琢磨着："我就从没见过一位男性如此傲慢、如此嚣张。"但是看到他的男女学员们态度一致时，我又多少有了一些安慰。他的声音响亮而有力，听得很清晰，但是当他激动起来，话像连珠炮似的喷射而出时，想听得明白当真不易。

所有人都在做站立山式，"双脚并拢，"他给出指令，"当双脚并拢时，你要感受能量在脚掌的流动……感受膝盖的内侧以及外侧，去体会它们是否在平行运行。双腿内侧的长度应该在动态中彼此平行，两腿内侧的中线要朝向彼此。把皮肤从后向前旋转，这样双腿的中心就能彼此相对。左腿拮抗右腿，右腿拮抗左腿。"在整个讲解过程中，他穿行于教室中，这儿拍拍，那儿戳戳，调整着一个个身体。

关于艾扬格先生"残酷的"教学风格的流言已经流传数年。但当你真的见识到人们如何被打、被踢、被揪着头发往上拉、被提着短裤边儿往上拽、被吼、被嘲弄、被羞辱时，你也只能感叹思想准备还是不足。我回忆起在总院见到的小小的石质教室窗边的铁栏杆，在那里拉玛·优提·弗农第一次见到艾扬格先生，她开玩笑说："我觉得那铁栏杆是为了防止人们逃跑的。"其实，艾扬格先生的学生们才不想逃跑，他们支付可观的学费，为的就是获得被他迅速而精准的手敲打的机会，当然有时用的是脚。你会因艾扬格先生双脚的智慧而获得启发，他的脚就好像他的另一双手一般。

当我后来回想当时的场景时，我意识到，尽管那天早上他又是踢又是戳的，其实只有一个人因为疼而皱了皱眉。有几位表现出吓了一跳的样子，但没有一个人看来苦不堪言，反倒是不少人因此获得了释放。伯克利的一位瑜伽老师詹恩·卡朋特是带着右肩的剧烈疼痛进入教室的，她疼得很厉害，刚开始她的手臂只能抬高不到30度。她的右肩究竟有什么问题谁也不清楚。"有些医生说是病毒性感染，还有医生说是急性筋腱炎。谁知道呢？"她说道。但无论如何，在过去的一年中她因为肩膀问题只能停止练习瑜伽："如果我还持续练习，我的这条胳膊很有可能已经成了一个挂件儿了。"

在一周的时间里，艾扬格先生给了她很多针对性的练习，在不同的姿势中调整她的肩膀，把她放置在一系列的练习中使她的手臂向后延展，通过前屈又将其手臂伸展过头顶。再通过手握沉重的金属棒使双臂下压。在艾扬格的帮助下，她完成了头倒立和肩倒立，并且保持住了。简而言之，她获得了很多鼓励，借由一些特定的方式她练习了右侧肩膀。到课程的中间时，她右侧肩膀的活动幅度获得了显著提升。到课程接近尾声时，艾扬格先生又做了一个调整，更多地打开了她的右侧肩膀。到周五的时候，詹恩已经能够完全伸展右臂了。"真是太了不起了！"她还透露，在来参加这个工作坊之前，她还查看了自己的星座运势表，表中显示她会在5月11日到21日有特别的经历。观察了周一早课之后，她并不清楚艾扬格先生的方法能给她多少帮助，参加了那天的下午课之后她的信心也没有多少增强。

"伸展！伸展！伸展！"他大吼。她站在一个体式中，伸展着，自以为她身体中的每一条纤维都在伸展着。突然"啪"的一声，她的肩膀挨了一巴掌，接着是严厉的声音："动这里的皮肤！"她思索着并且努力尝试移动皮肤，期盼着能发生点儿什么奇迹。"啪！"背上又挨了一下。"你没按我说的去做，把腋窝从下向上转。你怎么那么慢？我的解释对还是不对？嗯？"他站在她面前，挤出一张貌似愤怒的脸。"你懂了吗？你懂了吗？"他吼道。带着疑惑，带着尴尬，她小心地回答，"懂了。""看看你能否像这样去爱，"他说着话走开，露出雪白的牙齿，他笑着解释，"要做到慈悲，你必须表现得无情……除非我一吼她就爱不起来了。"爱，在艾扬格看来就是虔诚的练习。

课堂中的艾扬格一丝不苟
要想做个好老师，你要有狮子吼一般的外在，而内在你要像羔羊一般温和。

　　表面上的矛盾使他在最初如此难以被理解。"前一分钟我还在恨他，可下一分钟我又爱他。"一个学生在第一天课后回忆道，他接着笑了起来："我很想到印度去学习，但我可不想因为学习瑜伽再弄得溃疡了。"另外一些学生在面对课堂上戏剧般的一幕时，只把它看成是戏。"他可没有陷入其中，"她说，"那只是一场表演。你会看到他的眼睛从始至终都是柔软的。"对我而言，我会说艾扬格的这出戏是有效果的。从来没能在头倒立中保持超过 60 秒的我，那天下午在体式中足足待了 5 分钟，然后等待着被放下来。

　　艾扬格这样描述自己："我是一个守旧的老师，哪怕你做得不错，我还是会说你还不怎么样。对于我来说，如果我看到进步，我会在心里感到满足，但绝不会把它说出来。赞扬一旦出口，我就关闭了你的进步之门。要想做个好老师，你要有狮子吼一般的外在，而内在你要像羔羊一般温和。"

伍　他所成就的自己

不论他的内在如何温和，在教室中这个温和你是绝对看不到的。在课堂中，他极为专注，阐释得非常彻底，对那些不肯推动自我跨越极限的学生，他显得很没有耐心。在教室之外，有关他太自我的质疑不会出现。实际上，他表现得很安静，与课堂中强烈的、充满激情的个性相比，他几乎是温文尔雅的。他很温暖、有礼貌并且对很多事物都具有无限的热忱。除了每天教授两节各3个小时的高强度的课程之外，他下午还会去尝试驾驶帆船，走访监狱并了解那里的瑜伽项目，晚上去听交响乐或去剧院看剧。他每天早晨5点起床，在9点开课之前完成自己3个小时的练习。

艾扬格说，正是这种强大的动力，渴望做到的冲动，在课堂上感受到的完美，以及去完善自我的迫切感，让我们必须经受痛苦，我们必须经历疼痛并学习如何对待疼痛。"如果你哪里有疼痛，"他说，"感谢上帝，因为你能大大地获益于这疼痛。疼痛教会我们理解恐惧。当我们面对疼痛时，我们其实是在面对恐惧，而直面恐惧能引导我们走向自由。"

"面对恐惧，面对未知"，是艾扬格瑜伽教学中的根基部分。他说："去面对那恐惧，比如说把自己置于头倒立中，去战胜其中的恐惧，就是在延展身体和头脑的自由。当你做到了，那个未知——头朝下是什么感觉，就成了已知，于是我们就不再害怕，我们进入了一些头脑中原本黑暗的角落，并将其中的无明连根拔起。为了更精进，我们要继续开发这种自由。"他又说："我们必须一次又一次地面对未知，挑战我们的恐惧。"对于艾扬格和他的学生们来说，瑜伽恰恰提供了这种持续的挑战。对于瑜伽，他这样定义：把身体当作工具可以使大脑更为敏锐。"已知的终点在哪里？"他问，"而未知的起点又在何方？已知和未知总是相依共存的。已知就是大脑处于轻松状态中无须费解。若你待在自己的界限内，挑战就不会出现。"

另外，按照艾扬格的方法，我们相信头脑和身体不可分割，而

303

完整的人就意味着我们身体中的每一个细胞的意识或智慧都在热切地等待着被唤醒。"缺少意识的参与，我的身体又将如何？"他问。"一处之智慧去移动一侧手臂，另一处之智慧保持相应区域的稳定。智慧遍布周身，皮肤是外层的智慧，而自我属于内在的智慧。两者之间应该有着不可思议的沟通。"他说。"一个人应该用1000只眼睛去看。"他又说。

他经常说到关于皮肤的问题，指出一些微妙的，对于普通人的眼睛而言经常是不可察觉的细小动作。他通过观察皮肤的颜色去判断人所承受的压力，干燥的皮肤告诉他这个人有太多的能量导向内在了。他可以通过对皮肤的触摸，判断某一处的意识是否是觉醒的。在练习中，他对皮肤的控制是如此不可思议，他的皮肤可以仅仅通过呼吸就能被展开。在课堂中观摩的瑜伽老师菲力希提·豪尔说："难道肌肉不也必然动起来了吗？整个过程如此慢，就好像他的皮肤在你眼前绽放。"艾扬格还能够控制他腿上的汗毛，仅凭意识，他能让它们立起来或倒下。跟随着这样一位对身体的掌控已达到至高、至精状态的老师学习瑜伽是美妙而又迷人的。正如另一位老师朱迪思·拉萨特所指出的那样："就好像当你连画笔都不会握时，却要和米开朗琪罗学习艺术一般。"

跟随艾扬格学习瑜伽的独特之处在于他充满力量的，有时甚至有些凶猛的教学风格。借助辅助工具，比如桌子、椅子、墙、笤帚把儿，你会获得最大限度的伸展。他发展出来大量站立体式的练习，最重要的是那种使意识成长与身体运动相结合的特殊方法。周三的早课中，他在体式中解释现在、过去和未来。按照我的理解，他大抵是这样说的：当身体姿态发生改变时，智慧或意识也必须发生改变以适应新的动作。动作和意识并肩而动，换言之，身体在哪里，意识也要如影随形。尽管如此，他却把意识和思维过程进行了区分。没有静态的大脑或意识，只有思维过程的止息。当思维止住的时候，头脑就处于已知的安全中——头脑休憩于过去。这样的头脑状态也会呈现在身体上，身体停止了在体式中探寻未知的努力，仅安于其界限中，这样的体式缺乏生命力。或者身体急匆匆地进入了某一姿态，即进入未来，而头脑还留在过去，缺少动态和头脑的一致运作（心不在此处），不稳定随之而来。整个讲解在一个学生演示头倒立的过程中呈现："现在，看看腿发生了什么？"艾扬格说，"双腿去了未来。稳定还没有形成，腿就起来了，迷惑也开始了。看，她在没有调整头的前提下就举起了双腿。腿进入了未来，头却还在过去，所以就没有安全感。"

在艾扬格的瑜伽中，是那些极细微的动作——腹股沟的收紧、足弓处皮肤的动、髌骨的上提，成了专注一处的核心，这些被称为力。更表层的，比如右脚向外，左脚向内的行为被称为动作。动作让你进入某个姿势中，而力使其精进。所以在头倒立中，艾扬格先生说："在向前的展开中，力量源自中心。脚跟向后使得肩部承重，身体在此获得平衡……然后当你伸展腿前侧时，你要告诉腿后侧：'我亲爱的朋友，我现在要伸展这里，请提高警惕，我不会允许你只是在那儿待着。'接着后腿会说：'好的，我会注意的。'在腿后侧创造出一股力量，然后腿前侧与之进行抗拒。"力，然后是那些能够唤醒体内意识的极细微的动，而这便是意识的唤醒——艾扬格的方法全是关乎于此。

艾扬格先生对于敬拜上师那一套模式——人们跪拜在他的脚下等，全不在意。"灵魂是纯净的，"他说，"你的灵魂和我的灵魂一般无二。"有一个学生捧来一束花给他："我觉得您是个了不起的大师，我爱您。"他像一个害羞的小男孩一样背过身去，之后又转回来说道："谢谢你。"

我们要说，感谢您艾扬格先生，愿您的事业繁荣发展。

09
B. K. S. 艾扬格的肖像

——卡琳·斯蒂芬

人们常常用狮子和羔羊来描述他——教室中的艾扬格是一位严厉地分配任务的古鲁（他精确性高又独特的教学方法曾一度让人们将他比作"瑜伽界的米开朗琪罗"），而在教室外他则魅力十足，有着幽默和爱嬉闹的个性。虽然已经64岁了，但他的精力和磁场却鲜少有人能与之媲美。首要的一点便是他一直都在完全的、无条件地做自己，这恐怕是认识他的人都如此爱他的原因之一。

我第一次见到艾扬格是在1970年夏天的普纳。我没带任何期待地到了那里，只因为同一年的早些时候我在迈索尔学习瑜伽的时候听说了他的名字。与得遇所有出色人物一样，整个场面看似平常，但却留下了擦不掉的痕迹。他让我们做肩倒立，当我试着将自己放进体式中的时候，艾扬格走到我身边，把我的腿掰进了莲花式中；随后将它们折向右侧，让我的双膝落地；之后又在左侧重复了同样的过程。他严厉地问道："嗯，现在告诉我，还有其他老师让你这样练习过吗？"他的声音中有着明显的挑衅，于是我谦恭而诚恳地答道："没有，先生，完全没有。"当我尝试把他给我弄成的扣解开的时候，我在心里自问，我究竟到这里做什么来了？但是下课之后，当我走进夜间普纳黏着的空气中时，我心里突然有了一丝得意——我接受了一个大挑战，我决心要面对它。

再次遇到艾扬格是在1972年的伦敦。他在伦敦有一期学习班，

伍 他所成就的自己

我听说他要来欧洲之后就去参加了这一课程，因为当时我正好住在巴黎。第二次的挑战更大了，而激动之情和新鲜感也都强于第一次在普纳，那一刻在我头脑中永久地建立起了某些东西。我不断地想着在卡洛斯·卡斯塔尼达的书中读到的话，那是关于何为真正的武士的一段话。唐璜质问卡斯特尼达："我告诉过你，一个武士的自由要么来自无瑕疵的举动，要么源自傻瓜一样的行为。无瑕疵的举动确实是自由的，那是一个真正的武士精神的标尺。"当我跟随艾扬格练习的时候，"无瑕疵"这个词不断地在我耳边回荡。无瑕疵和自由，通过无瑕疵而收获自由！随后在我跟随他学习的几年中，我认识到，正是这一点，加上我在1970年的普纳所接受的挑战，使得他的教学给我留下了印记。

我上一次与他相见是在去年1月——我去普纳的学院学习。那里有40多人，大部分来自美国，也有几个来自荷兰、英格兰和南非。虽然我4年前来过普纳，但却忘记了从波士顿到伦敦，到新德里，再到孟买，最后到普纳的路程是多么艰苦。好在我给自己找了家舒适的宾馆休整了一个晚上，做好了再次跟随艾扬格学习的准备。

第二天一大早，在我乘坐小突突车穿城赶往学院的路途中，清晨的阳光直晃我的眼睛，我再一次被那股平静和喜悦震慑住了——我马上将在老师犀利的眼光中练习。我忽略了宾馆到学院的距离，有些担心会迟到，于是险些错过欣赏桥下沼泽中闪着光的蓝灰色的片片水潭，以及清晨的阳光中闪亮的各色纱丽。

无论如何，在我们到达学院门口时尚有充足的时间。门口的摩托车——大部分是印度学生的，也有一些是外国学生的——顿时让我觉得熟悉，这些学生是来上早上7点那堂课的。当我走进那座顶层好像一个金字塔形的建筑时，我还欣赏了一下身旁怒放的花朵以及通往教室入口的小路两旁修剪完美的小花园。很快，上早课的同学们便开始往楼下走，尽管其中有几张熟悉的面孔，但是几乎没什么时间聊上几句。在楼上的教室里，同学们或是简单交流着，或是开始热身，但是大家都很谨慎，不去做那些复杂体式，害怕被艾扬格训斥为"显摆"。

时钟一报时，同学们便迅速找到自己的位置，教室里立刻就安静下来。艾扬格出现了：身着印度的白色棉质上衣和裹腰布，里面穿着颜色鲜艳的瑜伽短裤。在他的前额上是一条从发际线到眉心中间的红线。他银灰色的头发似乎比上一次我见到他时长了一些，他可能胖了一点儿，除此之外，他的声音同样响亮、同样充满活力，他仍拥有同样灿烂的笑容、同样的威严——所有这一切都未改变。尽管他已经64岁了，但他表现出的活力、生命力都一如既往地饱满。

他扫视了所有人的眼睛，便马上开始上课了，还没到9点。"好了，所有人都站到自己的位置上。"他穿过教室，把我们放在合适的位置上——整个学习过程中，每个人的位置就不变了。

"你的右脚正在发生着什么？左脚又在发生什么？你的右大腿、左大腿、脊柱、右侧背部、左侧背部？"他向我们发起挑战。我们立刻开始觉知整个身体，并将我们的觉知贯通至身体的每一处、每一个细胞。我们所做的体式是山式，这是他教的第一个体式。"如果你都不知道怎样站在双脚之上，又如何学习站在头顶之上？"他质问我们。对于艾扬格来说，一个学生必须首先学会用最高的觉知和智慧做最简单的动作，然后才能去完成那些复杂体式。不然的话，就像不让树干强壮却一味给树剪枝一般。

我们中的有些人其实是在悄悄地等待着那些高难度的体式，那些让我们"干活儿"的体式，但这事儿可由不得我们。我们逐渐意识到艾扬格是在有意让我们归零，然后他才会继续，让我们理解姿势的精髓而不是姿势本身。

随着时间一天天地过去，整个班级的练习也越来越精进，每个人开始分享自己的胜利和苦涩。我们明白，来这里不是来寻找夸赞

伍 他所成就的自己

的，艾扬格一旦夸赞某个学生，那么这个学生就不会再用尽全力了。我们还意识到，我们也不是来学习新技巧的——我们是在承接艾扬格47年来在印度、欧洲、非洲和北美洲的教学之花的。我们更多的是来体验艾扬格一遍遍对我们重复的"瑜伽是行动中的精准"，只有通过精准的行动，自由才能在周身流淌。

他又一次在教室的那头儿对我大吼："斯蒂芬，"因为我正在做一个背对他的坐立体式，"从你呆滞无光的头发中我就知道你的体式也是呆滞无光的！"当我们进入一个颇有难度的平衡体式时他再一次吼道："让你们的神经像蜡烛一样燃烧起来。"当我们用最高的觉知完成一个个体式时，我们感觉他声音中的能量穿过我们身体中的静脉、动脉，到达我们的大脑，又回到我们的脚趾。

上艾扬格的课，人们真的会觉得他的后脑勺上都长着眼睛。当人们提起这件事时，他却回答说："当我教学的时候，我得数百次观察这些身体，在那一分钟的观察中，我可能看了二三十次你尚未觉察到的东西。所以我的眼睛，其实是在瞬间看遍全场。"后来他又解释说："你看，就像火。火有界限吗？没有吧！它只是照亮一切处。所以在教学中，我让自己成为一团火。"

任何有机会向艾扬格学习的人都能觉察到艾扬格的这种能力，整个教室的气场中有一股电流——从头至尾都不曾间断。它让学生关注当下的觉知，虽然头脑可能会不时地开个小差——街上卖鹰嘴豆的小贩的洪亮叫卖声或教室外一棵树上鲜红的花朵都可能暂时让你转移注意力，但是那股能量本身能不断地将你收摄回当下。事实上，正如艾扬格的一位高级学员安吉拉·法默所说："他有一种很特别的能量，我们的一部分反应是那种能量引发的，而不是他的指令。"

尽管很多学生是因为一些精神困扰或身体问题来寻求帮助，但艾扬格觉得最重要的便是从身体入手。有一次，他将自己比喻成一

艾扬格示范苍鹭式

……循环系统和呼吸系统是"我们存在的大门"。……通过这两个系统我们开发出巨大的生命能量,而这些能量会被血液吸收。

个园丁:"园丁细心地关照着这些树木,如何打理,如何保持健康,做什么、不做什么,看哪里。还要及时除去杂草,这样树木便不会受损,所以每一个人都是自己神性身体的园丁。"

"物质具有神性",这一观点其实根植于印度教的毗湿奴主义哲学,艾扬格信奉毗湿奴。"在毗湿奴主义哲学中,自然和精神都是永恒的,自然会改变,精神不变。""而还有些人认为,"他继续说,"这个世界是空幻境界,所有存在的事物都是幻影,而你不应该执迷于幻影。所以,既然一切都是幻影,那么认识灵魂这件事也是虚幻的。但是毗湿奴信徒却说'不是的,二者都是永恒的,但会发生转变,尽管物质是永恒的,它还是可变的——可变但却不是虚幻的'。"

正是出自这样具体的哲学认知,艾扬格让自己接受挑战——他想要弄明白瑜伽体式如何既可以作为一种疗法，又可以成为一种灵性的纪律。于是，在过去的 7 年间，他不仅精进了他的教学艺术、他的体式练习，也开始将这门科学应用于对治神经系统、循环系统以及脊柱等诸多问题之上。在过去的四五年间，他开始每周在学院开设医疗课程，这些课程不仅吸引了需要帮助的人，他教过的很多已经成为老师的学生也来参加。

一个人走进教室的那一刻，艾扬格往往能指出其问题所在，但是有些问题可能比另外一些更易察觉。来这里寻求帮助的人有着千奇百怪的问题，包括肌肉障碍、急性关节炎、中风、癌症、椎间盘突出、疝气、偏头痛和失眠等。在每一个案例中他都会使用独特的治疗方法，他使用绳子、长凳、抱枕、缠在眼睛上能迅速制造放松感的绷带、重物和椅子等。每一个病人都按照他的教授做着自己的一系列练习，一般是在艾扬格或他的助教的帮助下进入某个姿势。艾扬格使用辅具的意图是让学生可以独自完成练习，他觉得只有开发出学生自身的意愿，疗愈才会真的发生。

作用于身体上的体式会对不同区域产生多重影响。医学博士玛丽·沙斯——来自美国田纳西州的病理学家，正在写一本关于艾扬格的医疗实践的书。她在过去的 4 年间一直在整理和汇编艾扬格处理过的病例，并试图阐释瑜伽如何能够同时影响交感神经和副交感神经以及呼吸系统和循环系统。

艾扬格本人相信循环系统和呼吸系统是"我们存在的大门"。如果这两扇门没能守住，那么其余的系统则完全不能正常运转。通过这两个系统我们开发出巨大的生命能量，而这些能量会被血液吸收。我们使用不同的姿势"刺激"不同的身体部位，而我们需要谨慎观察哪些姿势会作用于特定的区域。于是这位瑜伽士如是说："将此处的血液带到另一处，那么相应的器官就能获得充分的供养，于是便摆脱了疾病的缠缚。"

艾扬格认为，所有老师，尤其是那些教授疗愈课程的老师，最重要的素质便是学会"如何把自己的身体置于对方的身体中，进而将其带到目前你自己的状态中"。对他而言，打破老师和学生之间的界限乃是绝对的重中之重。他说："一个老师最核心的品质便是真诚，要像对待自己的身体一样地对待任何一个你所教授的人的身体。只有那时，师生间的同一性才能出现。"

艾扬格承认，在他的医疗课中没有什么固定的体系可循。他更多的是在用一种"移情作用"工作，还有他源自直觉的见解——当下的这一刻必须做什么。这也是为什么人们难以模仿他在这一领域的方法，尽管很多老师向他学习，他们会观察，有时也在医疗课程中帮忙，但是回家之后他们还是会专注于教授健康的学生。

在一个正常的课堂环境中，在瑜伽教师培训课堂中，艾扬格不仅是一位真正的教师，也是一位名副其实的艺术家。他会在对身体做细节分析的同时借用诗意的形象帮助学生理解这些动作，他会在指导学生从一个姿势进入另一个姿势时给出大量的细节，帮助他们理解如何做出某个体式。

有些人其实会时常琢磨：艾扬格的技巧究竟意味着什么？它与标准的哈他瑜伽究竟有何差别？差别就在于他会解释如何做出体式而不是体式本身。艾扬格对每一个动作的精准和完美的品鉴，他对体式流动中每一个细胞、每一块肌肉的无畏的觉知，他徐徐灌入每一个老师体内的一丝不苟的观察力，都必然形成一种独特的教学方式。正如艾扬格的解释："瑜伽属于一个超过3000年的古老文明。它不可能是'我的瑜伽'或'其他人的瑜伽'，但是既然每个事物都要贴个商标，那么我的瑜伽也有一枚商标。"

如果感觉有人在机械地练习，那么艾扬格会迅速又毫不留情地责骂这些学生。他说："不要机械地练习体式而让头脑飘到别处，要让自己全然地参与到完整的动作中。让智慧从身体的这一端穿透到另一端——竖直、水平、环状，再加上对角，这会为身体带来统一与和谐。"

尽管有些学生容易被特殊的细节所禁锢，艾扬格处理此事的方法却是针对整体而不会拘泥于细节。他会更多地鼓励学生去学习如何观察，对于观察什么倒不会强调太多。他本人也在不断地变化着，他这一年给出的某个体式的细节，下一年可能会完全改变。"作为一个老师，因为知道学生不能从一个角度抓住全部信息，所以我会用上百种方式展示同一个点。有些学生不能完全理解你正在做的事情，所以你必须改变。如果你第一次是从上做到下，那么下一次就可以从下到上。"

正如已经追随艾扬格20年的安吉拉·法默所言："除了他本人一直是新的以外，艾扬格并无新奇之处。"自从她在60年代早期于伦敦结识艾扬格以来，他的方法在这些年中有了很明显的改变。她这样解释道："之前，他的练习很难被捕捉到。他教授的体式非常迅速，很像是湿婆神的舞姿。尽管他自己一直不赞成，但他的学生们会相继用模仿他的方式来授课。现在他打磨出一种方法——可以安全而系统地向很多人传授。他自己的工作精进到了如此水平，但他必须用一种有序的方式将其传递出去。"

他爱好广泛并且对所有事物都好奇。艾扬格到国外授课的时候，会利用自己的闲暇时光参观博物馆，欣赏音乐会，面见当地长官或仅仅是和学生们坐下来品咖啡。他简单、真实而温暖，他相信参与到生活中很重要，无须像那些在喜马拉雅地区冥想的瑜伽士一般。

我离开普纳赶往孟买的那一天，急需见一下艾扬格，谈谈他女儿吉塔的《艾扬格女性瑜伽》一书，我正努力让它在美国出版。当然我也需要和老师道别。但是当我问他的儿子普尚，我是否可以见一见艾扬格时，我并未意识到艾扬格正在休息。于是我就说我一会儿再过来，但是我还没来得及把鞋穿上，艾扬格就出现在门口，穿着他的白色棉质裹腰布，衣服因为午休而有些褶皱。他来到小花园，在我身边的长椅上坐下。谈完了工作上的事，我向他致谢，感谢他在课程中给我的那些挑战——那些起初并没有让我觉得骄傲的点。我告诉他，通过仔细思考，我懂得了他的意图，这些挑战也让我与瑜伽练习的关系再次发生了改变。他带着一抹神秘的微笑看着我，那是一个明理的父亲加上一个严厉的古鲁才有的微笑。他告诉我："确保你的练习要持续而不间断，那么你生活中的一切会自然无碍。所有问题都能迎刃而解，哪怕是最艰难的问题。"然后他双手在胸前合十，向我道别。我跳上从学院赶往机场的突突车，我已经不用紧张是否能准时赶到某地。我，像他一样，清楚地知道自己为何而来。

（选自《东西期刊》1983年6月刊，经授权再版于此。）

10
首届国际艾扬格瑜伽大会

1984年秋天，超过800名世界各地的瑜伽练习者来到加州的旧金山，参加第一届国际艾扬格瑜伽大会。在为期十天的时间里，大家沉浸在瑜伽的艺术和科学里：交换观念，分享练习，向瑜伽大师B. K. S. 艾扬格及他的工作表达敬意。

举办瑜伽大会这一想法已经在艾扬格瑜伽圈里讨论了好几年。有些人想要寻求机会结识不同的瑜伽练习者，还有人希望能够跟随瑜伽领域顶级的老师们学习，但所有人都觉得跟随B. K. S. 艾扬格学习的机会不容错过。当我们得知艾扬格先生本人将会出席的时候，空气里都弥漫着一股激动的气息。那些有幸跟随他练习多年的弟子们都热切地期盼着与古鲁的重逢，有些人则期待着第一次与大师见面和学习，另有一小部分参加大会的人是第一次接触艾扬格瑜伽。但是对于大多数人来讲这是一次难得的机缘——加深自己对艾扬格体系的理解，精进自己已有的瑜伽技艺。

艾扬格先生自1976年以来便没有来过美国了，北美瑜伽界已经做好了准备，迎接他的再次来临。艾扬格先生之前的几次美国之行都大大增加了人们对瑜伽的兴趣，每一次都有更多的人强烈要求跟着他学习。近几年来这位上师所到之处都座无虚席，这次大会也绝不例外。候补名单上还有将近200人热切地想要获得与他一起练习的机会，人们想要亲近这位了不起的人物。

除了能够见到艾扬格先生，与会者还有机会选择一系列课程，这些课程由世界各地的艾扬格瑜伽高级导师们执教。那些经验丰富的印度老师和多年跟随大师的弟子也都来到了美国，国际教师团里还包括来自欧洲和南非的一些声名卓著又备受尊重的老师们，而来自美国和加拿大的艾扬格瑜伽高级老师和其他有国际影响力的老师们则组成了与会的北美教师团。如此众多经验丰富以及才华横溢的人汇聚一堂真是难得一见，许多老师自己的大批学员也跟随而来。他们不仅有机会跟随自己最喜爱的老师学习，更有机会向艾扬格先生学习，这些学生们都激动不已。

与会者都对艾扬格先生致以无比崇高的敬意——他的正直和对瑜伽艺术的贡献，启发并激励了许多人去精进自己的瑜伽练习。艾扬格先生没有创造出一批克隆人或是一群忠实的羔羊，他让学生心中的自我省察和自我成长之瑜伽理想获得滋养。他鼓励老师们去开发自己的天资，并用这天资去创造对瑜伽的热爱，去滋养每一个练习者的灵魂。这次大会允许自由表达，允许这棵伟大的瑜伽之树生发出许多个体的枝杈。

每天早晨先是一节两个小时的体式课，下午是一节呼吸控制法练习或另外一节体式课。晚上的安排范围很广：从艾扬格先生的答疑到医学座谈小组的讨论。这些小组会讨论瑜伽练习及其疗愈价值，讨论者则是一批艾扬格先生的医师弟子们。他们还安排了瑜伽舞蹈和印度舞蹈表演。艾扬格先生的日间安排就是走访一个又一个课堂，给授课老师提供指导。他在一旁观察，这对每一个老师和学生而言既是挑战又是莫大的帮助。整个大会安排了将近 280 节课，而艾扬格先生参与了其中的 80 多节课。

这十天的高潮部分便是艾扬格先生于 2000 人面前登台所做的演讲示范。倾听一个练习瑜伽超过 50 年的人的演讲，机会很难得；和一个练习呼吸控制法如此之久的人一较呼吸能力则使人谦卑；亲眼

伍　他所成就的自己

古鲁在美国艾扬格瑜伽协会举办的"IYNAUS"大会上教学
那些被他感动的人将会永远记得他，并且在以后的很多年被他影响，被他鼓舞。

见证一个 65 岁（将近 66 岁）的人做出如此优雅、灵活的动作让人获得巨大的鼓舞。

　　大会之后的反馈让人异常欢欣鼓舞。几个月之后我们做了一次问卷调查，其中一个问题是：大会最棒的部分是什么？压倒性的答案是：向 B. K. S. 艾扬格学习的机会。他本来就是举办这次大会的最初原因，也是这次聚会获得成功的重要力量。

　　大会之前，我们向艾扬格先生保证他会获得演讲示范的收益。但是当他离开美国的时候，他却让我们把这笔钱用于扶持当地的瑜伽事业，助其发展。他的慷慨帮助使得旧金山艾扬格瑜伽学院成长为当今世界最佳的探索瑜伽之地。

　　回顾 1984 年的那十天，我意识到 B. K. S. 艾扬格先生是一个多么杰出的人。是他的努力、能量和热情将如此多背景各异的人聚在一起——以瑜伽精神之名。那些被他感动的人将会永远记得他，并且在以后的很多年仍被他影响，被他鼓舞。

11
艾扬格——他自己

——比尔·格雷汉姆

当我主动请缨去报道 B. K. S. 艾扬格的维多利亚之行的时候，我对所要发生的事情完全没有预期。我当时以为这只是一场普通活动的现场报道而已。我会在上午三节的体式课中拍一些照片，课程将在基督教青年会举行。我将会报道他如何检查在此地以他的名义进行的瑜伽教学，希望大家能通过这个报道对艾扬格这个人、这个老师有一个综合的印象。实际上，我也正是这么做的。

但无论如何，我还是没有做好准备体验这场"旋风"——旋风般的艾扬格先生。瞧，此时我正尝试着描述那忙碌的一天，但他的这股旋风特质还真的让我不知该如何描述。

让我首先来介绍一下背景。为了迎接他的到来，大家已经忙忙碌碌地做了 6—8 个月的准备工作。先是听到了旧金山国际艾扬格瑜伽大会的消息，后来又有传言称艾扬格先生要利用这次北美之行在各地游历一番，为了看看使用他的名字进行瑜伽教学的老师们是否忠实地传承了他的方法。传言逐渐成了实际计划，艾扬格本人首先到了温哥华，接着是另一个城市，之后便是维多利亚。在最终的日期和各种可能性等细节敲定之前，准备工作就已经开始了。老师们在一起或单独开始努力精进自己的技能——以防自己成为大师的检查对象。人们成立了组委会，制订计划并开始进行资金募捐活动。对于一些非常活跃的成员来讲，这个夏天简直就是一次情感过山车

伍 他所成就的自己

之旅。但是募捐舞会最后不得不取消，因为当时马上就要进入暑期，可能没有足够的人愿意提前买票，所以无法确保所有准备工作的顺利开展。后来大家对于准备工作的进展情况又有了诸多顾虑：我们是否有足够的能力保证活动的成功举办？一系列准备活动持续了一整个夏天。大批人员将分组参与在基督教青年会举行的体式课程，为艾扬格先生准备晚宴和庆祝活动，为所有的访客安排住宿，提供交通，确保所有人都能被照顾周全。

最终，似乎是突然间，大师此次到访就开始倒计时了。因为大部分事情都提前完成了，我们这边的很多会员又都去参加旧金山的瑜伽大会了，时间上居然有了一点点空当儿，然后一下子就到了9月6日。

基督教青年会那里有一份名单，按大家的练习水平进行了划分，哪些人将在哪间教室上课，每一位老师要如何各就各位。一连串的忙碌之后，课程就开始了。艾扬格先生和那些住在"法国之家"的老师们都还没到现场，学生们就已经在等待了。我在大厅等候着，准备了备用的相机，认真做着最后的检查工作。

艾扬格先生的出场让人难以置信，他简直就是一股能量旋风。或许他因为迟到有些气恼，或许他的行动一向就是那样迅速，但不管是哪一种情况，他都做好了充足的准备。

接下来的3个小时简直可以用离奇来形容，我跟着他在不同的教室之间穿梭，观察、拍照，当然还要尽量不挡着他的道儿。

坦白地讲，我没有办法描述到底发生了什么。首先，我觉得让我这么一个局外人去描绘艾扬格先生以及他与那些老师们之间的交流不太公平。刚刚进入第一间教室，他马上就提出了建议、批评，以及发难。对于局外人而言，他的评论似乎是凭空抓来一般，他理应没有时间来判断该说什么，不该说什么。但是，我后来又和那些被他提点过的老师们进行了交谈，他们都认可先生的话，认为那都

319

是极为恰当的，而且正是他们所需要的，尽管那可能未必是他们想要的。

观察课程中的学生也很有趣。人们的反应当真是五花八门，有人很震惊，有人则很迷惑。艾扬格先生敏锐的视角带来了很多意见和问题——关于大家的练习及教学方法。他的判断偶有偏颇，但绝大多数都是正中靶心。有些学生对自己的老师有保护欲——他们是我们的老师，他们是很出色的老师。这些批评太严厉了，或者太奇怪了。可能多少激起了一些愤怒，但更多的是惊讶。整个现场都弥漫着一股高能量，以及非常严谨的练习。

艾扬格先生在三间教室间来回穿梭，面对不同的老师，他呈现出不同的面。我有幸跟在他身后进入不同的教室，因而见证了一个人拥有如此多的面，他简直就是由许多人组合而成的。在有些情况下他是一只狮子——很多报道都如此描述他；而对于其他老师，他又是一位导师，温柔而坚定地指引你获得更深的理解；面对另外一些人的时候，他又表现出让我惊讶的顽皮和幽默的一面。在所有情境中我们都看到了爱。艾扬格有着我所见过的最敏锐的洞察力，他的观察迅速而超前。他对几个学生的指导——从高级学员到初级学员，是将他们拉回来，从一味追求水平的高低回归到对练习的真正渴望，并建议他们以不同的方式使用辅具，借此放松僵硬的区域，缓解疼痛，获得体式练习的最大收益。他的建议往往意味着更艰苦的努力。他还指出，学员们往往害怕下功夫，不敢去突破自己的极限和疼痛，因而很难收获对瑜伽的真正理解。

在活动安排的最后一个小时里，三个班聚在体育馆，一起上了一节大课。艾扬格先生亲自执教，他说："我来上课，你们很幸运，我在打破自己的诺言。"我们确实很幸运，我也好想加入练习中，只能看而不能做真的是非常非常困难。但是作为一个局外人，我见证了一堂最了不起的瑜伽课。当整班人围拢在一起看老师演示某一点

伍　他所成就的自己

的时候，那简直是从最彻底的专注瞬间变得一片混乱；观察完毕，大家在艾扬格的指导下练习一系列站立体式，课堂又迅速回归到心住一处。这75个人真的是无比幸运，在维多利亚恐怕很难再获得一次这样的机会了。然后课程就结束了。

之后，老师们和特别嘉宾们一起参加了在香巴拉举行的午宴。斯瓦米茹阿妲专门从耶输陀罗修行院（Yasodhara Ashram）赶过来，两人显然很高兴能再次相聚。费莉希蒂·豪尔和唐纳德·莫耶也来参加了此次聚会。紧张的高强度的早课之后，能够放松下来和朋友们聊聊天真是莫大的愉悦，很多人自夏天以来第一次如此放松。

晚间时分，我们又在水晶花园为艾扬格先生安排了庆祝活动和晚宴。会场布置得非常漂亮，整个活动进行得十分顺利。进场接待工作花费了一个小时的时间，但是这却给了150名客人见到艾扬格先生及其同行人员的机会。晚餐之后还有几个简短的讲话，瑜伽中心主席雪莉·达文特里（法）介绍了贵宾桌上的客人和组织日间活动的工作人员。市长皮特·波伦代表维多利亚市向艾扬格先生及其同行人员致正式欢迎词。德里克（法）也对斯瓦米茹阿妲和艾扬格先生表示了欢迎。

之后，斯瓦米茹阿妲对艾扬格先生及其工作表达了赞赏。她描述了自己如何在上一次印度之行中拜访了艾扬格先生。谈到古鲁艾扬格，她这样说："就个人观点而言，我从未见过如此特别的人，他集慷慨、善良于一身，又是一位在课堂中表现狂热和要求极高的老师，他如此清楚自己所做的事情，精确到分毫不差，他能渗透到很多事物的深层，这些事物对我们大多数人来讲往往只是听听而已。其他人没有足够的力量，因为这些事物的背后没有可以把握的东西，所以要穿透其中并确信其存在，进而改变我们的生活真是难之又难，而这又是一件必须要做的事情。我们的生活必须发生改变，我们必须不断地问自己'我们活着究竟是为了什么？'。而在座的各位，你们与艾扬格先生有更多、更久的联系，不要只用耳朵听——要用自己的直觉去听。你们可能很难再听到如此慈悲的声音了。"

艾扬格先生对大家的尊敬表示感谢，他还感谢那些把瑜伽传播出去的老师们。就刚刚的晚餐他这样说："大家都知道我不会在这里大谈瑜伽的，因为如果我开始讲瑜伽的话，本来已经集中在胃部准备消化食物的血液又会涌向大脑，这样大家就要消化不良了……所以我要控制一下自己，如此你们会体验到身体健康和精神平静，明天也能一切顺利。"

他传达的信息很简洁："你应该做瑜伽的原因之一便是，如果一个国家弱小的话，那么就会有侵略者来侵占这个国家，使其成为一个附属国。疾病就在我们的皮肤之外，我们对于它们何时入侵毫不知情。哪怕我们对保持身体健康稍微有一点疏忽，在皮肤外虎视眈眈的疾病就会找到落脚点，给我们带来不痛快，打扰我们头脑的平衡、思维的平衡。之后情感便开始上下起伏，而智性的清明也开始退却。"

"所以我请求大家不要让疾病进入我们的身体，这样我们才能将健康的信息传递——不只是在这一代人中传递，还要一代代传递下去。除非我们担起今天的责任，否则未来将会全无光明。所以请大家为了下一代，让自己的练习持续下去。如此他们也可以拥有非凡的智性的稳定和清明，拥有情感的稳定、身体的健康和快乐的头脑。在离开前我对诸位提出这样的请求。神保佑所有人。"

此次来访就这样结束了，志愿者们负责把住在城市不同区域的艾扬格一行人送去机场，他们将要乘坐早8点的飞机飞往埃德蒙顿。

我们所见证的，是这次活动的影响力将会持续一段时间。艾扬格先生此行为基督教青年会的秋季课程拉开了序幕。在我的课堂中，事情也发生了变化，以艾扬格先生短暂访问所教授的内容为基础，我们有了新的方向，使用了新的方法。我听说这是因为我现在的老师受到了这次活动的影响。经验告诉我，这样的改变还会继续，我们还要花上一段时间才能意识到大师这次简短来访的全部意义。

（本文发表于维多利亚瑜伽中心《实事通讯》，1984年10月刊之上，故事背景为艾扬格首次访问加拿大。）

12
真我存在于每一个细胞中

——马尔迪·埃德曼

艾扬格先生告诉我们,一个姿势就如同一个曼陀罗——这个结构有一个中心,线条从这个中心向外延伸。他轻松自在地进入三角式,就好像他就居住于其中,这让我想起了体式的意义——一个居住地。

"我以曼陀罗的方式呈现自己",他告诉我们,"光盯着曼陀罗看有什么意义?何不在其中下功夫?肢体的每一处,以及每一个细胞是否都各司其职?"

我的智性何在?它存在于头脑中偏僻的某个角落,还是存在于我的双脚、双手的每一个细胞中——遍布周身?那就是自我实现。真我存在于每一个细胞中。

第一次在他的指导下做体式,于我而言是崭新的体验。他的问题让我开始在我的组织中探寻,我的膝盖是否在这个曼陀罗中屈伸?是否有哪里伸出这个曼陀罗以外了?我的手指是否在均匀地伸展?然后我被一记粗鲁的掌掴声激醒了,我随即意识到如果他的语言不能唤醒身体的智慧,那么就由他的手来完成这个工作!

在最初的几天里,我时常觉得失望、幻想破灭以及害怕。当我痛苦地在加强侧伸展式中挣扎的时候,我问自己:"我为什么要做瑜伽?我究竟需要学习什么?"我一次次地想起我的朋友和老师——他们不止一次来到此地,难不成他们有某种对惩罚的反常的需求?

伍　他所成就的自己

艾扬格是非常认真的老师
在他双眼所射出的火焰中我懂得了生活、思维、工作和行为的整合。

他们为什么愿意经受这样的羞辱，愿意付出如此艰苦的努力呢？

　　在课堂上，他的傲慢和暴行常常让我们气愤而困惑。但是他的教学技能、他借助各种辅具帮助我们打开关节和头脑的能力、他对体式和呼吸控制法难以置信的把握，又让我们不得不心生敬畏。他一再强调明辨力和完整性，每一个词都要具有清晰的力量。他对老师们说："当你说'弯曲膝盖'的时候不要盯着学生的眼睛。要盯在每一个膝盖上，看它们如何弯曲。"他要我们对自己说的话负起责任。有一次，一个学生正在做侧角伸展式，他问："膝盖是否在拮抗手臂？"学生答道："我觉得是。"他吼道："你觉得是？！你要么知道，要么不知道，压根就没有觉得是！"这让我想起了《星球大战——帝国反击战》中尤达大师的话："做或不做，没有尝试。"还

325

有一次，在完成一个示范和问答之后，一个学生嘟囔了一句："那就无所谓呗。"他立刻给予反击。于是大家上了一节意料之外却价值不菲的课："那不是瑜伽。它无所谓？它有所谓！"在他双眼射出的火焰中我懂得了生活、思维、工作和行为的整合。

一次尤其费力的肩倒立之后，随着我们进入挺尸式，艾扬格先生这样说："你们刚刚体验到的纯真的意识就是至高的意识了。我让你们瞥见了灵性的寂静！现在你们可以回家了。"

我还会回去吗？如果可以的话，那是一定的！艾扬格先生教授的是瑜伽的精髓。他并不是永远公平的——难道生活就公平吗？他经常改变主意。他让我们受挫，干扰我们，激怒我们，指责我们，但是我们的身体越来越轻盈、顺遂，我们的心灵更活泼、自由。他属于那种伟大的老师——让我们做最好的自己。他去纠正而不是一味地保护，在他持续的指引中，我们学习到了瑜伽的真意。

（节选自马尔迪·埃德曼的《真我存在于每一个细胞中》，原文发表于《瑜伽杂志》1984年1/2月刊中，经授权再版于此。）

13
《瑜伽之光》如何写成

——B. I. 塔拉普尔瓦拉

印度巴哈原子能研究中心的负责人 R. 罗曼娜在写给 B. K. S. 艾扬格的信中这样说:"收到您的《瑜伽之光》一书真是荣幸之至,我发现这本书意义非凡,它很有可能是迄今为止最翔实的一本关于瑜伽的书,其作者更是一生都在研究瑜伽。能收到如此珍贵的礼物我真的感激不尽。"

另外一位评论家这样说:"一本书从一开始就成为经典十分罕见,这本书就有幸位列其中。艾扬格本人简直就是一位当代传奇……(这本书)绝对是哈他瑜伽最好的一部作品。"

不为评论家们所知的却是这部书的写作过程,以及它如何"得见阳光"。本书每一个字的书写都建立在艾扬格 25 年的苦修和无与伦比的亲身实践基础之上。当然也离不开那些用自己的技能和经验参与整个成书过程的人。这本书的写作和编辑花费了 5 年的时间,就好像森林中的一棵参天大树那样,这本书也是慢慢"成长"起来的。它的根扎得很深,一直穿透生命的源头。

1956 年 12 月的一个周六,一个男子走进了艾扬格的生活,随后成了他的朋友,并协助他完成了《瑜伽之光》。他们见面的地点是在哈斯曼——孟买布拉博哈伊纪念学院的文化中心。各种艺术都在这里蓬勃发展——音乐、舞蹈、绘画和雕塑,还要加上艺术之母——瑜伽,艾扬格在这里教授周末的瑜伽课程。

艾扬格从课堂中抬起头，看到一个戴着眼镜、留着格劳乔·马克斯式胡须的大高个儿走了进来。那个男人就是我，我向他做了自我介绍并告诉他，我和我的妻子希望参加他的瑜伽课程。艾扬格告诉我们可以从下周开始。一段持续一生的伟大友谊就这样以如此不起眼的方式开始了。

1960年的一个周六下午，艾扬格的一位老友梅赫拉夫人兴高采烈地来到他孟买的瑜伽课上，告诉他孟买有一位顶级出版商很想向国际市场推出一本瑜伽体式书。因为我自1956年起就是艾扬格的学生，所以我致电这位出版商，和他约了一个见面时间。我又写信给艾扬格，告诉他带上自己的体式照片集。这位出版商非常喜欢这些体式照，经过一番讨论之后，我们决定为每一个体式配一些文字，解释每个体式的练习技巧以及如何进入最终体式，并决定由我来写几个基本站立体式作为例子。结构是这样安排的：首先要解释一下体式名称，简短解说与该名称相关的人物或传说；接下来分数个段落一步一步解释体式的练习技巧，这一部分要采用尽可能简单的语言；最后，说明该体式的功效。

我在之前一直在报纸上为高级法院撰写法律裁决书，我又有幸接受艾扬格的体式训练。我在法律文书报道方面的训练，让我可以写出普通人能够轻松读懂的文章。艾扬格和我想要完成一本历经时间考验后能成为原始资料集的书。我们觉得应该策划一本教科书，该书要易读易懂，文字解说是为了展示练习步骤，如此它便不会轻易过时。

我们供给这位孟买出版商的提案却没能最终通过，真是一大憾事。但是后来的发展却表明，当时的遗憾其实是一大幸事。与此同时，艾扬格开始在孟买的威林工作室拍摄体式照，照片要展示出每一个练习步骤。在炙热的影棚灯光下做出大量姿势并配合拍照绝对是一项磨人的挑战，有时如果拍摄结果不能满足要求，

伍　他所成就的自己

艾扬格手拿《瑜伽之光》第一版
《瑜伽之光》的每一页都经过至少4次写作及修改。绪论部分的结尾处，由商羯罗所唱的"灵魂之歌"前后共翻译了14次。那真是一场简洁、完美的找寻之旅，这本书的最终版本正体现了这两个特点。

还要重拍多次。

每隔几周，艾扬格就会将一些手稿带来孟买，这些手稿都是他在极其有限的时间或者在往返孟买的火车上完成的。他还从他的藏书中拿来一些给我，都是一些原始资料书：《哈他瑜伽之光》《格雷达本集》《希瓦本集》《薄伽梵歌》和《奥义书》的译本，以及一些正统的印度哲学书籍和帕坦伽利的《瑜伽经》。我也拿来一些自己的藏书，其中一本不可或缺的书便是阿普特的梵—英字典，另外我在《瑜伽经》上的注释都源自一位博学的梵文学者的指点。

每周六晚上，体式课结束之后带上我们的手稿和文件，艾扬格会和一两个朋友，以及我的妻子和我前往玛莎·沃伦伯格夫人的公寓。一些饮料和几杯欧式冲泡的浓咖啡之后，我们开始阅读我早已准备好的打字稿。每隔一两段文字就会出现一些需要大家反复推敲的地方，我们会就此进行讨论，一起选择合适的词汇。玛莎会给大家倒咖啡，然后告诉我应该使用艾扬格选择的词汇，因为这毕竟是他的书而不是我的书，而我则认为他写在纸上的词有时不能准确地反映他心中的观点。

当我们与孟买的出版商谈判的时候，幸运天使似乎并没忘记我们。1962年，艾扬格的学生、伦敦的碧翠丝·哈森夫人将他的照片集和文稿拿给杰拉尔德·约克先生看，对方表现出浓厚的兴趣。约克先生是英国几大主要出版商的文学顾问，他当时正在寻找一本新书，希望可以代替西奥斯·伯纳德的瑜伽书。

约克先生在书籍甄选上有着无与伦比的独特经验，而且他的选择和判断至今都备受赞誉。他对英语语言上的建议和将语言简洁化、清晰化的能力又是如此不可思议，经过几处删减和修改，他就能让你的作品水准获得难以估量的提升。约克见识过艾扬格的工作，又在私下做了大量的调查，他对于书稿非常满意。艾扬格1963年到伦敦的时候，通过他的学生碧翠丝·哈森见到了约克。约克告诉艾扬格，他看过了书稿，他认为艾扬格是一个老师，却不是一位作家。约克觉得文稿需要大量的修改和编辑。书稿中的文字介绍部分太长了，需要精简和打磨。他最终说服了艾伦和昂文出版社来出版这本《瑜伽之光》。如果不是约克先生的努力，这本书绝不会获得如此巨大的成功。

1961年的五六月，正值高级法院的暑期，我来到艾扬格在普纳的家。他的孩子们去了班加罗尔，他和他的夫人拉玛玛尼用南印度的美食盛情款待了我。我此行的目的是与他讨论呼吸控制法那一章，这次讨论整整占用了他两周的时间。这一章的写作让我想起广博仙人（Veda-Vyasa）和象头神（Ganapati）合作撰写《摩诃婆罗多》的传说，象头神拒绝使用任何一个他不能理解的词汇。

当写作、修改、编辑和拍照工作同步向前推进的时候，艾扬格还要忙于完成附录部分。附录包含一个为期300周的体式练习和呼吸控制法的课程大纲，是针对不同疾病的体式练习序列。《瑜伽之光》的每一页都经过至少4次写作及修改。绪论部分的结尾处，由商羯罗所唱的"灵魂之歌"前后共翻译了14次。那真是一场简洁、完美的找寻之旅，这本书的最终版本正体现了这两个特点。

这本书何以获得如此巨大的成功呢？首先也是最重要的原因是，艾扬格在完美体式技艺方面所付出的艰苦卓绝的努力。其次，是他所积累的无与伦比的教学经验，无论针对什么类型的身体——僵硬的、有疾患的、畸形的或伤残的，他都毫无疑问地给了他们极大的缓解和放松。另外一个因素就是威林工作室出色的拍摄工作，他们巧妙地用光突显了每一个体式的核心。除此之外，还有约克先生高超的编辑能力，我们有幸获得世界级出版社——艾伦和昂文出版社的支持。在十几年的时间里这本书已经售出超过10万册，并被翻译成西班牙语、意大利语、德语、法语、丹麦语和日语。在印度本土也出版了坎纳达语、印度语、古加拉特语和马拉地语版本。

当印度总理莫拉尔吉·德赛——他本人也是一名狂热的瑜伽练习者，收到这本《瑜伽之光》的时候，他写道："当瑜伽被扭曲和商业化的时候，能有一些作品作为参考标准真是一桩喜事，它提醒瑜伽学子们，瑜伽具有更高目标，那便是人类身、心、灵的健康。"

这本书已经被公认为瑜伽领域的权威之作。英国瑜伽之轮的负责人威尔弗雷德·克拉克将此书称为"瑜伽圣经"。

加上最近中文译作的出版，《瑜伽之光》至今已被译成19种文字。

14
《瑜伽之光》中的音乐光芒

——皮特·莱克

人们说，是音乐把瑜伽带到了欧洲，那是因为耶胡迪·梅纽因向 B. K. S. 艾扬格发出了邀请。艾扬格于 1954 年来到欧洲，并于瑞士和法国完成了他在欧洲的首次瑜伽表演之旅。潘迪特·尼赫鲁是梅纽因与艾扬格的介绍人。当时梅纽因正在印度举办音乐会，这位小提琴家一直饱受肌肉疼痛的困扰，这种困扰几乎危及他的音乐事业。多亏了艾扬格的指导，梅纽因才得以恢复。如今，20 年过去了，他还会在每场音乐会或独奏会之前用瑜伽来放松。

音乐与英国艾扬格瑜伽组织之间也有一段不解之缘。艾扬格在伦敦最初的课程是由安吉拉·玛瑞斯组织的，安吉拉时任"亚洲音乐圈"的会员秘书一职。她迅速成为艾扬格的忠实崇拜者，很快，她在"亚洲音乐圈"中结识的碧翠丝·哈森也加入了这一行列。她们一起组织跟随艾扬格训练的老师们进行练习，她们的热情和能量，加上学生、老师以及崇拜者的努力，使艾扬格在公众中的影响力越来越大，最终伦敦城市教育局决定将其开设的第一批瑜伽课程由经过艾扬格培训的老师来执教。

还是音乐的帮助，促成了《瑜伽之光》的出版。1964 年夏天，艾扬格应梅纽因之邀前来参加格斯塔德（瑞士）音乐节。在音乐节期间，艾扬格将书稿的前两章拿给碧翠丝·哈森看，看完后，碧翠丝又在自己的小屋里，用一架摇摇晃晃的打印机，恭恭敬敬地将

伍　他所成就的自己

艾扬格手拿《瑜伽之光》的中文版，中国，2011
加上最近中文译作的出版，《瑜伽之光》至今已被译成 19 种文字。

这些内容重新打印了一遍，她最终将这些书稿放进行李箱带回了英国。几天之后，吉拉尔德·约克先生——艾伦和昂文出版社的瑜伽与东方宗教学和神秘学的顾问，邀请碧翠丝搭乘一辆车前往佛学社的暑期学校。约克先生深知她交往范围极广，而且她本人的兴趣见闻更是广泛，于是便很随意地提及自己正在寻找一本权威而翔实的瑜伽书。"不用再找了，"她答道，"我包里正装着前两章。"简单地浏览以后，约克先生告诉她，这正是他在苦苦寻找的东西。他立刻写信给艾扬格索要书稿的剩余部分。而当约克先生把书稿拿给飞利浦·昂文的时候，他立即意识到这是一本艾伦和昂文出版社不得不出版的书。

几个月之后，艾扬格终于完成了整部书稿，又经过长时间的修改和校对工作，《瑜伽之光》终于"拨云见日"。这本书马上就被威尔弗雷德·克拉克誉为"瑜伽圣经"，并被《瑜伽和健康》杂志赞为任何瑜伽士和瑜伽老师绝对不容错过的一本书，而《印度时报》则称赞它为瑜伽领域的杰出作品。

目前，仅仅英国版本就已售出超过 10 万册，法语、德语、意大利语和西班牙语的译作也已经出版发行。在印度本土，《瑜伽之光》已被翻译成印度语、坎纳达语和马拉地语，而当前日语版的翻译出版工作也正在进行，另外，新书平装版也即将发行，新版的封面有了新的设计。

如果不提及《瑜伽之光》的作者，任何有关该书的评论文章都不算完整。飞利浦·昂文深情地回忆起他与艾扬格的第一次会面，他是如何被他的威风凛凛和无穷活力所震慑。同时，他也发现自己不经意间就在办公室的地毯上做起了头倒立。对我本人而言，我已经认识艾扬格超过 10 年了，我真心觉得有机会与他共事是莫大的喜悦，更是巨大的荣幸。今天 60 岁的他还像 10 年前我在飞利浦·昂文的办公室中初次见到他时那样散发着优雅和能量交织的绝妙气场。

15
普纳学院

——马杜·提贾瑞瓦拉

拉玛玛尼艾扬格纪念瑜伽学院成立的时候，跟随古鲁练习多年的忠实弟子、世界著名小提琴家耶胡迪·梅纽因这样写道："在全世界播撒下瑜伽的种子之后，艾扬格先生用这座漂亮的学院将他的伟大艺术和卓越知识带回了自己的祖国。我的瑜伽上师，B. K. S.艾扬格先生在人类觉知，即瑜伽的传播上做出了无可比拟的贡献。我希望这座魅力非凡的建筑物——这座学院，能够支撑起艾扬格先生一生的事业，成为一个瑜伽朝圣地、奉献地——正如他将自己的生命奉献给瑜伽那样。"

古鲁生于传染病大肆传播的1918年，他虽然活了下来，却一直是一个病恹恹的孩子——细瘦的胳膊腿儿和圆鼓鼓的肚子，外加一颗沉重的大脑袋。没人能帮他获得健康。他的身体状况一度恶化，疑似肺结核几乎让他与死神擦肩而过。

《摩诃婆罗多》中的伊卡拉维亚是一个天才学生，因为他是一名低种姓的首陀罗，没有上师愿意教授他射箭之术。于是，他自己塑了一尊德罗纳的雕像，德罗纳是般度族和俱卢族的上师，他在雕像前练习射箭。他全身心的奉献和诚敬练习使他成了一位技艺非凡的弓箭手。古鲁从他的姐夫那里学习了一点瑜伽，他把姐夫视为自己尊敬的上师。他来到普纳的时候还不满18周岁，他在没有上师指导的情况下一个人全身心地练习瑜伽，他的这段经历堪比伊卡拉维亚。

艾扬格在拉玛玛尼艾扬格纪念瑜伽学院的施工现场
普纳的拉玛玛尼艾扬格纪念瑜伽学院现在是，未来也会是全球瑜伽爱好者的朝圣之地，它还会继续为了人类福祉将瑜伽之光广泛撒播。

他曾经面对无法想象的艰难困苦，他所做的自我纠正也仅能依靠自己的辨别力。

历经苦难和磨炼的他成长为今日誉满全球的瑜伽练习者和瑜伽老师。正是因为当年那段苦苦挣扎的岁月，造就了他今日的名望、声誉和在世界范围内的辉煌成就。

世界上很多地方都建立了以古鲁的名字命名的学院，这些学院在传播艾扬格的教学技法。尽管如此，直到1973年印度本土仍没有建立一家艾扬格瑜伽学院。

普纳哈雷·奎师那·曼迪尔拥有的一块土地被购买了下来，过户给了古鲁、吉塔和普尚。古鲁的爱妻拉玛玛尼夫人于1973年1月

伍　他所成就的自己

25日在这块土地上主持了土地祭拜仪式，但她于仪式结束三天后离世。所有接触过艾扬格家族的人都如此爱她，她的离世让所有认识她的人都异常悲痛。

学生、朋友还有许多祝福者想要为艾扬格家族建一座瑜伽学院，大家想借此表达对古鲁、拉玛玛尼、吉塔和普尚的尊重，也想对此表达对拉玛玛尼的深切怀念。

为了实现他们的愿望，由八人组成的"拉玛玛尼艾扬格纪念瑜伽学院委员会"成立了。委员会在印度及国际上呼吁朋友们和爱慕者们为学院的建立贡献自己的微薄力量，为古鲁、吉塔和普尚送上一份礼物，他们三人真的把自己的生命都献给了瑜伽。

学院建立起来了，被命名为"拉玛玛尼艾扬格纪念瑜伽学院"，并于1974年12月14日，古鲁生日的当天正式交付给了古鲁。委员会将此举视为学生、朋友和爱慕者们对古鲁、吉塔和普尚的爱与敬重。委员会坚信学院将会承担起瑜伽的传播工作，人们会从世界各地赶来学院接受三位老师的出色指引。人们相信他们三人将会在接下来的很多年里，在神圣光芒的映衬下扮演传播瑜伽的重要角色。

1975年1月19日，希夫·沙玛为拉玛玛尼艾扬格纪念瑜伽学院举办了成立仪式，来自世界各地的弟子们赶来普纳见证这一伟大时刻。

学院的建造过程让委员会的成员们吃了些苦头。当时水泥供应不足，他们不得不在孟买使出各种招数确保水泥供应充足。他们还要不断督促监工们务必确保建筑准时完工以保证典礼的如期举行。整个工作在最初阶段进展缓慢，但是随着完工日期的逼近，工程速度大大得到了提升。大家的周全考虑和努力奋战，最终使得学院如期竣工了！

学院成立的前一天，恐怕当时在场的人永远也不会忘记。所有的建筑工具、材料、脚手架以及其他物品都必须清除。地砖需要用机器打磨、抛光。大厅需要清洗、装饰。所有在场的国际学员们都赶来帮忙。大家撸起袖子，手拿水桶、抹布和扫把……经过四五个小时的辛苦劳作，终于让学院变得干净整洁——第二天典礼可以顺利举行了。所有这些清洁和装饰工作处处透露出大家深深的爱与感激之情。

学院的建筑风格十分独特，整体呈半圆的金字塔形。一层有一间大厅和四个供学生住宿的房间，二层的大厅是体式练习场所，而三层则是练习呼吸控制法的教室，图书馆设在地下室。整个建筑的地上三层分别代表了瑜伽练习的外在（bahiranga）、内在（antaranga）以及核心（antarātma）。

建筑的高度、台阶、主梁、八根横梁和外边的八根梁柱以及梁柱之间的空间都可以用瑜伽和灵性概念来诠释。

《瑜伽经》的作者——圣哲帕坦伽利的雕像就安放于大教室的入口处，这样，每一位探索者都可以向圣哲致敬并获得祝福。

神猴哈奴曼像是后来才被置于学院建筑的顶端的，圣像面朝北方。哈奴曼是力量、稳定性、智慧、勇气、净行和谦卑的化身，是呼吸控制法的仙师，所以将练习呼吸控制法的教室置于他的脚下真是再好不过了。

能够参访学院对所有人——哪怕你并不练习瑜伽——来说，都是意义非凡的经历。"学院之母"——拉玛玛尼的塑像位于学院入口处，给每一个走进学院的人温暖、亲切的欢迎。再往里走，人便置身于精致的小花园中，里面种满了各种绿色植物，玫瑰等各种芬芳的花朵竞相争艳。无论在花园里种下什么，它们都能快速而优雅地成长起来，这全是因为艾扬格家族的悉心照料。所有进入教学区的人都要赤脚进入，就好像进入神庙一般。第二重迎接是源自隐藏在学院背后的拉玛玛尼的精神，她那宽厚温暖的画像将家人般的爱洒向走进教学区的每一个人。

拉玛玛尼艾扬格纪念瑜伽学院的导师们

我告诉吉塔和普尚不要担心,只管上课,我们要让学院成长起来,而不仅仅局限于个人的成长。现在,几乎所有人都认可他们是优秀的老师,而且还有一些经过训练的老师也在教授更多的课程,学习之门已经向更多人打开。

还有一幅古鲁的画像朝向学院的前门，整幅画像颜色鲜艳，制作精美。这个入口一般情况下是关闭的，只在重大场合才会打开。所以，无论你从哪一个入口进入，都会受到学院的"母亲"或是"父亲"的迎接。

沿着楼梯走上二楼，进入大教室的时候，你会看到墙上挂着古鲁与一些世界著名人物的合影或画像。出自已逝的比利时国王之母——伊丽莎白之手的古鲁的半身铜像安放在楼梯间。

任何人走进大教室都会被墙壁上端数百张古鲁的体式照所震撼。那简直就是一幅为众神明所预备的画面！一尘不染的大教室散发出一股宁静祥和的灵性之气。

教室里有瑜伽课的时候，则呈现出截然不同的景象。那时你会看到大师全神贯注地穿梭于整间教室——旁边跟着吉塔和普尚，指导他的学生们，你会听到他那盖过所有人满具威严的声音，以此指引着学生们取得进步。教室中的绳子、木质斜板、木砖、垫子、抱枕、长凳、高凳、椅子及其他辅助工具都整齐有序地置于不同区域，供练习者们随时使用。

当你走进三楼练习呼吸法的教室时，你会感受到一股不被干扰的安详气氛。来到这里练习呼吸控制法的人会自然地禁语，并在宁静中感到知足和喜乐。他们会放轻脚步，而老师们也会使用自然柔和的声音引领练习。

再向上走到屋顶，就是哈奴曼的神像所在了。向神像恭敬礼拜之后环顾四周，你会发现自己已然置身于一片郁郁葱葱之间。你可以看见附近的公园和周围的农田，可以望见远处的山峰和房屋。在日出与日落时分天空会变换颜色，种类繁多的鸟儿则不时从学院上空自由飞翔而过。

这里还要提一提将学院正式交付给古鲁、吉塔和普尚的时候所发生的事情。那是 1974 年 12 月 14 日，学院的落成典礼是在 1975

年1月19日举办的。当时整个建筑空空如也,而墙壁也只用白色石灰水进行了粉刷。随着第一次雨季的到来,潜在的隐患暴露了出来。房顶大量漏雨,雨水进入了教室和地下室。地下室被大量雨水淹没,不得不通过人工先将地下室的水清除干净。墙壁和洗手间的瓷砖也出现了裂缝。大家还与那些建筑监工们争论了一番。但是大师那追求完美的双眼和不达极致誓不止步的精神,使大家最终修复了建筑上的所有漏洞,人们又用油漆进行了粉刷———番艰苦努力之后,此地转变为可以迎接神明来访之所。

在学院周年庆典的时候,来自印度以及世界各地的学生们在这里接受三位导师的指导。古鲁的第三个女儿苏妮塔的婚礼也是在学院举办的。

谈到学院的历史,就必须提及园丁巴班以及看门人、监督人和家务总管莫汉,还有一对负责清洁工作的老夫妻。他们都被视为艾扬格的家人,而且他们也已经成了学院极其重要的一部分。

人工建造的学院不会永远存在,那么这座学院能否经历漫长的岁月呢?大师已60岁,他在瑜伽领域极富成效的服务必然还会持续多年。吉塔和普尚都还年富力强,他们定会将瑜伽的火炬一直传递下去。他们会培养很多老师,这些人将会为着人类的福祉将瑜伽之光继承并传播下去。古鲁的孩子们也被寄予厚望——在未来的日子里培养出更多的瑜伽大师们。

普纳的拉玛玛尼艾扬格纪念瑜伽学院现在是,未来也会是全球瑜伽爱好者的朝圣之地,它还会继续为了人类福祉将瑜伽之光广泛撒播。

希望学院兴旺繁荣,希望它成为照亮众人的一道光,希望它的教授能被更广泛地传播,希望瑜伽艺术与人类相伴,直到永远。